MICHAEL BOHMEYER | CLAUDIA CORNELSEN

WAS WÜRDEST DU TUN?

MICHAEL BOHMEYER |
CLAUDIA CORNELSEN

WAS WÜRDEST DU TUN?

WIE UNS DAS BEDINGUNGSLOSE GRUNDEINKOMMEN VERÄNDERT

ANTWORTEN AUS DER PRAXIS

Econ

Econ ist ein Verlag
der Ullstein Buchverlage GmbH

ISBN 978-3-430-21007-2

© der deutschsprachigen Ausgabe
Ullstein Buchverlage GmbH, Berlin 2019
Alle Rechte vorbehalten
Gesetzt aus der Quadraat
Satz: Pinkuin Satz und Datentechnik, Berlin
Druck und Bindearbeiten: CPI books GmbH, Leck

INHALTSVERZEICHNIS

VORWORT

»Man muss das Bedingungslose Grundeinkommen erst mal denken können!« Diesen Satz habe ich bestimmt schon tausendmal gesagt. Das Denken macht den Anfang. Wenn wir eine Vorstellung davon haben, was wir wollen, dann beginnt das Handeln – quasi von allein.

Es ist wie ein Sog. Die Vision einer besseren Welt treibt uns an. Die jungen Menschen in dem Verein *Mein Grundeinkommen* in Berlin tragen eine solche Vision in sich. Also machten sie sich auf den Weg. Inzwischen gibt es mehr als eine Million Unterstützer. Sie alle können das Bedingungslose Grundeinkommen denken. Und sie probieren es aus. Voller Mut. Voller Vertrauen.

Es geht nicht um Statistiken, nicht um theoretische Modelle, nicht um Debatten über Finanzierbarkeit. Das haben Claudia und Micha bei den Gesprächen mit den Gewinnerinnen und Gewinnern des einjährigen Bedingungslosen Grundeinkommens eindrücklich herausgefunden. Es geht um die Erfahrung der Bedingungslosigkeit im Menschsein. Es geht darum, dass wir uns wechselseitig ermöglichen, die uns innewohnenden Potenziale zu entfalten. Wenn wir den Herausforderungen der Welt angemessen begegnen wollen, brauchen wir weder Druck noch Übermut, sondern liebevolle, mutige Menschen – und damit sie wirken können, brauchen sie ein Grundeinkommen, bedingungslos.

Dieses Buch erzählt davon, welche neuen Lebensperspektiven Menschen entwickeln, wenn sie das Bedingungslose Grundeinkommen am eigenen Leib verspüren. Die Welt sieht plötzlich anders aus. Und beim Lesen lernt man: Das Bedingungslose Grundeinkommen muss man nicht nur denken können, sondern auch fühlen!

Götz Werner, November 2018

I. EIN WELTWEIT EINZIGARTIGES EXPERIMENT

START ZU EINER UNGEWÖHNLICHEN SAFARI

Mit dem Thema Bedingungsloses Grundeinkommen kennen wir uns aus, dachten wir. Wir haben so ziemlich alles gelesen und gehört, was in diesem Zusammenhang geschrieben und gesagt wurde. Wir reisen zu Grundeinkommens-Kongressen in aller Welt und verfolgen Pilotprojekte rund um den Globus. Wir sprechen seit Jahren über unterschiedliche Ideen und Spielarten des Grundeinkommens, können negative Einkommenssteuer und Konsumsteuer erklären und diskutieren beherzt über Finanzierungsmöglichkeiten, Arbeitsmarkteffekte und Sozialstaatstheorien.

Wir dachten, wir wüssten alles – jetzt ist uns klar: Wir hatten keine Ahnung!

Wir sind zehn Tage durch Deutschland gereist und haben Interviews mit Menschen geführt, die versuchsweise für ein Jahr ein Bedingungsloses Grundeinkommen beziehen. In den Gesprächen haben wir Dinge erfahren und Sätze gehört, von denen wir niemals zuvor gedacht hätten, dass wir sie hören würden, geschweige denn, dass sie irgendetwas mit Grundeinkommen zu tun haben könnten.

Die Interviews haben alle Argumente, die üblicherweise gegen das Bedingungslose Grundeinkommen vorgetragen werden, widerlegt: das Hängematten-Argument, das Müllmann-Argument, das Inflations-Argument. Obwohl: »widerlegt« ist das falsche Wort. Präziser müsste es heißen: In den Gesprächen wurde deutlich, dass die üblichen kritischen Fragen irrelevant sind:

Wer geht denn dann noch arbeiten? Legen sich dann nicht alle Menschen in die Hängematte?

Wer macht dann die Arbeiten, zu denen keiner Lust hat? Wer kümmert sich zum Beispiel um die Müllabfuhr?

Wird nicht alles teurer, weil Menschen mit Grundeinkommen mehr Geld ausgeben?

Die Erfahrungen und Erlebnisse, die wir von den Grundeinkommens-Pionieren erzählt bekamen, waren so anders, so vielfältig und facettenreich, dass klar ist: Ein Bedingungsloses Grundeinkommen wirft in der Praxis ganz andere Fragen auf, als man sich in der Theorie ausdenken kann.

Zugegeben, wir hatten unsere Recherche zu diesem Buch mit einer starken Hypothese begonnen. Im Exposé für die Verlage hatten wir mit donnernden Worten über die gesellschaftlichen Dimensionen des Grundeinkommens fabuliert. Stichworte: Grundeinkommen und Digitalisierung; Grundeinkommen als Gegenmittel zur gesellschaftlichen Spaltung; Grundeinkommen als Stoppschild gegen den Rechtsruck; Grundeinkommen als wirkungsvolle Bremse gegen den Klimawandel.

Und natürlich hatten wir gehofft, dass das Bedingungslose Grundeinkommen unsere Gesellschaft zum Positiven verändert. Aber insgeheim fragen wir uns: Kann das wirklich wahr sein?

DIE ERSTEN TAUSEND EURO – BEDINGUNG: BEDINGUNGSLOS!

Seit seinem 16. Lebensjahr gründete Micha Internetfirmen. Mit 29 brauchte er Veränderung, kündigte und hatte ab Januar

2014 zum ersten Mal in seinem Leben nichts zu tun. Finanziert wurde sein Lebensunterhalt von den Gewinnen der letzten Firma. Die waren nicht üppig, aber reichten zum Leben. Vor allem aber waren sie an keine Gegenleistung gekoppelt – ein Bedingungsloses Grundeinkommen! Micha stellte fest: Es ist gar nicht so leicht, »nichts« zu tun. Verblüfft bemerkte er, wie sich durch das leistungslose Geld sein ganzes Leben veränderte.

Es war Januar und dunkel. Er mietete sich einen Büroplatz, obwohl er eigentlich nichts zu tun hatte. Er »brauchte« einen Arbeitsplatz. In seinem Lebenslauf waren keine Lücken, er kannte keine Rast. Aber es gab nichts zu tun für ihn. Er hat seine Wohnung schön gemacht, die Wände gestrichen, ein neues Bett gebaut, aufgeräumt und alte Dinge weggeschmissen. Aber das half nur kurz: Irgendwann war die To-do-Liste leer.

Okay, sagte er sich, du musst jetzt lernen, nichts zu tun. Er ging in den Park, setzte sich ans Ufer und versuchte, nichts zu machen. Es war schrecklich. Er war unausgeglichen. Er war unzufrieden mit sich selbst.

Andererseits waren seine Bauchkrämpfe plötzlich weg. Solange er denken konnte, hatte er diese Krämpfe gehabt. Sie hatten zu ihm gehört wie die Nase im Gesicht. Jetzt setzte eine ungewohnte Entspannung ein, und die Schmerzen waren weg. Und die Beziehung zu seiner kleinen Tochter veränderte sich plötzlich: Vorher hatte es oft Knatsch gegeben, vielleicht weil er ungeduldiger gewesen war, dünnhäutiger, sich keine Zeit gelassen hatte, um herauszufinden, was die Zweijährige brauchte, wenn sie weinte oder klagte.

Statt einer neuen To-do-Liste schrieb er sich eine Liste, was er im Leben wirklich will. Er entdeckte ein völlig neues Lebensgefühl, hatte plötzlich Lust auf Lernen. In der Schule und während des Studiums hatte er nie Lust gehabt zu lesen. Jetzt eroberte er unerwartet die Welt der Bücher und des Wissens, wollte Gesellschaft und Politik besser verstehen. War das etwa der Effekt eines Grundeinkommens?

Micha staunte. Aber er wollte nicht einfach von sich auf andere schließen. Er musste es ausprobieren: Wie würde es anderen in so einer Situation gehen? Er begann zu recherchieren und schrieb Mails an die Initiatoren eines Potsdamer Grundeinkommens-Experiments, ans Netzwerk Grundeinkommen und an die Schweizer Initiative Grundeinkommen, sinngemäß: »Ich möchte das Grundeinkommen ausprobieren. Ihr habt soundsoviele Mitglieder. Stellt euch vor, sie würden monatlich Geld in einen Topf legen, und dann würde man eine Person auslosen, die monatlich tausend Euro als Grundeinkommen erhält.«

Er bekam von keinem eine Antwort. Das war einerseits frustrierend. Andererseits hatte er ja auch außer einer simplen Verlosungsidee nichts zu bieten.

Anfangs hatte Micha nur einen einzigen Unterstützer, seinen alten Freund Thomas Gottschalk, Solarenergie-Unternehmer und Namensvetter des berühmten Fernsehmoderators, der lustigerweise später in seiner Talksendung im Mai 2017 Grundeinkommen verloste. Aber die Freunde hatten unterschiedliche Vorstellungen: Micha betrachtete seine Idee wie ein normales Start-up-Business. Menschen, so war er überzeugt, würden nur dann Geld geben, wenn sie selbst gewinnen könnten. Warum sollten sie sonst mitmachen? Thomas hingegen forderte ihn auf, jede Einschränkung aufzuheben. »Bedingungslos heißt bedingungslos. Lass alle Menschen an den Verlosungen teilnehmen, auch wenn sie selbst kein Geld spenden. Wenn du das machst, dann spendiere ich dir die ersten tausend Euro für den Lostopf!«

Im April 2014 durfte Micha auf dem Sozialforum der Piraten-Partei in Essen seine Idee vorstellen und wurde von Kritikern auseinandergenommen: So eine simple Lotterie verwässere die wunderbare Utopie einer gerechteren Grundeinkommens-Gesellschaft. Nur eine einzige Person fragte pragmatisch und unideologisch nach und verstand sofort, dass diese Idee umgesetzt werden muss: Johannes Ponader. Zufällig trafen sich die beiden auf der Heimfahrt im Zug wieder, gemeinsam entwickelten sie Kampagnenideen, und die nächsten zwei Jahre wurde Johannes zu einer Art Geburtshelfer des Vereins *Mein Grundeinkommen*. Für Micha wurde es ein mehrmonatiger Reifungsprozess. Im Nachhinein sagt er: »Ich brauchte erst selbst ein halbes Jahr Bedingungsloses Grundeinkommen, um es anderen gönnen zu können.«

Ende Juni begann eine Kampagne auf der Crowdfunding-Plattform Startnext. Sobald 12 000 Euro gesammelt wären, sollte das Geld als Grundeinkommen verlost werden. Für die Abwicklung der monatlichen Zahlungen hatte Micha einen kleinen »nicht eingetragenen« Verein gegründet. Alles ganz simpel, um schnell loslegen zu können.

Die ersten tausend Euro kamen wie versprochen von Thomas. Micha hatte sich auf die Bedingungslosigkeit eingelassen, ohne wirklich zu glauben, dass die Leute dennoch spenden würden. »Eher friert die Hölle zu, als dass jemand bedingungslos Geld für andere gibt«, kommentierte jemand auf der Crowdfunding-Seite, »aber ich spende trotzdem.« Das etwa war auch Michas Befürchtung. Aber einen Versuch war es wert!

Er schrieb alle seine Freunde an: Macht mit! Über ein paar Ecken erfuhr eine Journalistin davon; sie schrieb einen Blogbeitrag über die Kampagne auf *The European*. Die Nachricht breitete sich aus wie ein Lauffeuer. Wenige Tage später erschien ein kleiner Artikel in der *taz*; auch der stand im Netz und ging »viral«.

Wider Erwarten war schon nach drei Wochen das erste Grundeinkommen finanziert. Und es ging weiter. Ende Juli war absehbar, dass mehr als zwei, vielleicht sogar mehr als drei

Grundeinkommen zusammenkommen würden. Da rief das Frühstücksfernsehen an.

»Die holten mich morgens um sechs Uhr mit dem Taxi ab, und ich sollte live im Fernsehen von der Idee erzählen, die ich selbst noch gar nicht so klar hatte«, erinnert sich Micha. »Das war der mediale Wendepunkt. Seitdem reist die Idee mit mir, und ich bin Passagier. Sie ist größer als ich!«

Es folgten Interviews mit dem *Deutschlandfunk* und der *Süddeutschen Zeitung*. Es gab ständig neue Anmeldungen und unzählige E-Mails von Leuten, die Fragen aller Art hatten. Michas leere To-do-Liste füllte sich mit rasender Geschwindigkeit. Die Kampagne lief bis Mitte September. Bis dahin musste alles organisiert sein.

Die Hälfte seiner Zeit kümmerte sich Micha um seine kleine Tochter, die damals noch nicht im Kindergarten war. Den anderen Teil verbrachte er mit tausend Dingen gleichzeitig: Kampagne am Leben halten, Facebook-Einträge machen, Blogposts schreiben, den Geldeingang organisieren, das Konzept zu Ende denken, einen guten Termin und eine geeignete Location für die erste Verlosung finden, eine Lotterie-App programmieren und die Nutzernamen in Losnummern umwandeln. Es war eine wilde Zeit.

Micha war streckenweise völlig überfordert und machte eine erste überraschende Erfahrung: Als er irgendwann offen im Newsletter fragte: »Ich komme nicht mehr klar, wer hilft mir?«, meldeten sich sofort ein gutes Dutzend Leute: Leite die Mails an mich weiter, ich kümmere mich drum. Ich helfe dir bei der Organisation der Verlosung.

Am Ende war der Betrag für vier Grundeinkommen eingesammelt. Über 35 000 Menschen hatten sich beteiligt. Zur großen Überraschung aller Beobachter gab es mehr Spender als Verlosungsteilnehmer! Am meisten staunte Micha. Der Geschäftsmann in ihm wankte. Was sind das für Menschen, die

Geld geben, damit andere es bekommen? Diese Frage ist bis heute die am häufigsten gestellte.

Obwohl die Kampagne zu Ende war, ging immer weiter Geld auf dem Konto ein. Jetzt war klar, dass es weitergehen würde, ja, weitergehen musste.

Die Vision, dass es irgendwann hundert Menschen mit Grundeinkommen geben könnte, schien nicht mehr utopisch. Also brauchte es eine professionelle Webseite, die ein Wachstum auf die zehnfache User-Zahl, also 400 000 oder mehr Menschen, bewältigen könnte. Juristisch musste das Provisorium beendet werden, der Verein musste ein »eingetragener Verein« mit anerkannter Gemeinnützigkeit werden. Es brauchte ein Team, das die Kampagnenarbeit, das Fundraising, die Betreuung der unzähligen Anfragen und die damit verbundene Verwaltung professionell abwickeln konnte. Und für all das brauchte es ein gesichertes Startkapital.

In dieser Situation stieß Claudia zu dem Team. Sie arbeitete seit vielen Jahren für Götz Werner, den Gründer der Drogeriemarktkette dm und den in Deutschland wohl prominentesten Befürworter eines Bedingungslosen Grundeinkommens. Sie hatte für ihn als Ghostwriterin das Buch *Tausend Euro für jeden* und seine Autobiografie *Womit ich nie gerechnet habe* geschrieben. Außerdem war sie als Inhaberin einer PR-Agentur selbst unternehmerisch tätig und verfügte über langjährige Erfahrung im Thema Fundraising für Non-Profit-Organisationen.

Bei einem Kongress, der zu Ehren von Götz Werners Geburtstag in Berlin ausgerichtet wurde, lernte sie Micha kennen. Seither arbeitet sie mit, obwohl ihr anfangs ganz unverhohlen die skeptische Frage gestellt wurde: »Machen Sie jetzt etwa bei dieser Lotterie mit?« Aber sie ließ sich – wie wohl alle in dem Team von *Mein Grundeinkommen* – von der überwältigenden Resonanz auf die Kampagne mitreißen und spürte die Sehnsucht der Menschen, eine vollkommen neue Idee einfach mal auszuprobieren.

»Selbst wenn es am Ende nur ein Marketing-Tool ist, damit sich die Menschen über die Idee eines Bedingungslosen Grundeinkommens Gedanken machen«, antwortete sie den Skeptikern,»dann ist es jede Minute wert!«

MIT DEM ERFOLG KOMMT DIE SELBSTKRITIK

Im Herbst 2018, als dieses Buch entsteht, gibt es schon mehr als 200 Gewinnerinnen und Gewinner eines Bedingungslosen Grundeinkommens. Im Januar 2019, wenn das Buch erscheint, werden es über 250 sein. Und wenn alles ungefähr so weiterläuft wie bisher, sind es Ende 2019 voraussichtlich 350 Menschen, die wissen, was es bedeutet, bedingungslos ein monatliches Grundeinkommen zu beziehen.

Ende 2018 sind etwa eine Million User auf der Webseite www.mein-grundeinkommen.de angemeldet. Es gibt 70 000 Dauerspender, sogenannte»Crowdhörnchen«, die jeden Monat zwischen einem und 420 Euro von ihrem Konto abbuchen lassen. Bei Drucklegung dieses Buches fließen monatlich 150 000 Euro in den Lostopf, und so werden also jeden Monat zwölf Gewinner ausgelost, die Grundeinkommen erhalten.

Die Spender geben auch – freiwillig und transparent, versteht sich! – Geld für die Vereinsarbeit, und zwar etwa genauso viel wie in den Lostopf. Sie verstehen offenbar, dass das Organisieren von Verein und Kampagne Arbeit macht, die finanziert werden muss. So arbeiten mittlerweile 25 Frauen und Männer für den Verein: Systemadministratoren, Social-Media-Manager, Campaigner, Fundraiser, Eventmanager, ein Buchhalter, eine Personalerin.

Statistisch betrachtet geben wir jeden Tag ein Interview für die Medien, sitzen dreimal pro Woche auf irgendeiner Podiums-diskussion und beantworten bis zu 800 E-Mails am Tag. Wir hatten im Juli 2018 eine »Medienreichweite« von 35 Millionen Menschen im Monat, erreichen also über die unterschiedlichsten Kanäle fast die Hälfte aller Deutschen.

Als Micha anfing, war er der Freak in der Rubrik »Sonstiges«. Jetzt reden wir mit Politikerinnen und Politikern auf der höchsten Ebene, Wissenschaftler unterschiedlichster Disziplinen fragen an, ob sie die Arbeit des Vereins begleiten dürfen.

Umfragen zeigen: Vor zehn Jahren *kannte* nur jeder Dritte die *Idee* des Bedingungslosen Grundeinkommens. Inzwischen *befürwortet* etwa jeder Zweite die *Einführung* eines Grundeinkommens.

Ob wir die Welle des Interesses und der Begeisterung selbst initiiert haben oder bloß auf ihr reiten, weiß niemand. Klar ist: Selten hat eine politische Idee so einen rasanten Aufstieg erlebt!

Doch obwohl das Thema Grundeinkommen ein derart gutes Momentum besitzt, haben wir in unseren über tausend Medienauftritten kaum Kritik bekommen. Ob das daran liegt, dass wir selbst auch Fragen und Zweifel am Grundeinkommen haben und öffentlich darüber sprechen?

Wir sind nämlich nicht angetreten, um andere von der Idee zu überzeugen, sondern um uns selbst die offenen Fragen zu beantworten und alle anderen auf diese Reise einzuladen. Deswegen sind wir es immer wieder selbst, die aus Sicht der »reinen Grundeinkommens-Lehre« die Mängel unseres Experimentes benennen:

1. Tausend Euro im Monat ...
... reichen in einem teuren Land wie Deutschland nicht für ein wirkliches Existenzminimum. Wenn man davon nicht nur Essen, Trinken und eine Wohnung finanzieren will, sondern auch Gesundheitsversorgung, soziale und kulturelle Teilhabe, dann wird es verdammt knapp.

2. Ein Jahr Grundeinkommen ...

... ist viel zu kurz. Ein echtes Bedingungsloses Grundeinkommen müsste ein Leben lang gezahlt werden. Erst dann könnte sich die (je nach Sichtweise segensreiche oder teuflische) Wirkung wirklich entfalten. Niemand würde seinen Job kündigen, wenn er wüsste, dass er in zwölf Monaten wieder einen braucht. Niemand würde sein Leben verändern, nur weil er ein Jahr lang ein bisschen mehr Geld auf dem Konto hat.

3. Tausend Euro zusätzlich ...

... würde es in keinem echten Grundeinkommensmodell geben können. Der Schweizer Grundeinkommensaktivist Daniel Häni sagt zu Recht: Grundeinkommen ist kein *zusätzliches* Geld, sondern ein *grundsätzliches*. Zwar würden in jedem Grundeinkommensmodell alle Menschen jeden Monat ein Grundeinkommen erhalten, aber je nach Modell würden sich auch alle direkt oder indirekt an seiner Finanzierung beteiligen. Nicht alle Menschen hätten also unterm Strich mehr Geld in der Tasche, aber alle mehr Sicherheit.

4. Ein paar zufällig ausgeloste Menschen ...

... die ein solch zeitlich begrenztes Grundeinkommen beziehen, sind weder repräsentativ, noch sagen deren individuelle Erfahrungen irgendetwas über den gesellschaftlichen Wandel aus, der sich mit einem echten Grundeinkommen einstellen würde. Denn erst wenn *alle* Menschen *ein Leben lang* bedingungslos abgesichert seien, könnte man überhaupt von einem Bedingungslosen Grundeinkommen sprechen.

Für die allermeisten Philosophen und Propheten des Grundeinkommens, die in Feuilletons der Zeitungen, in Büchern und Fachvorträgen ihre Ansichten veröffentlichen, gibt es nur die reine Lehre, sonst nichts:

»Ein Bedingungsloses Grundeinkommen lässt sich ebenso wenig testen, wie sich Demokratie, Rechtsstaat oder Menschenrechte testen lassen. Sie lassen sich nur üben, indem wir sie ausüben. Ihr Lebensraum ist die Gesellschaft – und diese lässt sich gerade nicht experimentell von sich selbst absondern«, nagelte der Publizist Philip Kovce am 5. August 2017 den kleinen Katechismus des Bedingungslosen Grundeinkommens an die Internet-Wand der *Süddeutschen Zeitung*. Für jemanden wie ihn liefert unser Verein *Mein Grundkommen* lediglich »anekdotische Evidenzen«, wie ein echtes Grundeinkommen wirken könnte.

Zu unserer Verteidigung können wir wenig Substanzielles vortragen. Ja, es stimmt: Wer vom Beckenrand springt, zehn Meter hundepaddelt und aus schultertiefem Wasser mit den Händen einen Gummiring herausfischt, kann nicht wirklich schwimmen. So gesehen ist der Gewinn bei *Mein Grundeinkommen* vergleichbar mit einem Seepferdchen an einer Kinderbadehose. Andererseits hat jeder Goldmedaillengewinner über 400 Meter Freistil irgendwann mal im Nichtschwimmerbecken angefangen.

Soziale Selbstverständlichkeiten, etwa dass Mädchen ebenso wie Jungen zur Schule gehen, sind mühsame historische Errungenschaften. Noch vor 150 Jahren war es für die meisten Deutschen (Männer) unvorstellbar, dass Mädchen andere Sachen als Kochen, Nähen und Waschen lernen könnten. Mit viel Fantasie und Argumentationskraft gelang es mutigen Vordenkerinnen, durch die Gründung privater »Frauenbildungsvereine« und »Realkurse« vielen Mädchen und jungen Frauen zumindest eine Bildungsgrundlage zu verschaffen. Das mag aus moderner Perspektive lächerlich wenig gewesen sein, war aber ein Meilenstein in der Geschichte der Frauenbewegung, die bis heute nicht abgeschlossen ist.

Glaubt wirklich irgendeiner der Herren – ja, es sind leider bislang ausschließlich Männer, die sich beim Thema Grundeinkommen als visionäre Denker der echten Utopie und als Hüter der reinen Lehre exponieren –, glaubt also wirklich auch nur einer dieser Herren, dass ein »echtes« Bedingungsloses Grundeinkommen eingeführt wird, wenn man nur lange genug über die Theorie diskutiert hat? Quasi über Nacht? Eine Art Stunde null des Sozialstaates? Am besten gleich global, weil nationale Beschränkungen natürlich schon wieder Wasser im reinen Wein wären? Ernsthaft?

Bis dahin machen wir einfach schon mal weiter mit unserem Experiment. Denn es ist mehr als eine Theorie, eine Idee, eine Fantasie. Es ist DAS Experiment. Und es wird weltweit darauf verwiesen. In der Ukraine, in Japan, in China, in Südamerika, in den USA – überall wird das kleine, aber feine Experiment *Mein Grundeinkommen* zitiert und diskutiert. Die Idee des Vereins wurde vielerorts kopiert. Inzwischen gibt es vergleichbare Initiativen in den USA, in den Niederlanden, in der Schweiz, in Österreich, Frankreich, Portugal und wer weiß, wo demnächst noch überall.

Ganz oft werden wir in einem Atemzug mit Pilotprojekten in Finnland, Kanada, Alaska, Namibia und andernorts genannt. Doch der Unterschied ist groß: *Mein Grundeinkommen* ist bislang das erste und einzige Grundeinkommens-Experiment weltweit, das nicht auf staatliche Initiative durchgeführt, sondern aus der Mitte der Gesellschaft getragen wird. Es ist eine zivilgesellschaftliche Initiative, eine mutige Selbstermächtigung der Menschen!

Welche Freiheit das bedeutet, konnten wir zuletzt in Ontario beobachten: Kaum hatte es dort nach der letzten Wahl einen Regierungswechsel gegeben, wurde das ursprünglich auf drei Jahre angelegte Pilotprojekt mit 4000 Einwohnern von einem Tag auf den anderen abgebrochen. Die neue kanadische Regierung wollte nicht ein Prestigeprojekt ihrer Vorgänger und politischen Gegner vollenden. Ähnlich verlief es in Finnland, wo ein staatliches Grundeinkommens-Experiment nicht wie geplant verlängert wurde; auch hier hatte ein Regierungswechsel zu dem – von allen beteiligten Wissenschaftlern bedauerten – vorzeitigen Ende des Experiments geführt.

Der Verein *Mein Grundeinkommen* wird existieren, solange es Menschen gibt, die dafür spenden und sich dafür engagieren – ganz egal, wer im Kanzleramt das Sagen hat.

Von wegen Politikverdrossenheit! Die Leute haben Lust auf eine Neugestaltung der sozialen Marktwirtschaft und probieren es einfach aus. Es wurde keine Partei gegründet und keine Petition geschrieben. Es wurden keine Millionenbeträge von globalen Philanthropen investiert oder gar Zuschüsse in irgendeinem Amt beantragt. Es wurde einfach gemacht. Und es funktioniert.

DIE UTOPIE WURDE KONKRET. WIR WOLLEN ES WISSEN.

Hundert Leute haben »fertig«, ihr Grundeinkommensjahr ist abgeschlossen. Das war lange unser Ziel. Schon nach vier Grundeinkommen haben wir gesagt: Wir wollen hundert! Gewinnerin Nr. 100 bekam im September 2017 ihr erstes und im August 2018 ihr zwölftes Grundeinkommen. Zeit für eine Bilanz. Da ist ein einzigartiger Erfahrungsschatz entstanden. Die Utopie wurde konkret. Jetzt sollen uns die Gewinnerinnen und Gewinner berichten. Wir wollen es wissen:

Was hat sich durch das Geld verändert? Wie lebt es sich, wenn die Existenz gesichert ist, ohne dass man etwas dafür tun muss? Was machen die Menschen mit dem Geld? Wird die Welt mit Grundeinkommen eine bessere?

Deswegen haben wir zwei, Micha und Claudia, uns auf die Reise gemacht. Es ist eine Art Abenteuerreise. Wir fahren durch ein Land, das es eigentlich gar nicht gibt. Nicht im Raum, vielleicht auch nicht in der Zeit. Wir fahren durch Utopia. Aber es ist sehr real. Wir starten in Berlin, fahren mit der Deutschen Bahn, besuchen Metropolen wie Köln, Frankfurt und München, reisen nach Kiel, Erlangen und Mannheim, entdecken Erkrath und Olching.

Wir machen eine Safari durch den deutschen Sozialdschungel und sammeln Schnappschüsse, nicht von Elefanten, Giraffen oder Nashörnern, sondern von ganz normalen Leuten, Menschen wie du und ich, Menschen, denen man nicht ansieht, dass sie anders sind.

Sie sind Pioniere. Sie probieren ein Jahr lang eine neue Art von Leben aus. Sie besiedeln den Wilden Westen des Spätkapitalismus. Sie alle sind Einwohner dieses Landes, das es nicht gibt, das es aber geben könnte. Oder sollte. Oder sollte es das vielleicht doch besser nicht? Genau das wollen wir herausfinden.

Wir sind Micha und Claudia. Wir sind eine Art Forscherteam. Grzimek und Goodall der Sozialwissenschaft. Dilettanten, Autodidakten, einfach nur neugierig und experimentierfreudig. Dieses Buch ist kein chronologischer Reisebericht, sondern das Protokoll unserer sortierten Nachgedanken infolge der vielfältigen Begegnungen. Es ist eine Gedankenreise durch ein utopisches Deutschland, und es ist – wider Erwarten – ein Psychogramm unserer Gesellschaft zu Beginn des 21. Jahrhunderts.

II. WAS MAN MIT GELD MACHEN KANN

(1) KONSUMIEREN

BERÜHRUNGSÄNGSTE UND EIN ALBTRAUM

Wir waren mit gemischten Gefühlen gestartet. Gleich zu Beginn seiner Vereinsarbeit hatte Micha schlechte Erfahrungen gemacht: Ausgerechnet zu den allerersten Gewinnern war kein wirklicher Kontakt entstanden. In dem Trubel der Gründungszeit hatte Micha gleich nach der ersten Verlosung per Mail alle vier um ein Telefonat gebeten.

Jan, der Erste, hat auf Michas Mail nie reagiert. Er bekam das Geld, aber nicht mal seine Telefonnummer hat er verraten. Tja, so ist das eben mit der Bedingungslosigkeit: Die Menschen müssen gar nichts tun, auch nicht telefonieren. Gilt auch für Stephanie, von der wir bis heute nicht mal ihren Wohnort wissen, und für Christina, die zwar kurz mit Micha telefonierte, aber nicht wirklich an einem Austausch interessiert war.

»Ich war voller Berührungsängste«, gesteht Micha heute. »Ich wusste gar nicht, worüber ich mit denen reden soll.«

Christoph, der Letzte der ersten vier, rückte zwar die Telefonnummer raus, zeigte sich aber im Gespräch wortkarg. Er scheue die Öffentlichkeit und habe gesundheitliche Probleme, ließ er wissen. Und verriet dann: Er wolle auf keinen Fall wieder in seinem gelernten Beruf arbeiten und habe als Erstes seinen Job gekündigt. Ziemlich frustrierend. Wenn man sich vorstellt, die Initiative hätte an dieser Stelle aufgehört, dann hätte die Lektion aus der Verlosung geheißen: Die Leute stecken das Geld ein, sagen nix, und der Einzige, der was sagt, kündigt seinen Job.

Ein Albtraum.

Doch Micha blieb bei seinem Traum. Schon allein deswegen, weil er selbst mit seinem Grundeinkommen etwas ganz anderes erlebt hatte. Er schlief besser, er war gesund geworden, er hatte eine bessere Beziehung zu seinem Kind – und er hatte Zigtausende Menschen für seine Initiative begeistert.

»Damals beschloss ich, den Kontakt zu den Gewinnern anderen zu überlassen«, erklärt Micha rückblickend.

So kam es, dass der Verein den Ausgelosten die frohe Gewinn-Botschaft per Mail überbrachte und – getrieben von den unzähligen Anfragen der Medien – telefonisch lediglich nach Alter, Beruf und der Bereitschaft zu Gesprächen mit Interviews fragte. Die Antworten landeten stichworthaft in einer Excel-Tabelle. Das war's.

Claudia drängte zwar all die Jahre darauf, dass der Verein den Kontakt zu den Gewinnern pflegen müsse, aber dann erlebt auch sie ihr Kommunikations-Waterloo: Als absehbar wurde, dass im Sommer 2017 das 100. Grundeinkommen verlost würde, entstand ihr Plan, eine große Konferenz mit allen 100 Gewinnerinnen und Gewinnern zu machen.

Zur großen 100er-Konferenz waren allerdings nur zehn Gewinner nach Hamburg gekommen und die meisten von ihnen am Abend schon wieder abgereist. Offenbar war das Interesse an einem Austausch nicht besonders groß. Könnte man jedenfalls denken. Obwohl an jenem Tag in Hamburg nur ein kleiner Kreis zusammenkam, entstand ausgerechnet dort ein Funke, der erst einen leisen Schwelbrand und dann das Feuer für dieses Buch entzündete. Nachdem sich die Gewinnerinnen und Gewinner nämlich vorsichtig kennengelernt hatten, stellten sie in einer vertraulichen Gesprächsrunde fest, dass sie bei aller Verschiedenheit manches gemeinsam hatten. Sie entdeckten das, was wir fortan das »Grundeinkommensgefühl« nannten.

Micha hielt darüber – noch völlig unsicher – im Oktober 2017 in der Evangelischen Akademie zu Berlin einen Vortrag. Der Akademieleiter dankte am Ende nachdrücklich: »Das war der längste Applaus in diesem Hause außer beim Besuch der Bundeskanzlerin!«

Vom Feedback beflügelt, traute sich Micha, am Neujahrstag 2018 unter dem Titel »Mit 1000 Euro kann man zu allem Nein sagen« einen Gastbeitrag auf ZEIT Online zu publizieren, in dem er erstmals öffentlich das »Grundeinkommensgefühl« benannte. Der Text bekam sensationelle Klickzahlen. Über eine Million Menschen lasen ihn. Über 1700 schrieben einen Kommentar.

»Daraus muss ein Buch werden«, sagte Claudia. »Und wir müssen mehr und intensiver mit den Gewinnern reden. Wenn die nicht zu uns kommen, fahren wir eben zu ihnen!«

WAS IST PASSIERT? EIGENTLICH NICHTS!

Die Tour war eng getaktet. Zehn Tage, zehn Städte, über zweitausend Kilometer Bahnfahrt, 24 Termine. Und am Ende 26 Stunden Tonaufnahmen plus etwa 300 Seiten Mitschrift. Mit rauchenden Köpfen und klopfenden Herzen saßen wir davor: Wie soll daraus ein Buch werden?

Kurz flackert Zweifel auf, als wir unser Ergebnis mit dem Buch-Exposé abgleichen. Wir hatten dem Verlag etwas ganz anderes verkauft. Oh je. Durften wir das? Mussten wir nicht halten, was wir versprochen hatten?

Andererseits hatten wir im Exposé nur Hypothesen formuliert und das, was Journalisten möglicherweise verkürzt und verzerrt über einzelne Gewinner berichtet hatten. Jetzt aber waren wir wirklich durch das Grundeinkommens-Deutschland gereist und hatten uns von dessen Einwohnern das echte Leben in Utopia erzählen lassen.

Wir beschließen, uns nicht beirren zu lassen. Der Verlagsleiter hat uns vertraut, als er uns den Vorschuss zusicherte; wir vertrauen nun ihm, dass er an den echten Geschichten interessiert ist, nicht an effektheischenden Schönwettermärchen.

Fangen wir also mit dem Frust an. Mit dem Unspektakulären. Mit dem, was – nüchtern betrachtet – wirklich passiert ist. Mit dem »eigentlich nichts«.

Was machen die Leute mit tausend Euro im Monat? Na, sie machen damit zunächst erst mal, was man mit Geld eben so macht. Man kann es ausgeben, sparen, investieren oder verschenken.

Den Auftakt machte ein Gewinner, dem wir den Spitznamen »Vitrinen-Alex« gegeben haben. Er begleitete uns von Anfang an, obwohl wir ihn auf unserer Tour gar nicht getroffen haben. Alex hatte am Ende seines Grundeinkommen-Jahres im Dezember 2017 einem Journalisten der *Südwestpresse* die Wohnungstür geöffnet und von seinen Erfahrungen erzählt. Der Journalist hatte darüber dann dies berichtet:

»Für Alex hat sich heute, ein Jahr nach dem Gewinn, wenig verändert. Zumindest auf den ersten Blick: Er wohnt noch immer in derselben Wohnung im 500-Seelen-Dorf Bergenweiler im Landkreis Heidenheim. Er fährt noch immer denselben Opel Astra, in dem ihn auch die frohe Botschaft erreichte. Er geht noch immer voll arbeiten, im Drei-Schicht-Rhythmus als Maschinenführer in einer Etiketten-Fabrik. Wer erfahren möchte, was sich in seinem Leben verändert hat, der muss in sein Arbeitszimmer gehen. Dort, rechts neben dem Computer, steht eine schmale, weiße Vitrine.«

Und was war drin in dieser sensationellen Vitrine?

»Darin sind die kleinen Veränderungen ausgestellt. Meist in Form von Papier. Zum Beispiel zwei Eintrittskarten zum Konzert des amerikanischen Sängers Bruno Mars in der Olympia-halle in München.«

Wir schlucken. Ist es das, wofür wir uns engagieren? Dass die Menschen sich teure Konzertkarten kaufen, mal abgesehen vom individuellen Musikgeschmack? Oder sich sonst irgend-welche Konsumwünsche erfüllen, die sie dann stolz in ihrer Glasvitrine präsentieren? Einfach nur geil konsumieren. Nix Weltverbesserung.

Tapfer ignorieren wir diese Geschichte.

»Gönnt Euch« hieß mal eine unserer Kampagnen, mit der wir für die Initiative *Mein Grundeinkommen* getrommelt hatten. Gönnen will gelernt sein. Das ist vielleicht die größte Heraus-forderung am Bedingungslosen Grundeinkommen, dass es auch der nervige Nachbar, die doofe Kollegin oder der lieder-liche Hassprediger bekommen werden. Bedingungslos heißt: Menschen dürfen auch doof sein, faul, verschwenderisch, kon-sumgeil.

Wir machen uns Mut: Ganz sicher sind nicht alle so.

Wir ahnen noch nicht, wie unrecht wir haben. Vitrinen-Alex begegnet uns in allen Gesprächen. Egal, welche moralisch hö-her stehenden Ansprüche uns die Gewinnerinnen und Gewin-ner aufzählen, irgendwann kommt es raus:

Die Veganerin hat sich einen teuren Pullover gekauft, aus-gerechnet aus Baby-Alpaka. Der Obdachlose ein Los der Süd-deutschen Klassenlotterie. Die beflissene Bildungsbürgerin ein paar sinnlos teure Schuhe, die binnen Kurzem kaputtgingen. Die konsumkritische Künstlerfamilie besorgt sich ein paar »an-ständige« Wanderstiefel. Der bescheidene Medienschaffende gönnt sich ein Renn-Lenkrad mit Pedal für seine große Leiden-schaft Computerspiele. Der arbeitslose Hilfsarbeiter lädt seine Familie zum Hummeressen ein.

Auf den Einkaufszetteln unserer Interviewpartner stehen »ein gebrauchter Corsa«, »eine ordentliche Waschmaschine«,

»geile Kopfhörer«, »Wein«, »ein Fahrrad« und »ein leichteres Laptop«.

Nur der Sohn aus reichem Elternhaus gesteht: »Ich habe mir gar nichts Besonderes gekauft. Im Nachhinein bereue ich das ein bisschen.«

Wir ahnen, was wir zu hören bekämen, wenn wir in diesem Buch eine nüchterne Ausgabenliste aller 200 Gewinnerinnen und Gewinner abdrucken würden: »Seht ihr: wie ein Lotteriegewinn. Die Leute werden es verkonsumieren!«

Der Gedanke macht uns traurig. Wir stellen uns das Grundeinkommen als etwas so Großartiges vor, und dann verballern die Leute das Geld.

EVA UND DER FUSSABDRUCK DER GRUNDEINKOMMENS-GESELLSCHAFT

Vor allem Reisen stehen hoch im Kurs. Unsere Grundeinkommens-Deutschen zieht es in die Welt, ob nach Südamerika, Zypern oder Schweden, nach Südafrika, Kuba oder Griechenland, Mallorca oder Teneriffa, nach London, Heidelberg oder schlicht zu Ausflügen in die Umgebung.

»Das Erste, was ich gemacht habe, war, einen Flug zu buchen, am selben Tag noch«, erzählt uns Gewinnerin Eva mit leuchtenden Augen. »Das war völlig surreal, weil: Wann gewinnt man schon mal was? Und dann gleich so was!«

Sie fliegt nach Australien.

Wir staunen. Da dachten wir, mit Grundeinkommen könnte man Umweltprobleme lösen, weil die Menschen bewusster konsumieren, und stattdessen hören wir, dass die Leute Flugreisen buchen. Evas Traumurlaub bringt 26 Tonnen CO_2 auf die

Waage, sie müsste zum Ausgleich 28 Bäume dafür pflanzen. Das ernüchtert uns sehr.

Sie war in dem Grundeinkommensjahr gleich zweimal in Australien; beim zweiten Mal, um ihrem Freund die schöne Landschaft zu zeigen. Dreimal Australien und zurück machen unterm Strich knapp 80 Tonnen CO_2 oder 84 Bäume. Wir rechnen das erst auf 200 Gewinner hoch und dann auf 84 Millionen Deutsche. So gesehen nähme der ökologische Fußabdruck der Grundeinkommens-Gesellschaft grässliche Dimensionen an.

Eva ist sich der Klimathematik durchaus bewusst. »Ich habe in dem Jahr sehr viel auf Bioprodukte geachtet. Das mache ich immer noch, auch ohne Grundeinkommen. Ich kaufe viel mehr umweltbewusste Sachen, die ressourcenschonender hergestellt werden – außer den Flügen nach Australien, ich weiß.« Sie lacht verlegen.

Dies ist die Situation, in der wir das erste Mal ahnen, dass es um etwas anderes gehen könnte als um Haben-Wollen, Ego-Spaß und Konsumgeilheit. Aber es wird noch einen Moment dauern, bis wir dem Geheimnis auf die Spur kommen.

Wir wollen verstehen. Wir fragen, was sie nach Australien zieht.

»Australien ist unglaublich weit, so viel Natur, so ungezwungen. Die Leute sind aufgeschlossener dort. Sie definieren sich nicht so über ihren Job. In Deutschland heißt es immer: Was machst du beruflich? Verdient man da gut? In Australien lautet die Frage: Macht es dir Spaß? Tust du das gern?«

Eva, von der wir nur wissen, dass sie 33 Jahre alt und Altenpflegerin ist, erzählt uns von ihrer Arbeit.

»Gelernt habe ich Krankenschwester. Ich helfe gern. Ich mag die Arbeit, aber man verdient nur wenig und hat keine Wochenenden. Nach einem Jahr hatte ich keine Lust mehr.«

Sie zieht mit ihrem damaligen Freund nach Bochum, wird dort an einer Kunstschule angenommen, aufgrund der abgeschlossenen Lehre bekommt sie BAföG. Nebenbei jobbt sie im Museumscafé als, wie sie es nennt, Tellerträger: »Ich habe auf- und abgedeckt.«

Nach der Trennung vom Freund kehrt sie zurück nach Hamburg, wo sie zu jedem Galeristen geht – ohne Erfolg. Für den Lebensunterhalt jobbt sie in einem privaten Museum, »weil das irgendwie mit Kunst zu tun hat«. Kasse, Kaffee und Kuchen, Tische polieren. »Verdienen tut man schlecht: Mit 28 Stunden bin ich auf 1100 gekommen. Meistens waren es unter 1000 Euro. 9,30 pro Stunde. Das war nicht viel.«

Zwischendurch reist sie zweimal nach Australien. Das gibt ihr die Kraft, durchzuhalten. Trotzdem: Nach fünf Jahren gibt sie auf.

»Die Kunstzeit hat mir persönlich unglaublich viel gebracht, aber da muss nicht unbedingt ein Beruf daraus werden. Mir fällt dies Sich-Anpreisen schwer, das kann ich nicht. Ich kann mich schlecht verkaufen. Damit fühle ich mich nicht wohl, und dann wird das auch nichts.«

Von den BAföG-Schulden spricht sie nicht, aber uns ist klar, dass ihr die noch im Nacken sitzen. Sie hatte schon mal Schulden im Leben: Direkt nach der Ausbildung zur Krankenschwester war sie mit Anfang 20 drei Monate nach Griechenland gegangen. Sie hatte sich nicht beim Amt abgemeldet, wusste nicht, dass sie sich selbst versichern und eine Auslandskrankenversicherung abschließen musste. Als sie zurückkam, musste sie drei Monate Beiträge nachzahlen – 1500 Euro Schulden. Sie lieh das Geld von den Eltern einer Freundin, suchte sich einen Job und stotterte die Schulden Monat für Monat ab.

Im Dezember 2016, drei Monate nach Beendigung des Museumsjobs, müsste sie eigentlich Geld vom Arbeitsamt bekommen. Die Sperrzeit wegen »versicherungswidrigen Verhaltens aufgrund von Eigenkündigung« ist vorbei. Aber aufgrund irgendeines Fehler verzögert sich die Zahlung.

Der neue Freund bekommt einen Job in Hannover. Sie will mitgehen, weiß aber nicht, wie sie den Umzug bezahlen soll.

SEHNSUCHTSORT AUSTRALIEN – EIN TRAUM? EINE UTOPIE? EINE FLUCHT?

In dieser Situation kommt die Mail von *Mein Grundeinkommen*: Du hast gewonnen! Eva bucht sofort den Flug nach Australien. Am Ende des ersten Grundeinkommensmonats zieht sie ihrem Freund hinterher. Nicht anders als sonst: »Auto gemietet, ein paar Kartons, selbst gepackt, selbst geschleppt, selbst gefahren.«

Und jetzt? Wir sind gespannt, wie das Grundeinkommen Evas Leben verändert hat. Faktisch hat sie genauso viel Geld wie mit dem Museumsjob, nur ohne etwas dafür zu tun.

Was macht sie mit der freien Zeit? Rumgammeln? Malen?

»Ja, ich habe mir eine Malgruppe gesucht«, erzählt sie. »Direkt am ersten Abend am neuen Wohnort. Ich wollte schnell soziale Kontakte knüpfen.«

Aber statt sich gemütlich in der neuen Stadt einzuleben, die freie Zeit mit dem Freund zu genießen oder sich beim Malen auszutoben, beginnt Eva zu unserer Überraschung sofort die Jobsuche.

»Ich wollte definitiv wieder Arbeit haben. Dieses Gefühl, untätig rumzusitzen, verursacht mir Unwohlsein. Da würde ich mich irgendwann als Faulenzer fühlen. Irgendwann langweilt es mich. Den ganzen Tag zu Hause sitzen, da hätte ich die Krise gekriegt. Ich kann das nicht erklären. Ich wollte Geld verdienen. Ich wollte einen Beitrag leisten. Ich wollte was für die Gesellschaft tun, mich einfügen. Die Malgruppe ist was anderes. Jeder hat einen Job, jeder geht arbeiten. Ich kenne keine Leute, die nicht arbeiten. Ich kenne keine Langzeitarbeitslosen oder Leute, die sich entschließen, nichts zu machen.«

Sie bewirbt sich bei diversen Supermärkten und Handelsketten. Bei Primark wird sie zum Vorstellungsgespräch eingeladen. »Die hätten mich genommen. Ich mag den Laden nicht. Ohne Grundeinkommen hätte ich den Job möglicherweise angenommen. Aber so habe ich ihn abgelehnt, auch wegen der blöden Arbeitszeiten. Wenn die sagen, du musst heute arbeiten, dann musst du springen.«

Im März, es ist der dritte Monat mit Grundeinkommen, entdeckt sie eine Anzeige für einen 450-Euro-Job in einem Altenheim. Ihre Betreuerin im Arbeitsamt rät ihr ab. »Die sagten: ›450 Euro, was wollen Sie denn damit? Das bringt doch nichts!‹ Ich bin fast vom Glauben abgefallen. Für mich war das ein Einstieg. Besser ein 450-Euro-Job als gar keiner. Durch das Grundeinkommen konnte ich mir das doch leisten.«

Und sie behält recht: Anfang Mai fängt sie an, schon Mitte Mai erfährt sie, dass sie ab Juli eine frei werdende Vollzeitstelle übernehmen kann. Ihre Augen leuchten, wenn sie uns von ihrer Arbeit erzählt.

Doch es geht nicht nur um Spaß und menschliche Begegnungen, sondern auch um Geld. Eva bekommt 11,64 Euro pro Stunde. Das ergibt ein monatliches Grundgehalt von 1446 Euro plus Zuschläge für Nacht- und Wochenenddienste. Sie weiß die Zahlen ganz genau. In guten Monaten kommt sie auf 1800 Euro, »das Doppelte von dem, was ich im Museum verdient habe. Dazu noch Grundeinkommen. Da war ich richtig reich!«

Sie spart, hat bei unserem Treffen, also sechs Monate nach dem Ende des Grundeinkommen-Jahres, immer noch 6000 Euro auf dem Konto, obwohl sie zwischenzeitlich ihrem Freund im dreiwöchigen Urlaub ihr geliebtes Australien gezeigt hat. Sie will wieder dorthin, gern länger, mindestens zwei Monate mit einem Bus, in dem man schlafen und kochen kann. Sich einfach in die Natur stellen, die Weite genießen, die Freiheit.

Immer wieder Australien, der ferne utopische Ort.

»Ich könnte mir vorstellen auszuwandern«, sagt Eva. Es sei eher der Freund, der sie davon abhält. Er verdiene gut und hätte mit seinem Jobprofil keine Aussichten in Australien.

Immer noch rätseln wir: Was ist Australien für Eva? Ein Traum? Eine Utopie? Eine Flucht?

Eva erzählt von ihrer Kindheit. Ihre Eltern trennen sich, als sie zwei Jahre alt ist. Sie wächst bei ihrem Vater auf. Er heiratet eine Frau, die zwei Kinder in die Ehe einbringt; Eva fühlt sich als Fremdkörper in der neuen Familie. »Die hatten ihre eigenen Abläufe. Ich war der Eindringling. Und wenn es Streit gab, war im Zweifel immer ich schuld.« Sie vermisst ihre Mutter, die mit ihrem neuen Mann nach Asien ausgewandert ist. Die Mutter besucht sie regelmäßig, und zweimal fliegt auch Eva als Kind um den halben Globus.

Wir ahnen: Ihr Fernweh ist Heimweh.

Am Ende verlassen wir das Treffen sehr nachdenklich. Wir würden nicht mehr pauschal behaupten (und verurteilen), dass es bei Eva nur um banalen Konsum geht. Sie hat offenbar nicht das Gefühl, in Deutschland etwas verändern zu können, höchstens als Konsumentin, indem sie Bio-Produkte kauft. Das stellt sie nicht zufrieden. Für sie ist Australien das richtige Leben. Andere sind im falschen Körper, sie ist im falschen Land. Vielleicht sucht sie Freiheit. Vielleicht sucht sie Geborgenheit. Vielleicht weiß sie es selbst noch nicht so genau.

Und Vitrinen-Alex?

Wir legen den Zeitungsartikel über ihn beiseite und lesen, was er selbst in seinem Blogbeitrag auf der Webseite von *Mein Grundeinkommen* geschrieben hat:

»Ein Jahr lang konnte ich sagen: Ja! Ja, zu mehr Lebensqualität dank Grundeinkommen. Für mich bedeutet mehr Lebensqualität nicht hauptsächlich Materielles. Erinnerungen schaffen, darauf habe ich Wert gelegt.«

Auch er ist viel gereist. Nach Ägypten, in die Schweiz, hat innerdeutsche Ausflüge gemacht und eben verschiedene Konzerte besucht. »Im Wohnzimmer laufen die Filme nicht über einen größeren Fernseher, aber in meinem Kopf laufen größere Erinnerungen.«

Hm. Wir geraten ins Schwanken. Vielleicht ist unser Grundeinkommen doch mehr als Kohle, die man für Schnickschnack raushauen kann. Mehr als stupider Konsumanreiz. Aber was? Worum geht es, wenn die Menschen etwas kaufen, wenn nicht um die Sache?

Wir werden erst von Janka, der Gewinnerin Nr. 100, eine ziemlich plausible Antwort bekommen, die sie übrigens selbst überrascht. Bis dahin fahren wir noch weiter ziemlich ratlos durchs konsumfreudige Grundeinkommens-Land.

(2) SPAREN

TILMAN UND DIE AUFGESCHOBENEN LEBENSENTSCHEIDUNGEN

Wenn man Geld nicht ausgibt, dann kann man es sparen. Sparen ist bekanntlich der Deutschen liebstes Hobby. Mehr als jeder Zweite hat ein Sparbuch; jedes Dorf hat eine Sparkasse, in jedem Kinderzimmer steht ein Sparschwein. Es überrascht also nicht, dass in unseren 23 Interviews das Wort sparen 41-mal gesagt wurde. Selbst die, die nichts gespart haben, fanden es notwendig, das zu erwähnen. Nur zum Vergleich: Das Wort Konsum kam zehnmal, das Wort Luxus achtmal vor. Nur ums Kaufen ging es mehr als 70-mal.

Es überrascht uns aber durchaus, dass wir beide spontan und ohne nachzudenken Konsum verurteilen, während wir die Spar-Sätze kaum zur Kenntnis nehmen. Was ist das für ein unbewusstes Wertesystem: Einkaufslisten sind des Teufels? Sparbücher heilig?

Micha: Natürlich sparen die Leute. Unser Grundeinkommen ist ja auch nur befristet für ein Jahr. Deshalb ist damit zu rechnen, dass die Leute etwas zurücklegen.

Claudia: Um dann damit was zu tun?

Micha: Etwas Sinnvolles.

Claudia: Eva spart dafür, dass sie nächstes Jahr wieder nach Australien fahren kann.

Micha: Die meisten sparen für schlechte Zeiten.

Claudia: Was genau sind schlechte Zeiten?

Micha: Tilman zum Beispiel spart, weil er am Anfang seiner Selbstständigkeit Sicherheit braucht, falls er nicht genügend Aufträge hat.

Claudia: Sparen ist auch eine Verschiebung von Konsum- und Lebensentscheidungen. Das kannst du gerade bei Tilman beobachten.

Tilman hatte nach dem Mediendesign-Studium beim WDR als Trainee gearbeitet, als er im April 2016 das Grundeinkommen gewann. Trainee, so erklärt er uns, ist eine Ausbildung mit dem Ziel, dass die Person anschließend auch im Unternehmen arbeitet. Bei den öffentlich-rechtlichen Sendeanstalten sei das aber nicht so, weil die niemanden mehr einstellen könnten. »Die Rentenzahlungen fressen ein Drittel des Budgets auf. Deswegen wusste ich, dass ich nach Abschluss der Trainee-Zeit nicht übernommen werde.«

Als die Gewinn-Mail von *Mein Grundeinkommen* kam, war er natürlich zuerst völlig aus dem Häuschen. Aber dann hat er gedacht: »Mist! Jetzt habe ich ja schon 1200 Euro als Trainee und brauche kein zusätzliches Geld. Am liebsten würde ich das Grundeinkommen hinten dranhängen.« Er hat sogar gefragt, ob der Verein ihm das Geld verzögert auszahlen könne, hat es dann aber kurzerhand selbst zurückgelegt.

Für schlechte Zeiten, wie Micha sagt.

Die er allerdings nicht erlebt. Denn nach dem Trainee-Programm macht sich Tilman selbstständig, obwohl er sich das vorher nicht vorstellen konnte – auch weil er Selbstständigkeit von seinem Vater, einem Architekten, kannte. »Der hat sogar zwei Firmen und immer gearbeitet, rund um die Uhr, tut das auch heute noch.« Für Tilman eigentlich ein abschreckendes Beispiel, »weswegen ich auf lange Sicht nicht weiß, ob ich das so weitermachen werde – oder kann«.

Sein Schritt in die Selbstständigkeit sei vielleicht sogar ein bisschen aus Faulheit geschehen. Er habe keine Lust mehr gehabt, sich zu bewerben, und dann hätte ihm der WDR angeboten, freiberuflich für den Sender zu arbeiten. Das sei keine typische Freiberuflichkeit, denn als sogenannter »fester Freier« bekomme er fünf Arbeitstage im Monat auf Honorarbasis sicher bezahlt. Das sei ein guter Grundstock. Die Auftragslage sei aber derzeit auch sonst gut.

Das Grundeinkommensgeld sei deswegen immer noch da.

»Der Puffer ist ein Sicherheitsgefühl. Wenn ich jetzt einen Monat nichts hätte, wäre das kein Problem.«

Konsumwünsche?

»Ich habe nie den Impuls gehabt, mir was Fettes zu kaufen. Es gibt schon Sachen, die ich gern hätte. Das folgt aber auf eine sehr lange Recherchephase. Ich schaue, dass ich das Beste bekomme. Meine Mutter war immer sehr sparsam, mein Vater nicht so. Der ist ein Genießertyp. Es war nie knapp. Aber meine Mutter und ich sind so richtige Hamsterratten. Da wird tausendmal hinterfragt, ob etwas wirklich nötig ist. Neue Schuhe? Die alten tun's doch noch! Aber ich hinterfrage das immer mehr. Denn wenn man immer nur spart, hat man ja nicht richtig was davon. Ich werde ja nicht jünger. Was ich jetzt noch machen kann, kann ich später vielleicht nicht mehr. Ich sollte mir mehr gönnen. Einfach, weil ich es jetzt könnte. Und dann gibt es auch Inflation, und Zinsen gibt es auch nicht. Eigentlich liegt das Geld nur da und verstaubt.«

Wofür er denn das Geld ausgeben würde? Was das denn sei, was er jetzt und vielleicht später nicht mehr machen könne?

»Das ist ein wunder Punkt«, gibt Tilman zu. Das, was so viele in dem »Gap«-Jahr nach dem Abitur machen, Rucksacktourismus, das habe er nie gemacht. »Ich bin in der Eifel aufgewachsen, habe mich nicht richtig rausgetraut. Aber ich spüre immer mehr den Drang, ich müsste das jetzt endlich machen.«

USA, Asien, Neuseeland, es gäbe genug Orte, die ihn interessieren. Nach seiner Zeit als Trainee hätte das gepasst, aber seine Freundin habe einen festen Job und sei nicht so flexibel. »Aber irgendwann wird das sicher passieren!«

In vergleichbarer Weise wie Tilman sparen viele Gewinnerinnen und Gewinner: René zum Beispiel hält das Geld zurück, weil er nach dem Ende seiner Ausbildung eventuell einen Puffer für ein unbezahltes Praktikum braucht. Janka bunkert Geld, falls sie nach dem Studium nicht sofort einen Job findet, und Traudel nutzt das gesparte Grundeinkommen als Sicherheit für den dritten Lebensabschnitt. Und die Eltern der Gewinnerkinder haben fast alle Geld zurückgelegt, damit ihre Kinder später mal etwas davon haben.

Alle haben gespart, aber keiner in solcher Weise wie Janek.

JANEK, DAS NICHTS UND DIE RISIKOFREIEN AKTIEN

Wir fahren nach Köln in die Mediacity – »denkmalgeschützte Lagerhallen mit modernstem Medien-Hightech, alte Räume in neuem Outfit. Trotz aller Neuerungen ist die Hafenatmosphäre überall spürbar«, prahlt das Stadtmarketing. Man vergleicht sich gern mit den Londoner Docklands und der Hamburger Hafen-City. Es ist ein ehemaliges Hafengebiet, ein mittlerweile komplett gentrifiziertes Stadtviertel mit schicker Uferpromenade.

Wir treffen Janek, der schon bei der Terminfindung signalisierte, dass er eigentlich keine Zeit hat. Zu viel Stress bei der Arbeit. Wir einigten uns darauf, dass wir ihn vor der Bürotür abholen, maximal eine Stunde mit ihm reden und er gleich anschließend wieder zurück zur Arbeit kann. Wir investieren, was er sparen muss: Die Taxifahrten vom Bahnhof zu ihm und zurück kosten uns eine Extrastunde Zeit – und 32 Euro.

Weil es schnell gehen muss, gehen wir ins nächstbeste Restaurant. Wir sagen: »Wir laden dich ein!«, weil wir das bei allen so gemacht haben, mit denen wir uns in Bahnhofsnähe in irgendeinem Lokal getroffen haben. Erst dann schauen wir auf die Speisekarte. Die Preise sind gepfeffert.

Janek macht einen Scherz: »Prima, dann esse ich das Teuerste!«, lacht und bestellt dann das Zweitteuerste. Wir gönnen uns auch eine ordentliche Mahlzeit. Wir machen Fotos von den Kunstwerken auf unseren Tellern. Es ist der kulinarische Höhepunkt unserer Tour. Am Ende stehen 64,50 Euro auf der Rechnung.

Janek ist 34 Jahre alt, arbeitet in einer Internetfirma. Er wohnt allein in einem Eigenheim. Es ist das Elternhaus, in dem er auch aufgewachsen ist, ein Altbau mit Stuckdecken und Verzierungen an der Fassade. Janek hat Literatur studiert, hat dann noch einen Master in Medienwissenschaften draufgesetzt und arbeitet jetzt in Vollzeit als fest angestellter Social-Media-Redakteur.

»Das macht mir Spaß. Mit Schreiben Geld zu verdienen, war immer mein Traum. Von daher bin ich wirklich in meinem Traumjob gelandet«, erzählt er, wenn auch nicht ganz so überschwänglich, wie Leute sonst von erfüllten Träumen schwärmen.

Janek redet mit ruhiger Stimme, sachlich im Tonfall, entspannt, ein Paradebeispiel für Gelassenheit. Von dem Stress, über den er am Telefon sprach, spüren wir nichts. Vielleicht liegt das an seinem Hobby. Er spielt Schach. Schach ist natürlich kein Sport, erklärt Janek mit leicht ironischem Unterton. »Aber sagen wir: Es ist ein mentaler Sport, ein sportliches Spiel. Es ist sehr entspannend. Stabile Nerven sind extrem wichtig dabei.«

Und es ist ein günstiges Hobby. Man braucht nicht viel: ein paar Figuren, ein Spielbrett und etwas Zeit. Die hat er jetzt weniger als früher.

Was hat Janek mit dem Grundeinkommen gemacht?

Die Antwort ist niederschmetternd: nichts. Gar nichts.

»Ich habe das Geld heute noch«, sagt er, ohne mit der Wimper zu zucken. »Ich habe so meinen Ablauf, ich ändere da nicht viel dran. Ich bin mit dem, was ich hatte, gut ausgekommen. So hat sich das Geld auf dem Konto angesammelt.«

Oh nein! Da werfen ein paar Tausend Menschen ihre Münzen zusammen, um jemandem ein Bedingungsloses Grundeinkommen zu spendieren, und dann vergammelt das Geld auf dem Girokonto?

»Nein, nicht auf dem Girokonto. Irgendwann habe ich mit meinem Vater darüber gesprochen, dass ich das Geld momentan nicht brauche. Da hat er vorgeschlagen, dass er das anlegt. Mein Vater hat Spaß daran. Risikofreie Aktien und Staatsanleihen. Sachen, wo man keine Sorgen haben muss, dass das Geld verschwindet. Im Idealfall wird mehr daraus.«

Risikofreie Aktien? Ist das nicht ein Widerspruch an sich? Egal.

Das hätten wir nicht erwartet. Micha verkneift sich seine Einwände. Er spürt, dass er das Grundeinkommen doch noch nicht ganz moralfrei denkt. Da kriegt jemand Geld geschenkt und zockt damit an der Börse? Darf der das? Ist das nicht dreist und unmoralisch? Andererseits ist Aktienkauf ja nicht unbedingt »zocken«. Es ist eine gängige Geldanlage, also eine Art von Sparen. Es ist eine Investition in die Unternehmung von anderen. Es ist eine Form von Weitergeben. Nein, halt, stopp: Bedingungslos ist eben bedingungslos. Punkt! Aber was würde wohl unsere Crowd dazu sagen?

EIN FAST BEDINGUNGSLOSES GRUNDEINKOMMEN

Wir ziehen die Konsumkarte: Du hast nichts ausgegeben, Janek, gar nichts Besonderes gekauft? Dir irgendeinen Luxus gegönnt? »Mittlerweile würde ich schon sagen, dass ich ein bisschen mehr ausgebe als damals. Aber ich bin jetzt auch in einer anderen Gehaltsstruktur.« Damals habe er nur eine Teilzeitstelle in einem anderen Unternehmen gehabt. Mit einer Arbeit, die ihm keinen Spaß gemacht habe.

Ein Hoffnungsschimmer: ob ihn das Grundeinkommen bestärkt oder gar ermutigt habe, den ungeliebten Job zu kündigen, um sich einen besseren zu suchen?

»Der Jobwechsel war unabhängig vom Grundeinkommen. Ich bin nach Streitigkeiten mit dem damaligen Chef gegangen. Der wusste nichts von dem Grundeinkommen.«

Wir haken noch mal nach. Vielleicht habe das Grundeinkommen ihm eine Sicherheit gegeben, um den Konflikt mit dem Chef durchzustehen?

Janek wiederholt nüchtern: »Nein, das hatte nichts miteinander zu tun.«

Also gut, aber wenn aus dem Geld mehr wird: Irgendwann will er es vielleicht für irgendetwas ausgeben. Wofür könnte das sein?

»Ich werde mir nächstes Jahr wahrscheinlich ein Auto kaufen, da fließt bestimmt ein wenig Geld rein.«

Ah, jetzt kommt's. Ein Auto, ein Männertraum. Vielleicht ein Solarmobil. Oder ein selbst steuerndes Fliewatüüt.

»Irgendetwas im Bereich der Limousinen-Mittelklasse. Ein Audi A4 zum Beispiel. Auf jeden Fall ein Benziner, kein Diesel, aber ansonsten habe ich da keine Vorstellungen. Ich bin da eher pragmatisch.«

Aber so ganz pragmatisch? Ein Audi kostet mehr als ein Jahr Grundeinkommen, oder? »Ich würde vermutlich auch ohne Grundeinkommen dasselbe Auto kaufen. Wahrscheinlich kommt der Großteil aus dem Verkauf einer Immobilie in Leipzig, die wir im Moment inseriert haben und hoffentlich demnächst verkaufen.« Er spricht von einer Erbschaft. »Von dem Geld, das dabei herauskommt, könnte ich das Auto locker bezahlen.«

Wir schauen zu, wie Janek den letzten Bissen Lachsfilet in seinen Mund schiebt. Er braucht das Grundeinkommen nicht. Warum hat er sich trotzdem angemeldet?

»Warum nicht? Ich mache eigentlich keine Gewinnspiele, aber irgendwie habe ich das ausprobiert. Habe mich einfach nur bei der Verlosung angemeldet. Mehr Geld ist selten schlecht. Ich hab's gewonnen, es war ein Bonus für mich, den ich nicht gebraucht habe. Ich bin dankbar und freue mich, aber es hat nicht mein Leben verändert.«

Und die Idee des Bedingungslosen Grundeinkommens? Spielte die irgendeine Rolle?

»Ich weiß nicht mehr, wie ich auf Mein Grundeinkommen gestoßen bin. Die Idee kannte ich irgendwie, hatte mich aber nicht damit beschäftigt. Irgendwann habe ich gewonnen. Ich habe mich bestimmt gefreut, aber so richtig erinnere ich mich nicht.«

Immerhin sagt er, dass es vermutlich anders gewesen wäre, wenn er das Geld unbegrenzt auf Lebenszeit bekommen würde: »Dann hätte ich wahrscheinlich gekündigt und hätte das Leben auf mich zukommen lassen und weiß-nicht-was gemacht.«

Janek ist traumlos. Aber glücklich? »Hast du schon mal was auf dich zukommen lassen, im Studium oder so?«, fragen wir.

Janek zuckt. Sein Pokerface zeigt eine Regung, die er zuerst cool überspielt: »Jetzt irgendwie so in den Tag leben und gucken, was kommt, das kann ich nicht. Ich brauche Struktur und Planung.«

Dann erzählt er doch, dass er nach dem Studium keinen Job gefunden hat. Er habe tausend Absagen bekommen. Zwei Jahre war er arbeitslos und bezog »ALG2« – er verwendet den technisch korrekten Ausdruck. Die meisten sagen dazu »Hartz IV«. Er habe »eine Maßnahme für Akademiker« mitgemacht, die nicht so schlimm gewesen sei, wie man denke. Keine Freiheitsberaubung. Aber reine Beschäftigungstherapie. Zeitverschwendung. Bewerbungstraining.

»Das hatte allerdings den Vorteil, dass das Amt mich in Ruhe ließ. Eine Sachbearbeiterin hat mich gefragt, ob ich noch mal an so einer Maßnahme teilnehmen möchte. Da habe ich dankend abgelehnt.«

Zwei Jahre Hartz IV, denken wir, das summiert sich inklusive Wohngeld auf etwa 24 000 Euro. Nicht schlecht für jemanden, der sagt: »Ich hatte ja immer genug, musste mir noch nie große Sorgen machen, bezüglich Altersarmut oder sonst was.« Und wenn er dabei weitgehend in Ruhe gelassen wurde, war das ein – fast bedingungsloses – Grundeinkommen. Zwei Jahre lang. Und?

»In dieser Zeit habe ich mich mit zwei alten Freunden selbstständig gemacht. Wir haben versucht, ein Online-Portal auf die Beine zu stellen. Da haben wir ein Jahr dran gearbeitet, waren auch im Förderprogramm einer Bank, wo es Beratung, aber auch Geld gab. Nach einem Jahr hat sich abgezeichnet, dass wir davon nicht drei Gehälter bezahlen können. Da haben wir aufgegeben.«

Wir staunen. Ob das nicht auch eine Art Grundeinkommen gewesen sei?

»Ja klar, da kriegt man einen Vorschuss, ohne dass man das zurückzahlen muss », bestätigt Janek. »Aber die Bank macht das ja nicht, weil sie etwas Gutes tun möchte, sondern die fördern etwas, damit daraus Firmen entstehen.«

Jede Antwort Janeks wirft bei uns neue Fragen auf: Will das

Bedingungslose Grundeinkommen Gutes tun? Und sind in dieser Logik die Aktienkäufe seines Vaters nichts Gutes? Verwandelt Janek also gutes Geld in nicht-gutes Geld? Aber ist eine Firma nichts Gutes? Könnte man nicht auch das Bedingungslose Grundeinkommen als einen Vorschuss bezeichnen, damit die Menschen – wie Götz Werner es immer formuliert – »unternehmerisch tätig« werden?

(3) INVESTIEREN

SPAREN, UM ZU INVESTIEREN

Die Begegnung mit Janek beschäftigt uns. Wofür spart man eigentlich? Claudia erinnert sich an Kindertage, als sie stolz in einem Sparschwein Münzen sammelte: das helle Klingeln, wenn das Metall auf die Keramik fiel, das wohlig-satte Schnalzen, wenn die Münze später im Bett der anderen Münzen landete. Und dann der große Tag, wenn das Schwein »geschlachtet« wurde und wir die Münzen mit elterlicher Hilfe zusammenzählten, um etwas Besonderes dafür zu kaufen. Was für ein Fest!

Viele Menschen sammeln Geld bis zu einem gewissen Betrag, um es für irgendetwas auszugeben. In der Betriebswirtschaft nennt man das Investitionsrücklage, heißt: Man legt Geld zurück, um es akkumuliert irgendwann zu investieren. Janek und Tilman wussten noch nicht, was sie eines Tages mit dem gesparten Geld tun würden. Andere Gewinnerinnen und Gewinner hatten da auf Anhieb ganz konkrete Ideen:

Kerstin aus Liebenau will sich mit einem Blumenladen selbstständig machen. Jan aus Münster hat eine Geschäftsidee in der Bildungsarbeit. Stefan, Inhaber einer Gemüsegärtnerei in Schwerin, hat gleich am Tag nach der Verlosung zu seiner eigenen Entlastung einen Gärtner als Mitarbeiter engagiert, um sich selbst intensiver Fragen im ökologischen Gemüseanbau widmen zu können. In dem Grundeinkommensjahr will er kleine Versuche machen, wie die Bodenfruchtbarkeit und die Pflanzengesundheit verbessert werden können.

Judith hatte sich schon knapp ein Jahr vor ihrem Gewinn mit einer Eisdiele in Rostock selbstständig gemacht. Der Start war bereits gut gelungen, doch nun nutzte sie das Grundeinkommen, um das Geschäft weiter zu etablieren: Mitarbeiterinnen ordentlich entlohnen, im Einkauf ungewöhnlicher veganer Zutaten mehr finanziellen Spielraum haben und den Kredit abbezahlen.

Die angehende Tierärztin Lisa, die als Promotionsstudentin bei Vollzeitbeschäftigung nur 300 Euro im Monat verdient und mit ihrem Freund von dessen halber Stelle als Doktorand der Linguistik lebt, hat das Geld in eine Baby-Erstausstattung und in ein »neues« gebrauchtes Auto, eine Familienkutsche mit fünf Türen, investiert. Denn wenige Monate nach der Verlosung kam ihr Kind auf die Welt.

Die Eltern von Felina aus München sparen das halbe Grundeinkommen für die Kinder und investieren die andere Hälfte in die Selbstständigkeit der Mutter: Zusätzlich zu ihrer Tätigkeit als Tagesmutter will sie nach der Geburt des zweiten Kindes eine Trageberatung für junge Eltern aufbauen.

Rudi aus dem Odenwald will sich intensiver um Renaturisierungsprojekte kümmern und Frederic aus Nürnberg sein eigenes Aquaponik-Projekt starten, ein ökologisch nachhaltiges Verfahren, bei dem Fischzucht und Gemüse- sowie Kräuterzucht in spezieller Weise kombiniert werden.

Kurz: Die Menschen investieren in ihren Traum und stecken Energie in ihre Unternehmungen, sei es eine Firma, ihre Forschungsarbeit oder eine neu gegründete Familie. Sie investieren in ein freiwilliges soziales Jahr, in einen Führerschein oder ein Auto, retten ihren Secondhand-Laden vor der Insolvenz oder kaufen sich für ihre Freiberuflichkeit als Designer, Fotografen oder Programmierer neue professionelle Technik.

Am allerhäufigsten investieren die Menschen ihr Grundeinkommen jedoch in Bildung. Das Thema Reisen hatten wir ja schon – und wir haben es zunächst der Einfachheit halber als Form des Konsums eingestuft. Doch die meisten Menschen wollen beim Reisen fremde Sprachen oder Kulturen kennenlernen, Lebenserfahrung sammeln oder durch ungewohnte Herausforderungen ihren geistigen Horizont erweitern.

Für viele ist derlei sogar explizit eine Art Training für den sich permanent wandelnden Arbeitsmarkt. Denn die meisten wollen ihren Job nicht auf Lebenszeit behalten, weil er sie unzufrieden oder sogar krank macht oder weil sie schlicht nicht genug damit verdienen.

Da ist zum Beispiel Christoph, jener Gewinner Nr. 2, der Micha so erschreckte, weil er damals sofort erklärte, er würde jetzt seinen Job kündigen. Er tat das später wirklich, aber nicht, um sich auf die faule Haut oder in die berühmt-berüchtigte Hängematte zu legen, sondern um sich für eine sinnvollere Arbeit zu qualifizieren.

Zunächst ließ sich der damals 26-Jährige mit der Kündigung bewusst Zeit, ertrug den Job im Callcenter mit größerer Gelassenheit und überlegte sorgfältig, was er künftig machen will. Er entschied sich für eine Arbeit im sozialen Bereich, sah sich in Ruhe die unterschiedlichen Ausbildungsmöglichkeiten an und wählte am Ende einen Pädagogikstudiengang in Münster aus. Erst dann tauschte er seine Anstellung gegen den Studienplatz.

JENS UND DIE INVESTITION IN G7

Eine ähnliche und doch völlig andere Geschichte erzählt uns Jens aus Berlin. Er ist 31 Jahre alt und arbeitet bereits mit großer Leidenschaft im Erziehungsbereich, verdient allerdings weniger als manch anderer sogar im Callcenter. Am Ende unseres

Treffens ist klar: Auch er wird das Grundeinkommen in seine berufliche Zukunft investieren.

Wir erfahren, dass Jens bis jetzt noch nie einen »ordentlichen« Beruf gelernt hat, obwohl er immer gearbeitet hat, und zwar als Selbstständiger in schwierigstem Umfeld. Jahrelang hat er dabei deutlich unter dem Existenzminimum gelebt.

Wie kann das sein, wird mancher fragen. Haben wir in Deutschland nicht ein weltweit erfolgreiches Wirtschaftssystem, wo Menschen, die arbeiten, davon leben können? Und gibt es nicht – wenn das aus irgendwelchen Gründen nicht gelingt – einen funktionierenden Sozialstaat, der Menschen notfalls die Existenz sichert?

O-Ton Arbeitsagentur: »Personen, die mit ihrer Beschäftigung ein zu geringes Einkommen erzielen, können ergänzend finanzielle Leistungen beim Jobcenter beantragen.«

In der Arbeitsmarktstatistik ist verwirrenderweise die Rede von »erwerbstätigen erwerbsfähigen Leistungsberechtigten«, und es wird differenziert zwischen unterschiedlichsten Arten »ergänzender Leistungen«. Im Volksmund werden die Betroffenen der Einfachheit halber pauschal als »Aufstocker« bezeichnet.

Über eine Million Aufstocker wurden zuletzt im Februar 2018 in offiziellen Statistiken gezählt. Sie beziehen zusätzlich zu ihrer Arbeit staatliche Unterstützung. Doch Jens gehört nicht dazu:

»Mit dem Amt hatte ich als Teenager Kontakt. Die haben gesagt: Du musst dies machen und dies und dies. Da habe ich gesagt: Das brauche ich nicht! Ob ich versichert bin oder nicht, ist egal. Ich schaue, dass ich überleben kann, und den Rest schaue ich später. Das habe ich 13 Jahre durchgehalten.«

Wir werden auf unserer Deutschlandtour mehrere »Nicht-Aufstocker« wie Jens treffen und fragen uns, wie viele Menschen in Deutschland wohl so leben – und was das Grundeinkommen für sie verändern würde.

Jens arbeitet als freiberuflicher Zirkuspädagoge und bringt in Jugendzentren und Clubs Kindern alles Mögliche bei – von Jonglieren bis Drahtseillaufen.

»Ich bin Zirkuskind. Mit 12 bin ich zum CaBuWaZi, dem chaotisch bunten Wanderzirkus in Kreuzberg, gestoßen. Der hat mehrere Zelte in verschiedenen Berliner Bezirken. Dort habe ich alle möglichen Disziplinen gelernt. So wurde ich Zirkustrainer.«

Er stammt aus einer »linientreuen DDR-Familie« in Berlin-Marzahn. Die Mutter war Kindergärtnerin, der Vater bei der Stasi. Mit der Wende brach eine Welt zusammen, die Eltern trennten sich. Jens wuchs bei der Mutter auf. Den Vater traf er jedes zweite Wochenende. Bis er 14 war. Dann zog er freiwillig in eine Jugend-WG, weg von der suchtkranken Mutter; der ohnehin schwierige Kontakt zum autoritären Vater brach ab.

Trotz der familiären Widrigkeiten schien alles auf einem relativ guten Weg. Jens war Schüler in einer evangelischen Privatschule, half im Hackeschen-Höfe-Theater, spielte Trommeltheater.

Mit 18 verlor er seinen Platz in der Jugendhilfe: »Berlin war pleite, und jeder, der 18 war, musste aus der Wohnung raus. Mein Jugendhelfer hat sich entschuldigt, ich sei einer der besten Jugendlichen gewesen, die er je hatte.«

Fortan hangelte er sich durchs Leben. »Projektverträge, Werkverträge, Honorarverträge. Ich war vielleicht ein Jahr lang mal arbeitslos.« Jens jobbte im Kinderladen, als Babysitter, als Streetworker. »Und natürlich machte ich auch den obligatorischen Tresenjob, den jeder mal macht in seinem Leben, den ich teilweise immer noch mache.«

Anfang 2018 beginnt Jens in einem Berliner Jugendclub als fester Angestellter, zunächst mit zehn Stunden die Woche, dann mit 25 Stunden – und zwar dauerhaft.

Mehr ginge nicht, Jens hebt mit entschuldigendem Blick die Hände, weil er als ehrenamtlicher Vorstand noch die Verantwortung für die *Opernakademie* habe. Das ist ein kleiner Verein aus Weißensee, der vor zehn Jahren von einer Opernsängerin gegründet wurde, um Kunst und Kultur für junge Erwachsene erfahrbar zu machen. Dort arbeitet Jens als Dozent für Bewegung. Außerdem betreut er noch – für ein paar Euro pro Stunde – die Kinder seiner Tango-Lehrerin. Auch diese Verantwortung könne und wolle er nicht von einem Tag auf den anderen einfach fallen lassen.

Unterm Strich kommt er auf diese Weise auf netto tausend Euro, plus zum ersten Mal in seinem Leben Kranken-, Arbeitslosen- und Rentenversicherung. So viel hatte er noch nie.

Deswegen war die Verlosung im März 2018 die letzte, an der er teilnehmen wollte. Ausgerechnet da wurde Jens ausgelost. Seine spontane Reaktion: »Mit der Festanstellung brauche ich das Geld eigentlich nicht mehr. Mir geht es gut, andere brauchen das Geld dringender.«

Doch Freunde bestärken ihn, das Geld für sich zu behalten.

Na ja, gibt er zu, zuerst habe ihn das überfordert. »Dass meine Freunde und meine Familie alle dastehen und sagen: Wenn, dann du! Das war ungewohnt. Ich komme mit Lob nicht klar. Lasst das!« Jens lacht verlegen. Das Lob hat ihn dann doch gefreut und trotz aller Bedenken ermutigt, das Grundeinkommen für sich selbst zu nutzen.

»Ich werde im Moment nach G6 bezahlt; G7 wäre das, was ich eigentlich bekommen sollte. Um dafür ein Papier zu haben, werde ich demnächst die Erzieherausbildung mit Schwerpunkt Theaterpädagogik machen. Ich muss mich da noch informieren. Es kann sein, dass ich da was bezahlen muss.« Dank Grundeinkommen dürfte das kein Problem sein.

Christoph investiert in ein Studium, um einen Beruf ausüben zu können, den er für sinnvoll hält. Jens investiert in eine formale Ausbildung, um in dem Beruf, den er mit Begeisterung ausübt, eine Gehaltsstufe nach oben zu rutschen. Und der Dritte, von dem in diesem Kapitel die Rede sein soll, will in ein unbezahltes Praktikum investieren, um überhaupt wieder Arbeit zu finden.

RENÉ, EIN LEBEN ALS MULTIJOBBER UND EIN UNBEZAHLTES PRAKTIKUM

Schon bevor wir das Gespräch beginnen, bittet René darum, dass wir seine Geschichte anonymisieren. Niemand soll wissen, dass er Grundeinkommen hat. Es gibt einen minderjährigen Sohn. Die Mutter habe die Pille abgesetzt, ohne ihm etwas davon zu sagen. René erzählt eine wirre Geschichte, die in dem Satz mündet:

»Ich war arbeitslos, konnte nicht mehr zahlen. Dann hat sich der Unterhaltsvorschuss aufsummiert. Das läuft dann als Schuld beim Jugendamt auf.«

Claudia muss bei diesem Thema an sich halten; sie denkt an die vielen alleinerziehenden Mütter. Jede Dritte bezieht Hartz IV. Später treffen wir Gewinnerinnen, die sich in eindrucksvoller Weise durchs Leben schlagen mussten, weil die Väter ihrer Kinder keinen Unterhalt bezahlt haben.

Als René gegangen ist, platzt Claudia heraus: »Da sitzt einer, der sich vor seiner Verantwortung drückt und, statt mit dem Grundeinkommen seine Schulden zu bezahlen, uns auffordert, seine Identität nicht preiszugeben, kurz: für ihn zu lügen!«

Micha nickt und widerspricht zugleich: »Ich würde gern über Schuld reden. René ist ein Beispiel dafür, dass Schuld immer nur eine Abkürzung in der Kette der Ereignisse, in den Pfadabhängigkeiten ist. Wenn du irgendwo Stopp machst, hat jemand Schuld. Warum hat die Frau die Pille abgesetzt? Bestimmt nicht aus bösem Willen, wahrscheinlich hat sie sich auf Äußerungen von ihm bezogen; sie haben immerhin schon fünf Jahre zusammengelebt. Aber warum zahlt er den Unterhalt nicht? Nicht, weil er seinen Sohn nicht liebt oder ein böser Mensch ist, sondern weil er so wenig Geld hat. Jetzt will er dem Kind vom Grundeinkommen was zustecken, hat aber Angst, dass dann sein Gewinn auffliegt – und statt beim Sohn landet das Geld beim Staat.«

Wir diskutieren kurz, ob Grundeinkommen ermöglicht, diese Verkettung von Umständen ohne Schuldsuche anzugucken und nicht so schnell urteilen zu müssen. Dann merken wir, dass es darum gar nicht geht. Mit Grundeinkommen wäre die ganze Situation eine andere. Das klassische Ernährermodell würde aufgelöst. Statt dass der Staat mit komplizierten Verfahren und nach aufwendigen Prüfungen »Familien unterstützt«, würde in einer Grundeinkommenswelt jeder Mensch, also auch jedes Kind, von der Gemeinschaft finanziell abgesichert. Wer sich um das Kind kümmert, bekommt das Geld des Kindes. Punkt.

René jedenfalls hat sich, das wird schnell klar, nicht auf Kosten des Kindes bereichert. Er ist 46 Jahre alt, hat zwei Berufsausbildungen abgeschlossen, arbeitet seit fast dreißig Jahren in unterschiedlichsten Jobs, ist sich für keine Arbeit zu schade und doch wieder arbeitslos. Die erste Ausbildung machte er noch zu DDR-Zeiten, im Hafen für Umschlagsgüter in Stralsund. Mit der Wende kam die Arbeitslosigkeit. »Ich bin dann in den ›Goldenen Westen‹. Da war ich 18. Hatte dann einen Job auf Amrum, war als Fischer auf einem hundert Jahre alten Kutter auf der Nordsee unterwegs, egal bei welchem Wetter. Das war toll.«

Er hätte dort gern eine Lehre gemacht, doch dann stellte sich heraus, dass das nicht gehen wird: »Im Winter kriege ich zu kalte Finger. Mit Durchblutungsstörungen kannste nicht zur See fahren!«

Also musste er aufhören und war dann das erste Mal arbeitslos. »Gleich das volle Programm. Als Fischer hatte ich noch gut verdient. 3000 bis 4000 Mark im Monat, und dann nur noch 700 Mark. Bin wieder bei Mutti eingezogen. Die war natürlich nicht froh darüber!«

Er bekam einen Job bei der Stadt Stralsund als Papierkorbleerer. »Natürlich kam ich mir blöde vor: den Müll anderer Leute wegzuräumen. Alle meine Freunde haben da gewohnt. Ich wurde gehänselt.« Deswegen empfand er es als großes Glück, eine Stelle als Hausmeisterhelfer zu bekommen: »Öffentlicher Dienst. 1300 Mark. Da habe ich anderthalb Jahre gearbeitet und dann noch mal ein halbes Jahr.«

Auf die Dauer bot das keine Perspektive. Er machte eine Umschulung zum Tischler und fand eine Stelle in Westberlin.

René schwärmt von seinem damaligen Meister: »Geiler Chef! Der ist selber auf jede Baustelle mitgefahren. Den haste nur in Latzhose gesehen.« Am meisten schätzt er aber das in ihn gesteckte große Vertrauen: »Ich bin hingefahren. Arbeitsvertrag unterschrieben. Dann: Hier haste ein Auto. Fahr los. Mach selbst. Es gab freie Zeiteinteilung. Und das im Angestelltenmodus. Toll! In so einer Firma würde ich sofort wieder arbeiten.«

Doch dann kam ein Bandscheibenvorfall dazwischen. Der Chef bezahlt sogar die Heilpraktikerbehandlung. Es nützt nichts: Nach dem zweiten Bandscheibenvorfall ist klar, dass René nicht mehr schwer heben darf. Als Tischler kann er nicht mehr arbeiten.

Seither verdient er in wechselnden Jobs sein Geld: »Ich habe als Elektriker, als Paketzusteller, als Glaserhelfer gearbeitet. Ich war auch schon selbstständig im Nageldesign, bin herumgefahren, habe die Produkte verkauft.«

Er sitzt vier Jahre bei einem Webserver-Anbieter im Support am Telefon. Er arbeitet in einer PC-Firma, die massenhaft gebrauchte Rechner einkauft und recycelt. Dafür muss alles sicher gelöscht sein. »Ich habe ein Jahr lang nur mit Monitoren zu tun gehabt. Die Dinger auf Schäden kontrolliert. Ein Traumjob war's nicht. Das war brutal eintönig, aber ich hab's gemacht. Bis ich entlassen wurde.«

»ICH HÄTTE IN JEDEM FALL INVESTIERT!«

Nebenbei bildet sich René autodidaktisch weiter. Er versucht sich mit einem IT-Support-Service selbstständig zu machen, bekommt – Paragraf 19 Kleinunternehmer – unterstützend Hartz IV. René wird das, was Jens nicht werden wollte: Aufstocker.

Wir fragen ihn nach seinen Erfahrungen. »Da muss man sich in sehr engen Grenzen bewegen. Da habe ich dann nicht unbedingt die Wahrheit gesagt. Das hat mir keine Angst gemacht. Das muss man nicht alles machen, was die wollen; das können die gar nicht kontrollieren.«

Das Unternehmer-Dasein findet er attraktiv: »Man wäre unabhängig, man wäre sein eigener Chef. Klar gibt es auch schwierige Kunden, aber alle Kunden, die ich hatte, waren super.«

Was ihn von der erfolgreichen Selbstständigkeit trennt, ist – dafür reicht die Staatshilfe nicht – das Startkapital. »Der Markt ist überlaufen von solchen Angeboten. Aber die, die erfolgreich sind, haben auch ein Standbein, um das aufbauen zu können.«

Er entdeckt die Webseite von *Mein Grundeinkommen*, meldet sich an. »Hätte ich das Grundeinkommen früher gewonnen, hätte ich das in jedem Fall investiert. Bei so 'nem Service muss man die Rechner mit nach Hause nehmen können. Da braucht man ein Auto oder einen kleinen Laden mit ein bisschen Werbung in der Schaufensterscheibe.« Doch das Losglück trifft ihn erst später.

Ohne Investition kommt das Geschäft nicht richtig in Gang. René entdeckt eine Zeitungsanzeige, in der ein Hausmeister gesucht wird. Er bewirbt sich, bekommt den Job. »Acht Stunden am Tag. 1300 netto plus Firmenwagen, den ich privat nutzen durfte. Das war in jedem Fall besser als Hartz-IV-Aufstocker!«

Doch der Arbeitgeber ist eine Privatperson mit großen Ansprüchen: »Ich musste mit einer schwierigen Hausverwaltung in Wuppertal zusammenarbeiten. Ich hatte mehr E-Mail-Kontakte als Zeit zum Arbeiten. Die Chefin war nie erreichbar. Irgendwann sage ich dann was – nicht grantig, aber ehrlich und direkt. Dann haben Vorgesetzte dich schnell auf dem Kieker. Ich sage halt nicht durch die Blume, was ich von jemandem halte. Ich wurde einfach entlassen.«

René landet wieder beim Arbeitsamt, beginnt eine Weiterbildung, will jetzt auch Gebäudetechnik lernen, damit er bei einer Bank oder Versicherung als Hausmeister arbeiten kann.

Da gewinnt er das Grundeinkommen.

»Das Geld kam gerade richtig. Die Waschmaschine war kurz vorher kaputtgegangen. Mit Arbeitslosengeld hat man ja nicht so viel. Jetzt konnte ich mir eine neue kaufen. Ich bin ein sparsamer Mensch. Aber es war ein geiles Gefühl, in den MediaMarkt zu gehen und zu sagen: Diese Waschmaschine kaufe ich. So ein geiles Gefühl. Die hat 600 Euro gekostet, aber dafür schäme ich mich nicht. Es gibt sehr viel teurere!«

Die nächsten Monate will er sparen. Durch die vielen Arbeitslosigkeiten hat er gelernt, hauszuhalten: »Ich bin nicht geizig, aber versuche das Geld zusammenzuhalten. Ich schwimme ja jetzt nicht im Geld. Aber mit Grundeinkommen muss ich nicht jeden Cent umdrehen. Kann mal ein Fischbrötchen kaufen, ohne nachzudenken. Ich kann durch die Straßen gehen und die Augen offen halten. Ich sehe was, ich leiste mir das: eine elektrische Zahnbürste zum Beispiel. Ich überlege immer noch sehr genau, aber die wollte ich immer schon mal haben!«

René führt über seine Ausgaben kein Buch, aber er hat die Zahlen im Kopf:»Ich kriege vom Amt 800 Euro. 400 Euro Miete. Strom, Wasser, Handy, es bleiben 150 Euro. Vom Grundeinkommen verbrauche ich so 300 bis 400 Euro, der Rest wird gespart.« Wofür?

»Ich ziehe jetzt meine Weiterbildung durch, mal sehen, was draus wird. Der Druck, eine Anstellung zu finden, bleibt. Im November ist die Weiterbildung vorbei. Wenn ich dann keine neue Stelle finde, gehe ich automatisch in Hartz IV. Deswegen werde ich mich im September/Oktober bewerben. Durchs Grundeinkommen könnte ich auch ein unbezahltes Praktikum machen.« Ein unbezahltes Praktikum, um zu beweisen, dass er etwas kann?

Genau. Allerdings nicht ganz ohne Einschränkung:»Vier Wochen kostenlos zu arbeiten, ist okay. Nur länger gönne ich das dem Arbeitgeber nicht. Das wäre ein Ausnutzen des Arbeitnehmers. Das will ich nicht unterstützen. Aber einen Monat lang könnte ich das jetzt ja machen!«

Wir staunen. So leicht lässt sich ein oft formulierter Vorwurf gegen das Grundeinkommen vom Tisch wischen: In einer Grundeinkommenswelt, so heißt es oft, würden Arbeitgeber ihren Mitarbeitern weniger Geld bezahlen, weil die dann ja nicht mehr so viel Geld benötigten. Schon möglich, dass sie das versuchen. Aber René zeigt, dass jemand mit Grundeinkommen die Freiheit hat, darauf die einzig angemessene Antwort zu geben: Nein danke, das ist nicht fair!

Denn René weiß sehr genau den Unterschied zwischen investieren und verschenken. Er investiert sein Grundeinkommen gern, aber wem er es schenkt, das entscheidet er schon ganz allein. Am liebsten würde er es seinem Sohn geben, aber der darf ja von dem Geld nichts wissen – sonst kassiert es gleich das Jugendamt.

(4) WEITERGEBEN

EINER SPENDET NICHTS, VIELE SPENDEN DEN REST

Wenn man Geld nicht ausgeben, nicht sparen und nicht investieren will, bleibt nur noch eins: Man kann es spenden oder verschenken. Von unseren Gewinnerinnen und Gewinnern erfahren wir häufig, dass sie einen Teil ihres Grundeinkommens weitergeben:

Astrid zum Beispiel lud ihre Tochter – die just am Tag nach der Verlosung aus dem Elternhaus auszog, um andernorts zu studieren – und alle ihre Freunde abends zum Essen ein. Ihrem Sohn schenkte sie ein teures Fachbuch über Stadtsoziologie, das er sich so sehr gewünscht hatte. Für Nachbarn und Freunde veranstaltete sie ein Fest; nun könne sie »endlich mal Gastgeberin sein«.

Gabi finanziert ihrer Tochter einen Teil der neuen Wohnungseinrichtung. Petra drückt »den Obdachlosen vor dem Supermarkt jetzt ab und zu mal einen Zwanziger in die Hand«. Maximilian gibt das Grundeinkommen an seine 77-jährige Schwieger-Großmutter in einem kleinen Dorf in der Slowakei weiter.

Charlotte kauft »dem Typen mit dem offenen Bein jeden Tag frische Mullbinden und Croissants«. Judith schenkt ihrem Hund Leckereien, Spielzeug und ein neues Skateboard und schließt gleich mehrere Patenschaften für Tiere auf Lebenshöfen ab. Moni unterstützt eine Organisation, »die sich für Borreliosekranke einsetzt und tolle Arbeit macht«.

Und viele von den bisher 200 Gewinnern spenden – oft erst nach Ende ihres Grundeinkommensjahres – Geld an den Verein *Mein Grundeinkommen*. Genau das tun auch viele Tausend andere. Sie spenden, damit wir das Geld an fremde Menschen als Bedingungsloses Grundeinkommen verlosen. Was sind das für Leute? Das ist die Frage, die wir wohl am häufigsten gestellt bekommen – und zwar meist verbunden mit einem ungläubigen Kopfschütteln. Als wären das irgendwelche hoffnungslosen Idealisten oder wohlhabende Spinner. Nun, soweit wir das einschätzen können, sind das »ganz normale« Leute. Geld einfach weiterzugeben, passiert nämlich sehr viel häufiger, als die meisten vermuten.

Die Frage nach und vor allem die Skepsis gegenüber den Spendern zeigt, wie sehr sich das Konzept des *Homo oeconomicus* in unserem Bewusstsein verankert hat. Die meisten glauben, dass ein Mensch nur etwas tut, wenn er dafür etwas (mehr) zurückbekommt; der Homo oeconomicus strebt nach größtmöglichem Nutzen. Dabei zeigt die moderne experimentelle Wirtschaftsforschung, dass Menschen grundsätzlich sehr viel großzügiger sind als gemeinhin angenommen. Weder sind Menschen alle selbstsüchtig, noch sind sie des Menschen Wolf. Im Gegenteil: Menschen sind gleichermaßen an Eigennutz wie an Fairness und Kooperation interessiert; sie sind sowohl zu Altruismus als auch zu Egoismus fähig.

Der Spieltheorie zufolge kann sich eine Person komplett gegensätzlich verhalten und in der einen Situation egoistisch, in einer anderen Situation rein altruistisch handeln. Welches Verhalten wir wählen, hat viel mit den Bedingungen zu tun, die uns umgeben. Dabei handeln wir je nach Situation durchaus rational, lassen uns dabei aber stets – mehr oder weniger bewusst – von Gefühlen und Bedürfnissen beeinflussen. Manche unserer Entscheidungen können wir uns deswegen im Nachhinein kaum erklären.

Ein großzügiger Spender beispielsweise hat unserem Verein mal kurz vor Weihnachten 36 000 Euro für den Lostopf überwiesen. Per Mail bat er um eine Spendenbescheinigung. Damit entstand ein Dilemma: Denn das Finanzamt betrachtet die Verlosung der Grundeinkommen als ein Gewinnspiel. Dies soll nicht steuerlich begünstigt werden. Unser Verein dagegen dient der politischen Bildung und wird vom Finanzamt als gemeinnützig anerkannt.

Wir riefen den großzügigen Spender an und erklärten ihm, dass er sich entscheiden müsse: Entweder er gibt das Geld ohne Spendenbescheinigung in den Lostopf, oder er gibt das Geld mit Spendenbescheinigung in den Verein. Und natürlich könnte er das Geld auch beliebig aufteilen, aber eben nach den geltenden Spielregeln des Finanzamtes. Daraufhin bat er um Rücküberweisung des gesamten Betrags und gab am Ende gar kein Geld. Eine Erklärung wollte er uns auch nicht geben. Muss er ja auch nicht. Bei *Mein Grundeinkommen* gewinnt man nicht nur bedingungslos, sondern spendet auch ebenso – weswegen wir übrigens alle Spendenangebote ablehnen, die irgendwelche Gegenleistungen fordern, etwa dass der oder die Ausgeloste etwas Bestimmtes tun (Bio-Produkte konsumieren, das Rauchen aufgeben) oder in irgendeinem Bereich (Kunst, Soziales) arbeiten muss.

Die meisten Spender geben erheblich weniger Geld, dafür aber bedingungslos und mit großer Regelmäßigkeit. Inzwischen sind es über 70 000 Menschen, die mit monatlichen Spenden ab einem Euro den Verein am Laufen halten und vor allem regelmäßig den Lostopf füllen. Mindestens zwölf Grundeinkommen können wir deswegen mittlerweile jeden Monat verlosen.

Und warum tun sie das? Nun, weil sie die Idee toll finden. Weil sie wissen wollen, wie ein Bedingungsloses Grundeinkommen das Leben einzelner Menschen verändert.

Anfangs gab es sogar mehr Spender als Menschen, die an der

Verlosung teilnahmen. Das hat selbst die Optimisten unter uns ziemlich überrascht und führte zur Erfindung der »Crowdhörnchen«. Auslöser war eine E-Mail der Spenderin Vera im März 2015. Sie schrieb, sie wolle nicht für jede Verlosung neu Geld überweisen, sondern lieber einen Dauerauftrag einrichten. Wir hatten gerade erst das sechste Grundeinkommen verlost, aber ein paar Wagemutige unter uns träumten bereits vom hundertsten Grundeinkommen. Und dafür bräuchte es natürlich Menschen wie Vera, die dauerhaft und regelmäßig spenden.

Wir richteten ein komfortables Lastschriftverfahren ein und bezeichnen seither Dauerspender – liebevoll und genderneutral – als »Crowdhörnchen«, die fleißig Nüsschen um Nüsschen zusammentragen, von denen dann zufällig ausgeloste Menschen ein Jahr leben können.

Zugleich aber wollen wir damit auch die gängige Fürsorgelogik aushebeln, in der sich die Geldgeber oft bewegen: Die, die mehr haben, geben denen, die zu wenig haben, etwas ab.

Unser Experiment zum Bedingungslosen Grundeinkommen funktioniert aber anders: Wir verteilen nicht »von oben nach unten« um, sondern wir möchten, dass jeder Mensch von unserer Crowd als wertvolles Mitglied gesehen und getragen wird. Alle brauchen das. Und alle geben etwas dafür – und zwar so viel sie können und wollen. Ohne Ausnahme.

Deswegen nehmen *alle* Crowdhörnchen automatisch an jeder Verlosung teil, egal ob sie sich dafür anmelden oder nicht. Das führt nun dazu, dass manche Crowdhörnchen ganz gebannt auf die Verlosung gucken, weil sie Sorge haben, dass ihre Nummer ausgelost wird. Sie wollen gar nicht gewinnen. Aber manchmal tun sie es eben doch. Und das hat ziemlich spannende Auswirkungen.

Der Allererste, der ohne es zu wollen ein Grundeinkommen gewann, war Holger. Der dreifache Vater aus der Nähe von Stuttgart hatte eigentlich nur mitgemacht, um die Idee zu unterstützen. Als Softwareentwickler für Datenbanken für ein Landesinstitut war er Beamter und bekam quasi ohnehin schon eine Art Grundeinkommen, wenn auch nicht bedingungslos. Selbst wenn Fachkollegen in der freien Wirtschaft mehr verdienten, als Beamter hatte er die Sicherheit einer lebenslangen Jobgarantie. Und wie das Deutsche Institut für Wirtschaftsforschung 2010 ausgerechnet hat, zählt er allein aufgrund seiner Pensionsansprüche als Beamter zur reichsten Berufsgruppe in Deutschland.

Es war das achte Grundeinkommen, das verlost wurde. Micha war zu Gast in der Fernseh-Talkrunde *Kölner Treff* bei Bettina Böttinger und saß dort bei seinem ersten großen Fernsehauftritt ziemlich aufgeregt neben dem Schlagersänger Heino, der Schauspielerin Maria Ketikidou, der Komikerin Carolin Kebekus, Dompropst Norbert Feldhoff und seinem großen Vorbild, dem Publizisten Roger Willemsen. Letzterer drehte dann live in der Sendung das Glücksrad. So waren etwa eine halbe Million Fernsehzuschauer Zeuge, als Holger ausgelost wurde.

Der konnte sein Glück erst nicht fassen. »Es hat mich echt umgehauen«, sagt er. Natürlich hatte er vorher Träume, was er mit einem Grundeinkommen anstellen würde. »Holger will einen Maker Space gründen, was immer das ist«, las Moderatorin Böttinger seine Antwort zu unserer »Was würdest du tun?«-Standardfrage auf der Webseite vor.

Holger erklärt: »Tatsächlich habe ich immer davon geträumt, eine offene Werkstatt einzurichten.« Dafür wollte er einen 3D-Drucker anschaffen und Kurse anbieten, damit sich Kinder und Jugendliche dort an der neuen Technik ausprobieren könnten.

Aber mit dem tatsächlichen Gewinn kam die Stunde der Wahrheit. Wie gut war die Idee wirklich? Reichte es, wie er anfangs leichthin gedacht hatte, einfach einen 3D-Drucker zu kaufen? Wie viele Jugendliche würden ihn wofür nutzen? Welcher Erwachsene würde in der Werkstatt Hilfestellung geben? Was für Werkzeuge würden sonst noch gebraucht? Und was wäre mit Miete, Heizung, Wasser und Strom – reichten für alle Kosten zusammen tausend Euro im Monat?

Am Ende wurde nichts aus der Werkstatt. Doch die Kernidee, mit dem Grundeinkommen andere Menschen durch Bildung zu empowern, gibt Holger nicht auf. Statt an Nachbarkinder gibt er das Geld einfach an seine Frau weiter, die es nutzt, um ihren lang gehegten Traum von einem Studium zu realisieren. Er konsumiert nicht, er spart nicht, er investiert nicht, kurz: Er braucht das Geld einfach nicht, also gibt er es weiter.

MARION UND DIE BEDRÜCKENDE SCHWERELOSIGKEIT

Ihr Grundeinkommen größtenteils weitergegeben hat auch Marion. Zu dem von uns vorgeschlagenen Termin für ein Treffen hat sie leider keine Zeit. Stattdessen telefonieren wir. Die Sozialarbeiterin in Altersteilzeit kannte die Idee des Bedingungslosen Grundeinkommens schon lange, war zufällig auf die Webseite von *Mein Grundeinkommen* gestoßen und hatte sich »ganz ungezwungen einfach angemeldet«.

Ihr Mann und sie seien keine Spielertypen, spielen auch kein Lotto oder sonst irgendwelche Gewinnspiele. Von daher hätten sie noch nie was gewonnen. »Ich weiß auch nicht, wieso ich da mitgemacht habe.«

Natürlich habe sie sich über den Gewinn gefreut. Sie sei im März 2016 gerade mit ihrem Mann im Urlaub gewesen, als die Tochter ihr eine SMS schrieb: »Mama, bist du das etwa, die da genannt wird?«

Zu dieser Zeit ist sie noch berufstätig, hat eine halbe Stelle bei der Stadt, drei Tage die Woche. Ihr Mann arbeitet Vollzeit bei einem Automobilzulieferer, bevor er auch bald in Rente geht. Sie kümmert sich um den Haushalt und nebenher um ihren kranken Vater. Ihre Tochter studiert damals noch. Ihre Schwester sei psychisch krank, und ihr Beruf sei auch nicht ganz unkompliziert: In einer städtischen Beratungsstelle betreut sie Menschen, die vor der Obdachlosigkeit stehen oder schon obdachlos sind. Die tausend Euro mehr auf dem Konto hätten sie deswegen vor allem entlastet.

»Auf dieser Seite haste jetzt mal keinen Stress, dachte ich. Das Geld hat mir Kraft gegeben, um mich um die anderen Probleme zu kümmern.«

Andererseits habe sie auch vorher keine Not gehabt. »Wir sind ja keine zwanzig mehr, unser Leben lief ja auch schon ohne Grundeinkommen.« Insofern habe sie einfach ihr Leben weitergelebt. »Für mich bedeutete das Geld kein einschneidendes Erlebnis wie vielleicht bei jungen Leuten.«

Wir wollen wissen, ob sie sich irgendetwas Besonderes gegönnt hat.

»Nein«, sagt Marion, »kein Sekt, kein Kleid, nichts. Ich habe auch nichts gespart oder das irgendwo angelegt. Das Geld ist aufs Konto gekommen. Wenn es gebraucht wurde, habe ich es benutzt. Ich habe das locker ausgegeben. Ich weiß gar nicht wofür.«

Hemmungen habe sie keine gehabt. Nein, auch keine Berührungsängste. »Das Geld war bedingungslos, das habe ich auch so verstanden!«

Wir sind irritiert. Was Marion sagt, kommt scheinbar locker und leicht daher. Trotzdem spüren wir irgendetwas Beklemmendes in ihrer Stimme. Sie hatte doch gerade was von familiärer und beruflicher Belastung erzählt. Wir fragen nach.

»Vorher habe ich mir schon Sorgen gemacht. Ich bin ein Typ, der sich viele Sorgen macht. Wir hatten immer genug. Aber das Kind braucht dies oder das, und da war das schon angenehm.«

Das Kind? Sie meint die erwachsene Tochter, die inzwischen ausgebildete Grafikerin ist.

»Meine Tochter hat erst mal gearbeitet, bis sie anfing zu studieren. Im Studium hat man kein Geld. So ein Studium ist teuer, da musste sie was bauen, Technik, das will ja alles finanziert sein. Dafür war das Geld sehr hilfreich.«

Sie hat das Geld also weitergegeben. Wie Holger. Und wie ging es ihr damit?

»Ich denke gar nicht über Geld nach. Ich bin immer froh, wenn ich genug habe. Ich bin nicht der geizige Typ. Irgendwie reicht's immer. Mit dem Grundeinkommen habe ich gedacht: wie erholsam. Und da kannste deine Tochter unterstützen, bis sie fertig ist.«

Und wieder pendelt sie im selben Atemzug zwischen sorgloser Leichtigkeit und großer Last hin und her.

Der Satz »Ich denke nicht über Geld nach« klingt wie ein Befehl, ein selbst auferlegtes Denkverbot. Aber, doch!, wir möchten mit ihr über Geld nachdenken. Nur deswegen sprechen wir mit ihr. Weil wir wissen wollen, ob und wie das Grundeinkommen ihr Leben verändert hat.

Als habe sie unsere Gedanken gelesen und wolle sie im Keim ersticken, trommelt Marion eine Art Schlusswort-Stakkato heraus:

»Das Jahr ist vorbei. Das war schön. Jetzt ist es vorbei, auch okay. Das Kind hat ja dann auch keinen Bedarf mehr gehabt. Jetzt ist es schön, wenn es andere auch mal gut haben.«

Irgendetwas hält uns in der Leitung. Was sie denn unabhängig von ihrer eigenen Person vom Bedingungslosen Grundeinkommen halte? Wie sie unsere Vereinsidee nach dem Jahr beurteile?

»In der heutigen Zeit oder in Zukunft – da ist es gut, dass ihr diese Experimente macht. Wenn die Arbeitsplätze wegfallen, dann muss man sich was einfallen lassen. Arbeit ist ein Stück

Erfüllung im Leben, dann ist es ein Problem, wenn die Arbeit wegfällt. Grundeinkommen könnte Teil einer Lösung sein, auf jeden Fall.«

Bedingungsloses Grundeinkommen als eine Art Sozialhilfe in einer durch Roboter arbeitslos gemachten Welt?

Marion rudert zurück:

»Ich persönlich bin eher skeptisch gegenüber dem Grundeinkommen. Ich bin Sozialarbeiterin und habe viel erlebt. Die Leute sind es gewohnt, von Sozialhilfe zu leben. Für sie ist es schwierig, sich selbst verantwortlich zu fühlen. Wenn etwas nicht funktioniert, dann sagen sie: der böse Staat. Einen gewissen Druck braucht der Mensch, damit er in Bewegung kommt.«

Wir stutzen. Ob sie denn ihrer Tochter das Geld nur unter Auflagen gegeben habe?

Nein, natürlich nicht. »Meine Tochter war immer sehr fleißig. Am Ende hat sie den besten Abschluss vom ganzen Semester gemacht.«

Klingt, als wäre sie eher für Begabten-Stipendien zu begeistern als für ein Bedingungsloses Grundeinkommen.

»Bedingungslosigkeit ist schon wichtig«, widerspricht sie. »Bei mir hat es so eine Schwerelosigkeit gegeben.«

Wir können nicht folgen. Was denn nun? Schwerelosigkeit oder Druck? Das Erste für sich selbst, das Zweite für die anderen? Oder im Wechsel Zuckerbrot und Peitsche?

Sie scheint es selbst nicht zu wissen. Sie habe halt so ihre Erfahrungen gemacht.

Was denn ihre Freunde und Kollegen zu dem Thema sagen würden, wollen wir wissen. Und erfahren: Marion hat mit niemandem außer ihrem Mann und der Tochter über ihr gewonnenes Grundeinkommen geredet.

»Ich habe da sehr ungute Erfahrungen in meiner Familie gemacht, was Missgunst und Neid angeht. Geld war nicht der Punkt. Mein Vater hatte Geld genug. Mein Bruder hat sehr viel

Geld, und der ist trotzdem wegen jeder Sache missgünstig. Es gab sehr viele Querelen. Meine Schwester hat auch geerbt, sie wohnt auch noch im Elternhaus. Das Problem ist eher ... ein bisschen Druck von außen würde ihr guttun, dass sie aus ihrer Situation erlöst wird. Ich musste mich um alles immer allein kümmern. Das hat mich auch ein bisschen enttäuscht. Mir ist Geld nicht so wichtig, wenn ich genug habe und die anderen auch. Ich war nie der Typ, der Karriere machen muss; ich musste keine zehn Häuser haben.«

Sie will nicht weiter darüber sprechen. Zum Abschluss gibt sie uns noch einen Satz mit auf den Weg:

»Geld wird überschätzt. Wenn irgendwo ein Missstand ist, wird immer nach Geld gerufen. Das ist eine große Fehleinschätzung.«

Wenn nicht Geld, was dann?, fragen wir.

»Es braucht mehr Herz.«

Was für ein Satz. Er berührt uns, zugleich wehren wir ihn ab. Er klingt nach Kalenderblatt, irgendwie kitschig und abgeschmackt. Aber eigentlich hat sie doch recht, oder? Wir sprechen lange und immer wieder über Marion. Das Gespräch löst etwas bei uns aus.

Im Elternhaus haben wir beide jeweils gelernt, dass man nicht über Bedürfnisse und Gefühle spricht, nicht zu Hause und erst recht nicht auf der Arbeit, im politischen Alltag oder egal wo in der Öffentlichkeit. In Diskussionen werden wir immer wieder ermahnt, nicht »persönlich« zu werden. Über sich selbst zu sprechen, fällt vielen Menschen schwer.

Wieso fühlen wir uns schlecht, wenn wir versuchen, uns den Gewinnerinnen und Gewinnern empathisch zu nähern? Wo eigentlich steht geschrieben, dass ein Buch übers Grundeinkommen sich um Zahlen, um Statistiken und um Modellrechnungen drehen darf, aber nicht um Gefühle?

»Ich habe noch gelernt, in wissenschaftlichen Texten das

Wort ›ich‹ nicht zu verwenden. Stattdessen musste ich ›Der Verfasser‹ schreiben«, erzählt Claudia. Micha lacht: »Da, wo ich herkomme, sagen Menschen nicht ›ich‹, sondern ›man‹.«

Es wird zu einer Mutprobe für uns, es in diesem Buch anders zu machen. Wir wollen uns angreifbar und verletzlich zeigen, weil wir es sind. Denn wenn wir nicht anfangen, offen über Gefühle und Bedürfnisse, Erfahrungen und Hoffnungen zu reden, werden wir nicht zu einem tieferen Verständnis unserer Gesellschaft kommen. Wir beschließen, im Buch ehrlich unsere Gedanken aufzuschreiben und offen mit allen Fragen und Zweifeln umzugehen.

Wir wappnen uns für den Vorwurf der »Küchen-Psychologie«. Und dann treffen wir Florian.

FLORIAN UND DIE NEUEN FRAGEN DER KULTURANTHROPOLOGIE

Florian studiert Kulturanthropologie mit dem Nebenfach Geschichte und begrüßt uns mit den Worten: »Das ist ja eine tolle Forschungsarbeit, die ihr da macht.«

Wir lachen: Genau, Grzimek und Goodall auf Deutschland-Safari.

Doch Florian meint es ernst.

»Kulturanthropologen betrachten Kultur im Banalen, Verhaltensweisen, die nicht als wichtig gelten, aber total wichtig sind«, erklärt Florian. Es gehe schon damit los, wie man jemanden begrüßt, wie man jemanden bewirtet, welche Kleiderordnungen man aufstellt oder was für Geschenke man überreicht. Wikipedia beschreibt das als »die symbolische Dimension menschlicher Kommunikation«.

Unsere Reise durch Deutschland, die Gespräche mit den Gewinnerinnen und Gewinnern, das Nachdenken über mögliche Gemeinsamkeiten sowie das Aufschreiben der Ergebnisse in diesem Buch – das alles sei im Prinzip eine kulturanthropologische Forschungsarbeit, sagt Florian.

Wir jubeln: »Hurra, wir sind keine Küchen-Psychologen. Wir sind Küchen-Kulturanthropologen!« Das versteht zwar keiner, aber es klingt deutlich weniger abwertend.

Bezeichnenderweise sitzen wir mit Florian in der Küche seiner WG, die so aussieht, wie man sich eine Studierenden-WG vorstellt. Ein bisschen marode, ein bisschen unordentlich, ein bisschen gemütlich.

Florian ist bei unserem Treffen im zehnten Grundeinkommensmonat. »Ich denke noch nicht ans Ende, aber es droht!« Er lacht.

Die Auslosung sei zu einer Zeit gekommen, als er stark aufs Geld geachtet habe. Es war die Phase seiner Bachelorarbeit. Er hatte eine Hiwi-Stelle auf 450-Euro-Basis und wurde – wie jetzt auch noch – von seinen Eltern finanziell unterstützt. Aber am Ende des Monats habe immer die Gefahr bestanden, ins Minus zu rutschen.

Wir gucken mitleidig. Er wiegelt ab. »Das war nicht dramatisch.«

Die Bachelorarbeit ist gerade fertig, am Tag vor unserem Treffen bekam er eine Zusage für das Masterstudium in Hamburg. Er ist 26 Jahre alt, und es ist das erste Mal, dass er seine Heimatstadt Frankfurt verlässt. Das Abenteuerliche, das sei nur wegen des Grundeinkommens möglich. So könne er sich für den Anfang eine Wohnmöglichkeit suchen, ohne einen Job zu haben. »Ich habe ein paar Monate Luft. Sonst würde ich denken, wie ich das hinbekommen soll. Ich will auch meiner Mutter nicht ewig die Rente abspacken.«

In unseren Köpfen laufen erste Film-noir-Fantasien über

studentisches Prekariat in Deutschland. Da kommt Florian ins Plaudern:

»Ich weiß aber auch, dass ich in allen Städten zurechtkomme. Ich war schon in Dakar im Senegal. Mein Vater hat da drei Jahre gearbeitet, und ich habe ihn dort vier Monate besucht. Es gab auch schon längere Urlaube in Indien und Thailand, wie man das so macht. Ein längeres Praktikum in London über zwei Monate. Und nach der zehnten Klasse war ich ein Jahr in den USA, in NY State, zwei Stunden von New York City entfernt.«

Wir korrigieren im Kopf unsere spontane Klischee-Fantasie vom Bettelstudenten, der seiner armen Mutter die karge Rente abzwackt, und ersetzen ihn durch einen privilegierten Sohn aus gutem Hause, der auf eine internationale Karriere vorbereitet wurde – »wie man das so macht«.

In der Tat erfahren wir im Laufe unseres Gesprächs, dass Florian aus einem Manager-Elternhaus stammt. Die Mutter ist noch gar nicht in Rente, sondern arbeitet als Führungskraft bei einem Flughafenbetreiber, »ziemlich hohes Tier«; der Vater ist ebenfalls dort, allerdings noch die eine oder andere Karrierestufe weiter oben.

Unsere Gedanken schießen kreuz und quer. Wir haben alle unsere Gesprächspartner gefragt, ob sie das Grundeinkommen allen Menschen gönnen würden. Wenn sie Ja antworteten, haben wir nachgefragt: Auch den Millionären? Manche Person, die vorher »Grundeinkommen natürlich für alle« forderte, kam da ins Straucheln.

Jetzt saß hier also so einer. Vielleicht kein Millionär, aber einer, der sagen kann: »Ich war immer der Wohlhabendste in meinem Freundeskreis. Wir haben im Nordend gewohnt. Ein Riesenhaus. Unsere Freunde waren immer bei uns. Ich war immer der Privilegierte.«

Und ausgerechnet er gewinnt ein Grundeinkommen.

»Meine Privilegien sind mir sehr bewusst. Ich hatte den

ersten Monat ein schlechtes Gewissen in Bezug auf andere Personen, denen ich das Grundeinkommen wegnehme. Ich muss ja nur rausgucken, irgendwo hinzeigen und treffe jemanden, der es mehr braucht als ich. Es hat einen Monat gedauert, den Gewinn zu akzeptieren.«

Im Unterschied zu Marion machte er kein Geheimnis aus seinem Gewinn und stieß prompt auf unterschiedliche Begehrlichkeiten:»Es meldeten sich Leute, dass sie etwas Besseres, Relevanteres mit dem Geld machen würden.« Florian wollte spontan das Geld oder zumindest die Hälfte seiner kleinen Schwester geben. Dann bekam seine große Schwester ihr erstes Kind.

»Da war ich kurz davor zu sagen: Hier, nimm du das Grundeinkommen!« Am Ende habe er das Geld aber doch nicht weitergegeben.

Was ihn davon abgehalten hat?

»Das Geld einem anderen Menschen zu geben, löst nicht den Konflikt. Dann hat er ihn.« Und dann fügt er hinzu:»Ich sehe das politisch. Ihr wollt mir ja nicht einfach Geld schenken. Das hat ja einen Zweck. Das habe ich gesehen.«

Florian versteht sich als Versuchskaninchen?

Er holt etwas aus, um das zu erklären. Er sei im zwölften Semester – und zwar aus Überzeugung. Er habe sich bewusst nicht beeilt.

»Studieren ist etwas anderes als Credit Points hinterherzurennen. Ich lerne ja keinen Beruf. Am Ende meines Studiums kann ich lesen und schreiben. Das sind die Skills. Wirklich zu studieren bedeutet, ein tiefes Verständnis für das Fach zu entwickeln. Du besuchst nicht ein Seminar und kannst es. Man muss tiefer eintauchen.«

Mit dem Bolognaprozess sei das verloren gegangen.

»Ich bin nicht von Nutzen. Aus Protest lasse ich mir bewusst Zeit. Wer BAföG kriegt, kann das nicht. Das kann ich nur aus meiner privilegierten Stellung.«

Und was hat das mit dem Grundeinkommen zu tun?

»Ich versuche dem Geld damit einen höheren Zweck zu geben. Was ganz anders wäre, wenn es ein Grundeinkommen für alle gäbe. Dann müsste ich mir die Frage nicht stellen, was ich mit dem Geld mache.«

Und was macht er nun mit dem Geld?

Er kauft ein paar Kopfhörer, er schmiedet Reisepläne, Kurztrips irgendwohin. Aber da passiert etwas völlig Unerwartetes:

»Je mehr Geld auf dem Konto war, desto mehr habe ich versucht, das aufrechtzuerhalten. Ich habe versucht die tausend Euro extra nicht anzutasten! Durch das viele Geld wurde ich fast ein bisschen geizig. In jedem Fall bewusster.«

Geizig?

»Na ja, auch wenn ich nicht Hunger leide, ist es nicht so, dass ich Geld en masse hätte. Meine Eltern haben uns nie Geld in den Rachen geschmissen.«

Er denkt.

»Wenn man immer seine 400 Euro verdient, plus Eltern, dann schrappt man eh immer an den null Euro entlang. Dann ist Geld irrelevant. Das änderte sich mit dem Grundeinkommen. Vorher waren 20 Euro mehr kein Thema, da habe ich Leuten ne Pizza gekauft, aber 1000 Euro, das war schon was. Jetzt ist ein Potenzial da. Jetzt könnte man was damit machen. Behalte es mal! Und damit hat sich der Geiz eingeschlichen.«

Ist das Geiz? Ist das nicht eine Potenzial-Bewahrung? Was ist überhaupt Geiz? Der Duden sagt: eine übertriebene Sparsamkeit. Ist Florian übertrieben sparsam?

»Ich habe das Geld immer noch ausgegeben, aber mit schlechtem Gewissen. Grundeinkommen ist schön, aber es ist auch eine Bürde. Wenn es Grundeinkommen für alle gäbe, wäre das nicht so, weil ich nicht der Einzige wäre, der privilegiert ist.«

Geiz hängt für Florian offenbar weniger mit Sparsamkeit zusammen als mit mangelnder Gerechtigkeit.

»Davor hatte ich eine gewisse Antihaltung gegen Geld.« Florian denkt nach und korrigiert sich. »Ich war doch nicht geizig. Ich hortete das Geld nicht. Ich habe in der Mensa oder im Restaurant für andere mitbezahlt. Ich habe Freunden Darlehen gegeben.«

Wir staunen: Darlehen?

Florian setzt neu an: »Ein Freund hatte mal privat Geld verliehen und das sehr formal gehandhabt. Man müsse einen strikten Darlehensvertrag machen. Sonst ginge das nicht. Das war so ein Konzept von Termin, Zins und Rendite. Für mich hört sich das falsch an.«

Er habe den Leihaspekt gar nicht so herauskehren wollen. Aber wenn man Menschen Geld geben wolle, dann werde das oft nicht angenommen. Es werde ja auch selten offen nach Geld gefragt. Die Menschen jammern – und indirekt äußern sie damit eine Frage oder Bitte.

»Es gab auch einen Freund, der direkt gesagt hat: Du, ich brauche Geld. Und dann hat der von selbst gesagt: Ich zahle dir das zurück. Ich habe gesagt: Mach, wie du denkst!«

Für ihn sei das kein Leihen, sondern eine Art von Geldgeben. Er habe nie die Erwartung, dass etwas zurückkomme. »Wenn jemand es zurückzahlt, ist es gut. Wenn nicht, dann nicht.«

Wir sind beeindruckt. Offenbar hat Florian ganz anders als Marion ganz viel Bedingungslosigkeit erfahren, zumindest von seiner Mutter. Sie macht ihm keinen Druck, dass er so lange studiert. Sein Vater dagegen fordert ihn auf, endlich mit dem Studium fertig zu werden.

Der Vater gibt das Geld nur »bedingt«, was Florian kritisiert. Deswegen versucht Florian, bedingungslos weiterzugeben. Er tut das aus politischer Überzeugung, weil er sein Privileg erkennt und das Privileg teilen will. Er merkt, dass manche Menschen solche Umverteilung als Almosen empfinden. Um ihren Stolz nicht zu verletzen, leiht er ihnen das Geld und fordert es nicht zurück. Quasi ein Trick, um bedingungslos geben zu können.

So ganz bedingungslos will er dann aber doch nicht geben, jedenfalls nicht allen:

»Einem Freund, der kokst oder in Clubs 50 Euro versäuft, dem würde ich das Geld vermutlich nicht geben. Dafür ist das Geld nicht da!«, erklärt Florian.

Grundeinkommen für alle, aber nicht für Junkies? Nein, so habe er das nicht gemeint. »Kein Junkie ist süchtig, weil er Geld hat. Der ist auch Junkie, wenn er keins hat. Geld löst das Problem nicht, macht es aber auch nicht schlimmer.« Man müsse das Grundeinkommen betrachten wie Kindergeld. »Jedes Kind kriegt dieses Geld. Wenn wir anfangen, Unterschiede zu machen, können wir gleich aufhören. Da sehe ich das Potenzial des Bedingungslosen Grundeinkommens: nicht Armutsprobleme zu lösen, sondern kein Klassensystem mehr zu haben!«

Es ginge um Würde. Das sei der wesentliche Unterschied zwischen Hartz IV und Bedingungslosem Grundeinkommen: Wenn man lebenslängliche Sicherheit habe, dann könne man sein Leben in die Hand nehmen. Als Kulturanthropologe sei er sehr auf die Beobachtung von Kleinigkeiten trainiert. Bei einem arbeitslosen Akademikerfreund habe er deswegen mitbekommen, wie unwürdig unser Sozialsystem ablaufe. Da sei man getrieben von demütigenden Abhängigkeiten:

»Was passiert mit den Menschen, wenn sie für alles zum Amt rennen müssen, sich morgens um sechs Uhr in die Schlange stellen, vor unverständlichen Briefen und Paragrafen sitzen, einen komplizierten Antrag ausfüllen sollen, nicht authentisch sein dürfen, weil man ja etwas will ... um dann drei Euro zu kriegen. Was macht das mit den Menschen?«

Florian ist ganz in seinem Metier: »Wir müssen den Subtext zwischen Jobcenter und Hartzer wahrnehmen! Es geht nicht um Geld, sondern um das, was es mit den Leuten macht. Das sieht man nicht, aber das ist wichtig!«

Im Taxi zum Bahnhof notieren wir eine neue Frage. Wir wollen nicht länger wissen, was die Menschen mit dem Geld machen, sondern was das Geld mit den Menschen macht.

Wir setzen unseren Tropenhelm auf, steigen aus dem Jeep und gehen rein in die Hütten der Ureinwohner im unerforschten Utopia. Grundeinkommen ist mehr als Geldausschüttung. Wir starten die Entdeckung des Gefühls.

III. GESELLSCHAFT, GELD UND GEFÜHLE

(1) Angst, Mangel und Entspannung

Existenzangst – unser gespaltenes Verhältnis zu Bedürftigkeit

Die meisten Menschen denken Grundeinkommen als eine Hilfe, um materielle Not zu lindern. Sie finden an unserem Verein toll, dass »diese jungen Leute Geld sammeln, um den Bedürftigen zu helfen« oder »etwas tun, um die Armut in unserem reichen Land zu bekämpfen«.

Aber tun wir das? Helfen wir Bedürftigen? Bekämpfen wir Armut?

Tatsächlich gibt es unter unseren Gewinnerinnen und Gewinnern Menschen, die so wenig Geld haben, dass sie mit dem Grundeinkommen nichts anderes tun können, als den Mangel zu beheben. Zum Beispiel Valerie und ihre Familie. Micha lernte die damals 27-Jährige in einer MDR-Talkshow persönlich kennen. Dort wurden von den eingeladenen Experten die üblichen Argumente präsentiert, bis Valerie beherzt dazwischenging: »Ich kann nur sagen: Grundeinkommen hat meine Familie gerettet!«

Über ihre Erlebnisse und Erfahrungen hat die ARD im September 2017 einen knapp halbstündigen Film gedreht, den man auf YouTube ansehen kann. Deswegen hier nur kurz ihre Geschichte:

Valerie war im Rahmen ihres Innenarchitektur-Studiums für ein Jahr nach Westafrika gegangen, um dort mit Architekten Häuser zu bauen. In Mali verliebte sie sich in Gaston, wurde schwanger und bekam den Sohn Noé, als sie zurück in Deutschland war.

Die Situation war ziemlich verzwickt, geradezu verzweifelt: Valerie war kurz vor Abschluss ihres Studiums. Parallel musste sie sich darum kümmern, dass ihr malesischer Freund nach Deutschland ziehen durfte. Als er endlich da war, bekam er zunächst keine Arbeitserlaubnis. Also musste sie alleine für die Familie sorgen, hatte aber wegen der Prüfungen eigentlich keine Zeit, um Geld zu verdienen. Sie bekam kein BAföG und hatte sich ihr Studium mit Kellnern verdient. In dieser neuen Situation war sie ratlos, wie sie das Geld für nunmehr drei Menschen verdienen sollte. Da wurde bei *Mein Grundeinkommen* Noés Nummer aus der Lostrommel gezogen!

Mit dem Gewinn des kleinen Sohns konnte Valerie ihr Studium in Halle an der Saale beenden und gemeinsam mit ihrem Mann und Kind zurück in ihre Heimatstadt Karlsruhe in die Nähe ihrer Eltern ziehen. Dort machte sie sich mit Unterstützung ihres Vaters, der einen Handwerksbetrieb hat, als Innenarchitektin selbstständig. Gaston lernte Deutsch, nahm Gesangsunterricht und verdient inzwischen Geld als Musiker.

Mit den Journalisten spricht Valerie viel über ihre Existenzängste. »Das Grundeinkommen war eine krasse Erlösung. Als Allererstes habe ich aus Erleichterung angefangen zu heulen.«

Die Medien lieben solche Geschichten. Doch wir selbst erzählen sie ungern. Denn wir stoßen auf Skepsis, wenn wir von Valerie und ähnlichen Erlebnissen erzählen:

Ein Einzelfall, sagen die einen, weil hier ja so viel Ungewöhnliches zusammenkomme.

Ein Glücksfall, sagen die Nächsten, weil die tüchtige Frau und ihr offenbar auch tüchtiger Freund sicher auch ohne das gewonnene Geld klargekommen wären; aber so hätte es wenigstens die Richtigen getroffen.

Eine Mogelpackung, sagen die Dritten, weil so bedürftig

könne die Frau ja gar nicht gewesen sein, sonst hätte sie doch BAföG bekommen.

Zu Bedürftigkeit und Armut haben wir in Deutschland ein gespaltenes Verhältnis. Das mag daran liegen, dass wir eines der reichsten Länder der Welt sind. Wie kann es hier also Armut geben? Und wenn dann die Fachvokabel »relative Armut« fällt, dann kommt schnell ein höhnendes Echo: »Ludwig XIV. wäre froh gewesen, wenn er auf Schloss Versailles den Komfort von fließendem Wasser, Zentralheizung und Fernseher gehabt hätte!«

Wer von sich selbst sagt, er sei arm, gilt schnell als undankbar. Insofern ist es wenig verwunderlich, dass wir auf unserer Deutschlandtour keinen einzigen Armen getroffen haben. Egal wie wenig jemand hat, es gibt immer jemanden, der noch weniger hat.

Jens, der Zirkustrainer aus Berlin-Weißensee, ordnete sich in einer Einkommensrangliste mit einer Skala von 1 bis 10 statistisch vermutlich korrekt bei Stufe 2 ein und fand doch, er habe das Grundeinkommen »nicht verdient«; andere bräuchten es dringender. Eva verdiente »nicht viel«, als sie im Museum Tickets verkaufte. Und auch der arbeitslose Multijobber René spricht nicht von Armut, sondern höchstens davon, dass er »das Geld zusammenhalten« müsse.

Und die Reichen? Nein, Reiche haben wir ebenfalls nicht getroffen. Der Beamte Holger kann sich »auch nicht alles« leisten. Der Student Florian »nagt nicht am Hungertuch«. Der Social-Media-Manager Janek verdiente selbst in Teilzeit mehr, »als ich brauchte«, und kommt »nicht aus einer Familie, der es schlecht geht«. Aber reich? Reich ist keiner. Nur Eva, inzwischen Altenpflegerin in einem Heim, findet sich mit Grundeinkommen plötzlich »richtig reich«.

Gibt es im reichen Deutschland keine reichen Menschen? In sozialwissenschaftlichen Studien und in Statistiken werden gern abstrakte Zahlen genannt. Die »oberen zehn Prozent« heißt es dann, aber kaum jemand fühlt sich zugehörig. Vom Spitzensteuersatz ist die Rede, knapp drei Millionen Menschen zahlen ihn. Das klingt wenig, wenn man an die Gesamtzahl von 82,8 Millionen Einwohnern denkt. Drei von achtzig? Das sind ja nicht mal zehn Prozent!

Aber so ist das natürlich Mumpitz! Denn die 82,8 Millionen Menschen bestehen ja nicht nur aus berufstätigen Steuerzahlern. Dazu gehören auch Kinder und Alte, dazu gehören Auszubildende und Studierende, Arbeitslose und Kranke – und die große Gruppe der Mütter und (Schwieger-)Töchter, die einen sozialversicherungspflichtigen Job meist nur »neben« der heimischen Care-Arbeit ausüben.

Es kursieren Prozentzahlen, die aber oft nur einen Teilbereich betrachten – etwa Menschen im erwerbsfähigen Alter zwischen 15 und 74 Jahren –, die also Kinder und Alte einfach nicht mitzählen. Wenn man wirklich die Gesamtbevölkerung betrachtet, lassen sich die Erwerbsverhältnisse in Deutschland griffig mit einer einfachen Faustregel beschreiben:

In Deutschland erhalten von 10 Menschen
4 ihr Einkommen durch Erwerbsarbeit,
3 als Angehörige,
2 beziehen Rente oder Pension, und
1 erhält Arbeitslosengeld oder Sozialhilfe.

Oder anders gesagt: Die Mehrheit der Menschen in Deutschland lebt von irgendeiner Art Transferzahlung. Die Mehrheit! Im Umkehrschluss ist es eine Minderheit, die von Erwerbsarbeit lebt und Steuern zahlt.

Das, was die meisten Menschen als »normal« bezeichnen, nämlich unbefristet sozialversicherungspflichtig in Vollzeit beschäftigt zu sein, ist eine ziemlich kleine Gruppe. Laut Jahrbuch

2018 des Statistischen Bundesamtes etwa 30 Millionen Deutsche. Davon sind allerdings nur etwa 21 Millionen unbefristet beschäftigt.

75 Prozent der Deutschen sind demnach nicht »normal«.

Hach, es ist schon eine Krux mit der Statistik.

Und was ist mit den Angehörigen, die mit 24 Prozent der Gesamtbevölkerung in der Statistik stehen: Arbeiten die denn alle gar nicht? Unsere Gewinnerinnen und Gewinner, auch die statistisch vermutlich als »Angehörige« erfassten, arbeiten jedenfalls alle! Aber nur wenige sind »Normalbeschäftigte«.

Auch viele Rentnerinnen und Rentner arbeiten, nämlich rund anderthalb Millionen – selbstverständlich nicht »normalbeschäftigt«, sondern überwiegend in »Minijobs«. Tendenz steigend. Seit 2003 hat sich die Zahl verdoppelt. Das liegt vermutlich nicht nur daran, dass die alten Menschen von heute alle noch so jugendlich frisch sind, sondern schlicht an einem Mangel: 62 Prozent aller Renten liegen *unter* tausend Euro.

Und die Selbstständigen?

Lediglich drei Prozent der Gesamtbevölkerung sind als Selbstständige beim Statistischen Bundesamt notiert. Wenn von ihnen die Rede ist, dann geht es meist um Zahnärzte, Rechtsanwälte und Steuerberater.

Die Selbstständigen jedoch, die wir getroffen haben, arbeiten als Mediendesigner, als Programmierer, im Vertrieb, in internationalen Bauprojekten, erledigen Kurierdienste, unterrichten Kunst, Musik oder Tanz, beraten, coachen und therapieren, hausmeistern, kellnern, putzen, pflegen, erziehen und begleiten in den Tod.

Aber alle – die Selbstständigen, die Minijobber, die Studierenden, die Rentnerinnen, sogar die Normalbeschäftigten –, eben alle, die wir getroffen haben, haben Angst. Aus unseren Interviews könnte man ein akustisches Potpourri dieser Angst zusammenschneiden. Das würde sich dann so lesen:

»Existenzängste sind die Ersten, die oben sind.« – »Existenzängste kenne ich.« – »Angst darf ich nicht zeigen, es mindert meine Chancen.« – »Existenzangst, doch, die hatte ich schon. Grübeln. Nachdenken, was aus der Zukunft wird. Wenn ich dann meine Rentenbescheide sehe, was ich dann kriegen werde, das ist ganz schön wenig.« – »Diese Angst, nicht das Geld zu haben, um auf meine Gesundheit achten zu können.« – »Tierarztbesuche hauen immer rein. Da hatte ich immer Angst.« – »Die Arbeit könnte erfüllend sein, aber nicht, wenn ich dauernd Existenzängste habe, egal wie ich rödel: Ich kann das Haus nicht zahlen, die Kinder nicht großziehen, und so weiter.«

Ohne Ausnahme, alle kennen Existenzangst.

Wie kann das sein – in einem Land, in dem Bedürftigen geholfen wird, wo es sogar einen vom Bundesverfassungsgericht bestätigten Rechtsanspruch auf ein Existenzminimum gibt?

Reden wir versuchsweise nicht über Armut, über absolute Armut oder relative Armut. Reden wir über Mangel, über sichtbaren, aber vor allem über unsichtbaren Mangel!

DEUTSCHE VERMÖGEN SIND KLEIN, DIE »GERMAN ANGST« IST GROSS

Als die Europäische Zentralbank (EZB) zum Jahresende 2016 ihre neuesten Vergleichszahlen zu individuellen Vermögen in 18 europäischen Ländern veröffentlichte, war die Überraschung groß: Ausgerechnet in Deutschland war die Diskrepanz zwischen den reichsten zehn Prozent und dem Rest der Bevölkerung besonders ausgeprägt. Doch noch erschreckender war die Tatsache, dass vierzig Prozent, also fast jeder Zweite, praktisch gar kein Vermögen hat, nichts Erspartes, keine Rücklagen, ge schweige denn ein Eigenheim, Lebensversicherung oder Aktien. Folge: Es gibt einen Mangel an Sicherheit!

Das klingt erst mal überraschend. Schließlich stellen wir gleichzeitig eine starke Sparmentalität in Deutschland fest, mit Sparkasse, Sparbuch und Sparschwein. Nun wird gern und wild darüber spekuliert und diskutiert, warum die Vermögensverhältnisse trotzdem so sind, wie sie sind.

Man kann Mentalitätsgründe finden, dass die Deutschen nun mal lieber mieten als kaufen. Man kann dagegenhalten, dass die Deutschen deshalb keine Immobilien erwerben, weil sie sich für einen Jobwechsel eine gewisse Flexibilität erhalten müssen oder weil sie netto nicht genug herausbekommen, um sich eine monatliche Tilgungsrate leisten zu können, oder weil sie keine Sicherheit haben, um zwanzig oder dreißig Jahre lang einen Kredit zu bedienen. Man kann stolz auf den Wohlfahrtsstaat verweisen, der den Menschen sichere Renten verspricht, weswegen sie gar keine Rücklagen bilden müssen.

Aber man könnte auch erwidern, dass Norbert Blüm seinen berühmtesten Satz bereits im Wahlkampf 1986 plakatierte und ihn zwar 1997 wiederholte, aber dass spätestens sein Nachfolger Walter Riester dieses Versprechen einkassierte. 2002 wurde von der damaligen Bundesregierung eine Förderung der freiwilligen Altersvorsorge eingeführt, weil, na ja, eben weil die Rente zwar sicher, aber eventuell nicht hoch genug sein wird. Und man könnte erwähnen, dass heutzutage wohl kaum jemand den Satz »Die Rente ist sicher« anders als ironisch äußert.

Die Vermögensstudie der EZB ist für Deutschland – das gern wieder Fußball-Weltmeister wäre, Exportweltmeister sein möchte und eines der reichsten Länder der Welt ist – auch deswegen besonders erschreckend, weil die Deutschen im europäischen Vergleich einen bescheidenen viertletzten Platz einnehmen. Nein, das Vermögen der Deutschen ist vergleichsweise mickrig. Nur die »German Angst« ist groß.

Das Wirtschafts- und Sozialwissenschaftliche Institut (WSI) in Düsseldorf veröffentlichte im November 2017 einen Bericht, wonach die Mehrzahl der Deutschen gar nicht oder nur sehr gering finanziell privat abgesichert sei. Jeder dritte deutsche Haushalt habe demnach nur Ersparnisse für wenige Wochen, um im Notfall seine Ausgaben decken zu können.

Selbst wenn man zu den glücklichen Deutschen gehört, die derlei nicht aus eigener Erfahrung kennen, dann ist es doch nicht allzu schwer, sich vorzustellen, was es bedeutet, über so geringe Rücklagen zu verfügen.

Bei unserer Tour durch das Grundeinkommens-Deutschland haben wir viele Menschen getroffen, die in solcher Weise »auf Sicht« leben. Immer mit der Angst, es könnte irgendetwas passieren, sodass man in drei Monaten die Miete nicht mehr bezahlen kann.

Das Bedingungslose Grundeinkommen könnte eine wirkungsvolle Medizin gegen diese Angst sein. Jedenfalls denken das viele, beispielsweise Eva:

»Ich hatte Angst, dass ich keinen Job mehr finde und dass ich dann am Ende nichts mehr habe. Wenn es Grundeinkommen ein Leben lang gäbe, wäre das vielleicht anders.«

Sie spricht vom Zeitpunkt ihrer Arbeitslosigkeit und dass sie trotz der gewonnenen tausend Euro nicht einen einzigen Monat angstfrei gewesen sei. Wir verlosen eben nur zwölf Monate Grundeinkommen. Umso erstaunlicher ist es deswegen, dass wir dem Potpourri der Angst trotzdem ein Potpourri der Entspannung und Sorglosigkeit gegenüberstellen könnten:

»Mein Grundeinkommensgefühl war nach großem Glück und Dankbarkeit auf jeden Fall Entspannung.« – »Plötzlich gibt man die Angst auf, und dann ist alles gut.« – »Jetzt hatte ich keine Existenzangst mehr.« – »Mit dem Grundeinkommen ist es entspannt.« – »Das Gefühl ist entspannter.« – »Das hat mich entspannt.« – »Einfach mal ein bisschen Geld und entspannter leben für ein Jahr.« – »Das Geld entspannt mich.« – »Ich war viel entspannter, ein Jahr sorgenlos.«

Das ist der Liedtext der Grundeinkommensmusik mit dem einprägsamen Kehrvers: Entspannung. Den sanften Grundrhythmus klopfen die Seufzer der Erleichterung, und eine wunderschöne Melodie der Freude kommt von Gewinnerin Viola.

VIOLA UND DIE TRÄNEN DER ERLEICHTERUNG

Wir treffen Viola, eine große Frau mit kräftiger Stimme und lebhafter Gestik, im Gartencafé im Hamburger Schanzenviertel. Noch bevor der Milchkaffee vor uns steht, strahlt sie Micha an, und es platzt aus ihr heraus:

»Ich wollte mich bedanken, dass du diese Wahnsinnsinitiative ins Leben gerufen hast. Das war das tollste Jahr meines Lebens!«

Sie weint. »Entschuldigt, mir kommen die Tränen, weil mich das so berührt.«

Wir wissen nicht viel über Viola. In unserer Liste steht, dass sie 54 Jahre alt und Lehrkraft ist und in Pinneberg bei Hamburg lebt. Ihr Grundeinkommensjahr ist gerade einen Monat zuvor zu Ende gegangen.

Nach der fulminanten Begrüßung erwarten wir nun etwas irgendwie Großartiges. Wir sind gespannt wie Flitzebogen.

»Das Grundgefühl war ein Oooom-Gefühl. Das hat mich während des ganzen Jahres begleitet.«

Ein Oooom-Gefühl? Was hat sie mit dem Geld gemacht?

»Ich habe einfach besser gelebt.«

Bitte was?

»Ich gehöre zu den Leuten, die für die Presse uninteressant sind, weil ich nicht irgendwelche tollen Projekte gestartet habe, sondern einfach vor mich hingelebt habe. Es gab das gute Gefühl, aber keine großen Anschaffungen. Ich habe mir nicht den Wein für 3,50 gekauft, sondern den tollen spanischen für 7 Euro, Sangre de Toro. Ich habe nicht so gucken müssen. Ich konnte einfach kaufen, was ich wollte. Ein paar T-Shirts. Ich habe zwei Katzen. Tierarztbesuche hauen immer rein. Übrig geblieben ist jedenfalls nichts.«

Sie hat's einfach verkonsumiert?

Der Kellner bringt die bestellten Frühstücksvarianten. Der kleine Marmortisch biegt sich fast. Müsli, Rührei, Brötchen, Käse, Marmelade, frisch gepresster Orangensaft. Wir hatten Hunger, als wir bestellt haben.

Die Tränen sind vergessen. Viola lacht viel in diesem Gespräch. Sie strahlt, sie leuchtet, sie birst geradezu vor Lebensfreude, Kraft und Mut.

Wir fragen sie, in was für einer Situation sie war, als sie von dem Gewinn erfuhr.

Sie kann gut erzählen, wir hängen an ihren Lippen. Sie kostet die Geschichte bis ins kleinste Detail aus. Wir erfahren, wie sie nach Mitternacht – »viel zu spät, als Lehrerin musst du früh aufstehen« – kurz vor dem Schlafengehen noch ihre Mails checkte und dann die Gewinn-Nachricht entdeckte, sich wieder und wieder den Stream der Verlosung anschaute.

»Man glaubt es ja nicht, oder doch: Natürlich glaubt man das. Ich wusste ja, dass ihr anständig seid. Aber irgendwie: unfassbar!«

An Schlaf war für Viola nicht mehr zu denken.

Wir hören weiter zu. Und nach und nach wird klar, unter welchem Druck Viola stand, als sie das Grundeinkommen gewann.

»Ich hatte gerade todesmutig meiner Chefin im Förderzentrum mitgeteilt, dass ich den Vertrag nach den Sommerferien nicht verlängern möchte. Ich bin Quereinsteigerin, habe mein

Lehramtsstudium nicht beendet; deshalb werde ich schlechter bezahlt als normale Lehrer. Zwei Wochen nach dem Gewinn habe ich erfahren, dass sie mir den Vertrag sowieso nicht verlängert hätten, da sie keine zusätzliche Kraft brauchten. Und da ich nur Vertretungslehrkraft bin, war klar, dass ich diejenige bin, die gehen muss.«

1400 Euro netto verdiente sie in Itzehoe. Warum hat sie gekündigt?

»Ich liebe diesen Job, aber habe diesen Cut gemacht, weil ich wieder nach Hamburg wollte. Ich bin in Itzehoe nur gelandet, weil ich in Hamburg keine Wohnung bezahlen konnte. Ich hing da schon vier Jahre. Eine Freundin hat mich ermutigt, einfach mal was zu riskieren.«

Violas Mut wird vom Schicksal belohnt. Erst kommt das Grundeinkommen, ein paar Tage später wird im Haus einer Freundin in Pinneberg eine Wohnung frei – und dann findet sie prompt eine Stelle im Förderzentrum Elmshorn, wo sie neu eingestuft wird: »1600 netto, etwa halb so viel wie ein verbeamteter Kollege, dazu mit halbjährlichen Verträgen.« Und – so sei der Vollständigkeit halber und im Hinblick auf den mangelnden Vermögensaufbau in Deutschland ergänzt – ohne vergleichbare Pensionsansprüche.

WER BEZAHLT DEN PREIS FÜR »KEIN GRUNDEINKOMMEN«? EINE FRAUENANTWORT.

Wer aufmerksam gelesen hat, wird jetzt vielleicht kritisch einwenden, dass Viola doch nicht grundlos in dieser unvorteilhaften Situation einer »Springerin« ist, sondern dass sie offenbar ihr Lehramtsstudium nicht abgeschlossen hat. Man könnte sich sogar fragen, wieso sie überhaupt als Lehrerin arbeiten darf, wenn sie doch in Wahrheit nur – ja, was eigentlich? – ungelernte Hilfskraft ist?

Wir fragen und bekommen eine Frauenantwort:

»Ich bekam mitten im Studium ein Kind. Vom Vater des Kindes hatte ich mich getrennt, bevor ich wusste, dass ich schwanger war. Er war sauer, dass ich mich entschied, es trotzdem zu bekommen. Der Streit ging durch jede gerichtliche Instanz, die es nur gab.«

Wir erinnern uns kurz an René und die Mutter seines Sohns, die angeblich heimlich die Pille abgesetzt hat. Ob Violas Ex-Freund dasselbe erzählen würde?

»Ich hatte ohnehin Angst vor einem Leben als Alleinerziehende mit Kind. Und dann von jemandem zu hören, den man mal geliebt hat: Nö, das ist nicht von mir! ... Dann vom Gericht behandelt zu werden, als sei ich eine billige Studentin, die einen Oberstudienrat über den Tisch ziehen will ... Es ging doch nicht um mich, sondern um Mitja, meinen Sohn!«

Auch kein Einzelfall. Es gibt etwa acht Millionen Familien mit minderjährigen Kindern in Deutschland. Jede Fünfte ist eine Ein-Elternfamilie, Tendenz steigend. In 90 Prozent der Fälle ist dieser eine Elternteil die Frau. Macht rund 1,44 Millionen alleinerziehende Mütter. Die meisten von ihnen reiben sich auf zwischen Beruf, Haushalt und Fürsorge für die Kinder. Knapp die Hälfte von ihnen bekommt vom Kindsvater nicht einen einzigen Cent, ein Viertel bekommt zu wenig, und nur für jedes vierte Kind wird vollständig und regelmäßig gezahlt.

Die meisten Väter geben an, sie hätten kein Geld. Es zählt, was auf dem Steuerbescheid steht. Selbstständige haben da gewisse »Gestaltungsmöglichkeiten«. Manche Väter nutzen sie offensichtlich. Zehntausende zahlen nichts (in Worten: null) für die eigenen Kinder. 866 Millionen Euro wurden 2018 in der Staatskasse deshalb als »Unterhaltsvorschuss« bereitgestellt.

Früher hatten geschiedene Alleinerziehende zudem Anspruch auf Betreuungsunterhalt. Der wurde 2008 abgeschafft. Mütter mit Kindern über drei Jahren müssen seither selbst Geld verdienen, sofern es eine Betreuungsmöglichkeit für das Kind gibt. Ansonsten gibt es Hartz IV. Ein Drittel der alleinerziehenden Mütter muss das in Anspruch nehmen. Eine Regelung, die deswegen immer wieder kritisiert wird.

Warum die Väter nicht zahlen, ist unklar. Wissenschaftliche Studien dazu gibt es nicht. Manche vermuten eher psychologische Gründe als materielle: Machtspiele, gekränkte Eitelkeiten oder schlicht Egoismus. In der Politik wurde zuletzt mehr Druck gefordert, man diskutierte sogar schon einen Führerscheinentzug für Unterhaltsverweigerer. Nach dem Motto: Wer Geld für ein Auto hat, der muss auch Geld für sein Kind haben.

Doch eventuell sind die Väter wirklich nicht so finanzstark. Jedenfalls gelingt es dem Staat nur in jedem fünften Fall, den geleisteten Unterhaltsvorschuss von den Vätern zurückzuholen. Experten sehen vermehrt Indizien, dass zu geringe Einkommen der Grund sind.

In unserer Gedankenwelt würde ein Bedingungsloses Grundeinkommen diese jahrelangen Unterhaltsstreitigkeiten in Familien und vor Gericht sowie die politischen Debatten sofort beenden: Ein Mensch kommt auf die Welt – und die Gemeinschaft sorgt bedingungslos für sein Existenzminimum.

Ist das wirklich so undenkbar? Und ist es wirklich so viel schlauer, stattdessen den weiten Umweg über medizinische Tests, Finanzprüfungen und Unterhaltsklagen zu gehen? Zahlt die Gesellschaft nicht am Ende dabei drauf?

Viola jedenfalls zahlt einen hohen Preis.

»Der Prozess hat Jahre gedauert. Neben dem Studium habe ich in der ambulanten Pflege als Helferin gejobbt. Bei der Kinderbetreuung war ich auf die Hilfe meiner Mutter angewiesen, zu der ich allerdings ein sehr gespanntes Verhältnis hatte. Irgendwann kurz vorm ersten Staatsexamen konnte ich nicht mehr. Mitja war ein tolles Kind, aber mega-anstrengend. Ein ADHS-Kind, die Schichtarbeit, das Studium mit den Prüfungen und kombiniert mit den mütterlichen Erpressungen – eine Sache musste raus. Ich hatte keine echte Wahl!«

Sie bricht das Studium ab und arbeitet statt als angehende Lehrerin die nächsten Jahre in der Pflege. Da sie aber auch dafür keine Ausbildung hat, ist sie lediglich Altenpflege-Helferin – und entsprechend schlecht bezahlt.

Doch sie lebt und genießt das Leben mit Kind. Sie arbeitet ehrenamtlich in einem Schulprojekt und als Redakteurin eines kleinen kirchlichen Magazins. Sie reist gern. Ab seinem fünften Lebensjahr nimmt sie den Sohn einfach mit, nach Spanien, nach Tansania und irgendwann nach Ägypten. In Kairo bekommt sie einen Job als Lehrkraft an einer neu eröffneten deutschen Schule angeboten. Acht Wochen später fängt sie dort an. Mitja ist inzwischen 13 Jahre alt.

Viola hatte Geschichte und Spanisch studiert. In Kairo lehrt sie Deutsch. Inzwischen unterrichtet sie sogar Mathematik, bis neunte Klasse auf Förderniveau. Wenn sie von Ägypten erzählt, leuchten ihre Augen. Sie hat dort keine Krankenversicherung, aber darf in ihrem Lieblingsberuf arbeiten, als Lehrerin. Zehn Jahre bleibt sie in Kairo. Dann kehrt sie nach Deutschland zurück. Der Sohn studiert inzwischen in der Heimatstadt Hamburg. Sie findet dort keine bezahlbare Wohnung und landet in Itzehoe, knapp eine Stunde entfernt.

Gefesselt lauschen wir Violas Erzählungen. Es sind bunte Geschichten von Menschlichkeit, von Freiheit und Abenteuer.

»Wieso meinen die Leute, man müsse mit dem Grundeinkommen etwas Tolles machen? Ich war schon vorher frei, alles zu tun, was ich wollte, nur jetzt konnte ich es mir bequem leisten. Ich habe das Geld genutzt, um zu leben.«

Ein Viertel des Grundeinkommens hat Viola jeden Monat

weitergegeben: 200 Euro gingen an den studierenden Sohn. »Er ist aus dem BAföG-Alter raus. Ich wollte ihn unterstützen, auch weil ich es schlimm finde, dass ich es so oft nicht konnte.« Und 50 Euro gingen an eine Freundin. »Sie war gerade in einer blöden Situation, und dann habe ich gesagt: Wenn ich das kann, dann mache ich das einfach. Sie hat mir so oft geholfen im Leben!«

Und einen anderen Teil des Geldes hat sie in die Familie investiert, genauer gesagt, ausgerechnet in die Mutter, mit der sie sich ihr Leben lang so viel gestritten hatte:

»Meine Mutter ist schwer erkrankt, Demenz; sie ist stark psychotisch. Das war ein schwieriger Prozess: Pflegedienst, Zwangseinweisung in die Psychiatrie, weil sie durch die Psychose teilweise zur Gefahr für sich selbst wird. Früher hatten wir uns Weihnachten oder Ostern bei ihr getroffen. Den Part habe dann ich übernommen. Sie konnte das nicht mehr. In ihrer Wohnung war es ziemlich chaotisch, weil demente Menschen viel Zeit mit Suchen und Umräumen verbringen. Dank Grundeinkommen konnte ich sagen: Kommt zu mir! Ich koche was Schönes. Was wollt ihr? Ente? Okay!«

Viola spendierte auch die 80 Euro, damit die kranke Mutter im Taxi von Hamburg nach Pinneberg fahren konnte. »Das waren schöne Treffen, bei denen die Atmosphäre gelöst war, obwohl wir alle ein schwieriges Verhältnis zu unserer Mutter gehabt hatten.«

Jetzt steigen sogar uns die Tränen in die Augen. Violas Energie und Lebensfreude holen uns zurück an den Frühstückstisch und zum Thema Grundeinkommen:

»Diese Bedingungslosigkeit fand ich großartig. Du bist ja überall mit der Bedingtheit konfrontiert. Immer muss man beweisen, warum man irgendetwas verdient hat. Man muss gut funktionieren und irgendwelchen Regeln entsprechen, und dann wird man belohnt. Ich bin zwar unkonventionell, aber auch nicht frei davon.«

Das habe sie in dem Jahr gemerkt.

»Eine verbeamtete Kollegin sagte zu mir, so ein Grundeinkommen könnte sie jetzt auch gut gebrauchen. Sie würde sofort ihre Auffahrt pflastern lassen. Zuerst habe ich gedacht: na super. Da gibt es viele, die das Geld dringender brauchen. Inzwischen habe ich erkannt: Doch, auch meine Kollegin braucht Grundeinkommen!«

Stimmt, denken wir. Zwar will *niemand* arm sein, aber Mangel haben irgendwie *alle* – und sei es, dass sie sich den Traum einer gepflasterten Auffahrt zum Einfamilienhaus nicht erfüllen können. Genau davon lebt ja auch unser System, dass es permanent einen Mangel beschwört. Und aus eigener Erfahrung wissen wir, dass es dabei oft eigentlich um eine innere Leere geht, die wir »im Kaufrausch« oberflächlich »wegkonsumieren«. Die angebliche »Shoppinglust«, wenn wir die Kreditkarte »zum Glühen« bringen. Davon lebt ja diese ganze Warenwelt, dass wir Dinge kaufen, die wir gar nicht wirklich brauchen. Wir »stillen« damit bloß kurzfristig einen unbewussten Mangel.

Was nicht heißt, dass es keine echten Bedürfnisse gibt. Ganz sicher gibt es einen menschlichen Grundbedarf, um den wir uns genau dann sorgen, wenn wir Existenzangst haben. Und das ist mehr als Hunger und Durst. Denn die Wahrscheinlichkeit, in Deutschland hungers zu sterben, ist gering. Der Mangel ist nicht physischer Natur. Angst macht uns etwas anderes. Aber an was mangelt es?

Viola lacht.

»Genau darum geht es: Aus dem Bedingungslosen Grundeinkommen entsteht eine Freiheit, nicht abhängig zu sein und auch nicht Rechenschaft geben zu müssen. Das ist absolute Freiheit. Daran mangelt es den Menschen.«

Irgendwie spüren wir, dass Viola trotz ihrer eindrucksvollen Lebenserfahrung in dem Grundeinkommensjahr noch mal etwas ganz Besonderes erlebt hat. Es ist in jedem Fall mehr als

Geld. Es hat mit dieser gerade beschworenen Freiheit zu tun, aber die hatte sie doch auch schon vorher. Oder?

»Ich habe eine große Gelassenheit. Im Leben hat immer alles geklappt irgendwann. Trotz Finanzmangels habe ich ganz viele tolle Sachen erlebt. Das brauchte viel Mut, den ich auch hatte. Aber das Jahr mit dem Grundeinkommen, da wusste ich: Jetzt brauchte ich mal keinen Mut. Mut ist ja immer Energie. Die brauchte ich jetzt ein Jahr lang nicht aufzuwenden. Das war Wow oder Ohm«, sie stockt, dann korrigiert sie: »Nein, das war Ooooooohm!«

Sie atmet lang und entspannt aus. Sie deutet auf die Vögel, die über uns hin und her wirbeln.

»Schaut mal, die Mauersegler hier, die verbringen im Prinzip ihr ganzes Leben in der Luft. Sie fangen und fressen die Insekten im Flug, sie trinken im Flug, sie schlafen sogar im Flug. Nur zur Brut begeben sie sich auf festen Boden. Sie sind frei, befreit von allen Zwängen. Das ist das Grundeinkommensgefühl.«

Jetzt verstehen wir wirklich. Oooooohm!

Beim Bezahlen fragt der Kellner, ob wir von »diesem« Verein seien. Wir nicken, er strahlt: »Ich mache da auch regelmäßig mit.« Wir fühlen uns satt und reich beschenkt.

Doch Viola wäre keine echte Lehrerin, wenn sie uns nicht am Ende noch etwas zum Nachdenken mit auf den Weg gegeben hätte:

»Meine Freundin, eine Altenpflegerin, die jetzt in Hartz IV ist, kann dieses Gefühl von Freiheit nicht haben, weil sie sich mit dem Grundeinkommen beim Jobcenter abmelden müsste. Und dann ist sie nicht krankenversichert. Aber das ist ganz wichtig!«

Viola schaut uns ernst an. Jetzt schreibt sie uns die Hausaufgabe ins Klassenbuch: »Deswegen sind tausend Euro nicht genug!«

Auf unserem Abschlusszeugnis steht ein dickes Minus hinter

der Vier: nur knapp ausreichend. Trotzdem werden wir in die nächste Klassenstufe versetzt. Viola lächelt uns versöhnlich an: »Zum Glück macht ihr ja auch noch diesen anderen Verein: Sanktionsfrei. Das ist wirklich großartig. Das gehört viel mehr unterstützt!«

(2) Spass, Schuld(en) und (Ohn)macht

Der Staat – Gönner oder Gegner?

Viola hat recht: Es gibt noch einiges zu tun. 200 verloste Grundeinkommen sind nicht genug. Tausend Euro sind zu wenig. Ein Jahr ist zu kurz. Und dass zehn Prozent der Deutschen bei der Verlosung nicht mitmachen dürfen, ist empörend. Denn zur Erinnerung: Einer von zehn bekommt Grundsicherung im Alter oder Hartz IV. Und ausgerechnet diese Menschen können bei *Mein Grundeinkommen* nicht gewinnen.

Das liegt an unserem Sozialsystem. Denn das begünstigt Menschen, die *keinen* Mangel haben: Es gibt in Deutschland eine Regel, die besagt, dass Einnahmen durch Glücksspiele steuerfrei sind. Das gilt für Lotto oder bei Renn- und Sportwetten. Also wenn der Zufall entscheidet. Das gilt nicht für Preisgelder bei Literaturwettbewerben oder bei Fernsehshows wie »Wer wird Millionär?« oder »Germany's Next Topmodel«. Denn dort wird irgendeine Art von Leistung belohnt. Und schon hält der Fiskus die Hand auf. Aber da wir bei *Mein Grundeinkommen* ganz konsequent aufs Zufallsprinzip setzen, dürfen alle Gewinnerinnen und Gewinner ihr Grundeinkommen steuerfrei behalten und müssen es nicht einmal dem Finanzamt melden.

Das gilt für alle – nur nicht für Menschen, die Hartz IV beziehen.

Denn da greift eine andere Regel, die kaum jemand kennt, der nicht selbst betroffen ist: Hartz-IV-Empfänger werden nicht besteuert. Sie haben kein Vermögen. Und sie haben kein Einkommen. Wenn sie eins davon haben, bekommen sie kein Hartz. Auf Bürokratendeutsch heißt das so: Jede Art von Einkommen kann eine Kürzung des monatlichen Hartz-IV-Regelsatzes zur Folge haben. Heißt: Hartz-IV-Empfänger, die ein Grundeinkommen gewinnen, gewinnen in Wahrheit gar nichts, weil sie das Geld an anderer Stelle wieder abgezogen bekommen. Nicht der Bürger gewinnt, sondern der Staat.

Monatliche Grundeinkommenszahlungen sind zwar bei allen anderen Menschen *kein* Einkommen und werden deswegen *nicht* besteuert, bei Hartz-IV-Empfängern sind sie aber *doch* ein Einkommen und werden deswegen verrechnet. Wir verstehen die Logik dahinter selbst nicht.

Manche argumentieren so: Wenn der Staat einem Schwachen hilft, ist das sehr großzügig. Und wenn der diese Hilfe eigentlich nicht braucht, sei es doch mehr als berechtigt, wenn der Staat seine Hilfeleistungen einstellt.

Und wie ist das beim Kindergeld? Für jedes Kind gibt es Kindergeld, und zwar bedingungslos, egal, was die Eltern damit tun. Sie müssen keine Termine im Amt wahrnehmen, keine Erziehungskurse für Eltern mitmachen, keine Bewerbungen für den Elternbeirat der Schule schreiben oder sonstige – im Prinzip ja durchaus sinnvolle – Dinge tun. Alle Eltern kriegen Kindergeld. Mit einer Einschränkung: Wenn die Eltern Hartz IV beziehen, dann gibt es kein Kindergeld.

Was? Genau!

Auf Behördendeutsch heißt es: Das Kindergeld wird auf die Hartz-IV-Leistungen angerechnet. »Angerechnet« ist in Wahrheit »abgezogen« und faktisch gleichbedeutend mit »nicht ausgezahlt«. Vielleicht sollte man Behörden-Managern, die sich solche Formulierungen ausdenken, mal ihre Bonuszahlungen *»anrechnen«*. Jedenfalls wurde Hartz-IV-Empfängern in den letzten zehn Jahren Kindergeld in Höhe von 49,5 Milliarden Euro nicht ausgezahlt.

Solche behördlichen Rechenkunststücke führen zur nächsten Ungerechtigkeit: Denn Valeries Sohn Noé ist beileibe nicht das einzige Kind, das bei *Mein Grundeinkommen* gewonnen hat. Etwa jedes fünfte Grundeinkommen ging bislang an ein Kind – und auch hier ist leider klar: Beziehen die Eltern Hartz IV, wird auch dieses Kinder-Grundeinkommen zynischerweise »angerechnet«.

So sehr die Menschen den Armen und Bedürftigen helfen wollen, so schwer ist das in Wirklichkeit. Die Crowd von *Mein Grundeinkommen* will eigentlich nicht den Staat entlasten, sondern einzelnen Menschen diese tausend Euro bedingungslos zukommen lassen. Wahrscheinlich würde unser Experiment schon dann nicht mehr funktionieren, wenn die Gewinnerinnen und Gewinner ihre tausend Euro versteuern müssten.

Es geht mal wieder um Gefühle.

Viele Menschen betrachten den Staat nicht als Verbündeten, als Teil oder Ausdruck einer starken Gemeinschaft, in der sich alle Menschen wechselseitig unterstützen und tragen, sondern als Gegner, als jemanden, der etwas wegnimmt. Und einem Gegner gönnen wir nichts.

Das gilt offenbar wechselseitig. Denn auch der Staat gönnt den Schwächsten nichts: Das Prinzip nämlich, dass die Hilfe sofort reduziert oder ganz eingestellt wird, wenn der Bedürftige nicht mehr ganz so bedürftig ist, gilt auch bei weniger großen Geschenken als einem Bedingungslosen Grundeinkommen.

Bei einem regelmäßigen Einkommen von tausend Euro im Monat mag das Prinzip des »Anrechnens« ja noch irgendwie plausibel erscheinen. Bei Licht betrachtet zeigen sich jedoch schnell seine Grenzen, im wahrsten Sinne des Wortes: Denn bis zu welcher Grenze ist ein Geschenk ein Geschenk, und ab welchem Betrag ist es bei Hartz-IV-Beziehern eine meldepflichtige »Zuwendung« oder ein »leistungsrechtlich relevantes Einkommen«? Sind die neuen Turnschuhe, die man dem Jugend-

lichen für das große Fußballturnier schenkt, noch okay? Die
200 Euro zur Konfirmation auch? Und der Führerschein zum
Schulabschluss? Darf man dem Freund die alte Waschmaschine
vererben? Oder der Freundin das Fahrrad schenken, das man
nicht mehr braucht?

Diese Grenzen sind bei Hartz IV nicht wirklich geregelt. Es
gibt erhebliche Ermessensspielräume, und es sind die Ange-
stellten in den Jobcentern, die solche Fragen entscheiden müssen, nach eigenem Ermessen und mit großen rechtlichen Unsicherheiten. Während die einen großzügig über irgendetwas
hinwegsehen, greifen die anderen schon bei Kleinigkeiten hart
durch.

Großes mediales Aufsehen erregte im Winter 2017 ein 50-jäh-
riger Hartz-IV-Empfänger aus Dortmund. Er bezog zusammen
mit seiner Frau 760 Euro plus die Miete für eine 60-Quadrat-
meter-Wohnung in der Dortmunder Nordstadt. Weil zur Mo-
natsmitte das Geld knapp wurde, setzte er sich zum Betteln mit
seinem kleinen Hund vor ein Ladengeschäft. Eine Mitarbeiterin
des Jobcenters Dortmund sah ihn dort. Daraufhin wurden ihm
zuerst 30 Tage à 10 Euro »Verdienst« angerechnet, nach Inter-
vention einer Anwältin »nur noch« 120 Euro, und am Ende ab-
züglich eines »Spendenfreibetrages von 30 Euro« dann 90 Euro
abgezogen – verbunden mit der Auflage, ein detailliertes Ein-
nahmenbuch zu führen, wie die *Ruhr Nachrichten* berichteten.
Die Spenden stellten laut Behörde ein Einkommen in »einer
Größenordnung dar, die leistungsrechtlich nicht unberück-
sichtigt bleiben darf«.

Die öffentliche Empörung war groß. Aber dieser Fall ist beileibe kein Einzelfall. Immer wieder werden Gelder gekürzt, weil
jemand irgendeine Art von »Einkommen« hat – etwa von seinen
Eltern Geld zugesteckt oder von Nachbarn regelmäßig Lebensmittel oder Kleider geschenkt bekommt.

Wer länger darüber nachdenkt, merkt, dass es bei dieser Art

von Aufrechnerei gar nicht wirklich ums Geld geht. Es geht mal wieder um ein Gefühl.

Freunden gegenüber zeigen wir uns wohl alle großzügig. Ja, selbst bei Unbekannten, wenn sie denn irgendwie sympathisch sind, schauen wir nicht so genau hin, runden im Taxi oder Restaurant auf, verschenken »Trinkgeld« an Menschen, von denen wir noch nicht mal den Namen wissen. Aber wenn wir jemanden nicht mögen, dann wird plötzlich pingelig abgerechnet. Von der unaufmerksamen Bedienung lassen wir uns jeden Cent Wechselgeld herausgeben, vom rücksichtslosen Nachbarn wollen wir auch die ausgelegten 1,17 Euro für was auch immer zurückbekommen.

Ähnlich knauserig verfährt der Staat mit uns Bürgern und gibt, um manche Kleinstgebühr einzutreiben, gelegentlich sogar mehr Geld für Porto und Bearbeitung aus, als er durch den Vorgang einspart. Und bei den Ärmsten, eben jenen, die Hartz IV beziehen (müssen), wird er besonders geizig.

SANKTIONSFREI SORGT FÜR EIN BEDINGUNGSLOSES MINDESTEINKOMMEN

Vor allem die Sanktionen, also die erzieherischen Kürzungen des monatlichen Grundbedarfs, sind besonders fragwürdig: Wie kann es sein, dass ein Existenzminimum reduziert wird – und zwar zur Ahndung irgendeines unbotmäßigen Verhaltens?

Acht von zehn Sanktionen werden ausgesprochen, weil jemand einen Termin nicht wahrgenommen hat. Das klingt harmlos. Einen Termin wahrzunehmen, sei doch nun wirklich nicht zu viel verlangt, könnte man meinen. Aber man sollte wissen, dass man im Jobcenter nicht einfach anrufen kann, um einen Termin zu verschieben. Viele Hartz-IV-Empfänger müssen erst ihre Kinder oder ihre kranken Eltern irgendwo unterbringen oder sonst irgendwelche Umstände bewältigen, bevor sie sich auf den Weg in ein Jobcenter machen können. Und wenn man dann weiß, dass manche Termine im Jobcenter keinen anderen Inhalt haben als sich selbst, also nur stattfinden, weil mal wieder ein Termin stattfinden muss, dann wundert man sich, dass so viele Menschen diese Termine überhaupt wahrnehmen. Denn: Ein Besuch im Jobcenter ist etwas anderes als ein Kino- oder Zoobesuch.

Wie der Kulturanthropologe Florian es ja so schön beschrieb: Es geht um den Subtext in der Kommunikation zwischen Amt und Mensch. Oder wie es die Deutschlehrerin Viola prägnant beurteilte: »Diese Amtssprache ist einfach indiskutabel!«

Davon abgesehen: Sind denn Sanktionen moralisch wirklich vertretbar? Und überhaupt noch zeitgemäß? Ist das nicht ein Relikt einer strafenden Sozialpolitik des 19. Jahrhunderts? Ein erwachsener demokratischer Rechtsstaat schickt seine Bürger zur Strafe ohne Abendessen ins Bett?

Genau deswegen gründeten wir Ende 2015 den Verein *Sanktionsfrei*. Helena Steinhaus, selbst aufgewachsen bei einer alleinerziehenden Mutter, die nach jahrelanger Festanstellung in Hartz IV landete, übernahm die Geschäftsführung des gemeinnützigen Vereins und damit eine ziemlich knifflige Herausforderung:

Wir hatten das Ziel, das System an sich selbst scheitern zu lassen. Denn gerade weil so viele Details der Hartz-IV-Entscheidungen nicht oder unlogisch geregelt sind, sind etwa die Hälfte aller Widersprüche erfolgreich. Allerdings wird nur einem Bruchteil der Bescheide widersprochen, nämlich nur fünf Prozent. 19 von 20 Kürzungen werden widerspruchslos hingenommen.

Wenn es gelänge, so kalkulierten wir verwegen, diese Zahl

nach oben zu treiben, dann würde das Sozialsystem sehr schnell an seine Grenzen stoßen und wäre gezwungen, seine eigene Unlogik zu hinterfragen.

Sanktionsfrei stellte deswegen – finanziert über Crowdfunding – ein simples und bedienungsfreundliches Widerspruchsverfahren ins Internet, sodass selbst rechtlich unbewanderte Menschen unkompliziert den Sanktionen widersprechen können. Doch das Beste daran: Wer immer sanktioniert wird, kann sich mit wenigen Klicks auf der Plattform anmelden und bekommt umgehend den vom Amt reduzierten Betrag vom Verein wieder gutgeschrieben. Statt der Reduktion gibt es wie gehabt 100 Prozent Hartz IV.

Eine mit dem Verein verbundene Anwältin legt dann bei den zuständigen Behörden Widerspruch ein, und somit startet das übliche juristische Verfahren. Der betroffene Hartz-IV-Empfänger jedoch muss nichts tun, weder Amtsgänge noch Gerichtsverfahren bewältigen, aber vor allem muss er oder sie nicht mit »weniger als Minimum« auskommen. Das ist insofern wichtig, als solche Widerspruchsverfahren bis zu zwei Jahre dauern. Wer hat schon so einen langen Atem? Und selbst wenn man am Ende recht bekommt, das Geld würde ja die ganze Zeit fehlen. *Sanktionsfrei* ändert das.

Inzwischen wissen wir: 90 Prozent der von *Sanktionsfrei* aufgenommenen Widersprüche haben Erfolg. Die Sanktionen werden im Nachhinein zurückgezogen. Das fälschlicherweise gekürzte Geld wird erstattet und landet – nach der langen Verzögerung – in der Regel wieder im Solidartopf des Vereins.

Auch im Dortmunder Fall konnte *Sanktionsfrei* helfen. Am Ende hat das Amt schlicht die Zuverdienstgrenze nach oben verschoben – eine »gesichtswahrende Lösung« für das Amt, die aber leider verhinderte, dass die Anwältin weiter den Rechtsweg einschlagen und damit einen Präzedenzfall schaffen konnte. Eine Entscheidung wegen Verfassungswidrigkeit der Sanktionen steht übrigens bereits seit 2017 beim Bundesverfassungsgericht an. Seither ist sie in der Warteschlange von Platz 25 auf Platz 22 vorangekommen. Man muss nicht nur im Jobcenter viel Geduld mitbringen.

Das *Sanktionsfrei*-Verfahren ist erfolgreich und leicht zu nutzen. Trotzdem wurde bislang leider keine Massenbewegung daraus. Das unlogische und sogar oftmals unrechtmäßige Sanktionsprinzip läuft gnadenlos weiter. *Sanktionsfrei* als Sandkorn im Getriebe stört, aber konnte die Maschine bislang nicht stoppen.

Das Thema Hartz IV ist extrem schambehaftet. Auch unsere Gesprächspartner auf der Deutschlandtour haben erst im Nebensatz oder wenn wir direkt danach gefragt haben, von ihren Erfahrungen mit Hartz IV erzählt. Kein Einziger, der jemals mit dem Jobcenter zu tun hatte, konnte positive Erfahrungen mit dem Amt beschreiben. Im Gegenteil: Janek hat »dankend abgelehnt«. René hat »tapfer ausgehalten und nicht unbedingt die Wahrheit gesagt«. Eva ist »rückwärts wieder rausgegangen«. Gabi fand das »ganz schlimm und wusste: Das geht nicht«. Und so weiter.

Deswegen geht der Verein *Sanktionsfrei* inzwischen einen Schritt weiter: Statt Menschen sanktionierte Beträge zu erstatten, bekommen sie jetzt das sogenannte »HartzPlus« und damit im Voraus das Versprechen, eventuelle Sanktionen sofort auszugleichen.

Davon profitiert hat zum Beispiel Melanie aus Hannover. Sie ist als Musiklehrerin in Teilzeit fest angestellt und unterrichtet nebenbei auch noch freiberuflich. Als alleinerziehende Mutter braucht sie zusätzlich Hartz IV, weil sie nicht genug für sich und ihren Sohn verdient. Als Melanie von ihrem HartzPlus-Gewinn erfährt, liegt sie gerade wegen schweren Asthmas und einer weitreichenden Lebensmittelunverträglichkeit im Krankenhaus.

Ihr Sachbearbeiter hatte ihr mündlich damit gedroht, sämtliche Zahlungen zu streichen und sie aus dem Leistungsbezug zu nehmen, falls sie nicht innerhalb der nächsten drei Monate mit ihrer Selbstständigkeit so viel verdienen würde, dass sie aus dem Leistungsanspruch fiele. Er würde sie dann in Maßnahmen unterbringen oder ihr einen Job zum Mindestlohn vermitteln.

Als ehemalige Jobcenter-Mitarbeiterin, die jetzt selbst aufstockende Leistungen erhält, kennt sie das System von beiden Seiten und weiß, welche Macht ein Sachbearbeiter hat:

»Wenn ich mich weigere, so drohte er, würde er mich schneller sanktionieren, als ich gucken könne! Sein Argument: Der Steuerzahler könne schließlich nicht mein ›Hobby‹ finanzieren, und ich sei genau wie alle anderen zur Arbeit verpflichtet. Offenbar kann er sich nicht vorstellen, dass Musikunterricht Arbeit ist.«

In dieser schwierigen Situation ist HartzPlus für Melanie eine echte Erleichterung. Es stärkt ihr Selbstbewusstsein, zu ihrer Situation zu stehen, und gibt ihr neue Zuversicht, für sich und ihren Sohn sorgen zu können.

»HartzPlus« ähnelt *Mein Grundeinkommen*, in dreierlei Hinsicht:

1. »HartzPlus« wird nach dem Zufallsprinzip verlost. Es gibt keine Bedarfsprüfung, keine Auswahlkriterien. Wer will, kann bei der Verlosung mitmachen.
2. Das staatliche Existenzminimum wird durch »HartzPlus« wirklich *bedingungslos*: Wenn sie nicht wollen, müssen die »HartzPlusser« keine Termine wahrnehmen, keine ärztlichen Untersuchungen ertragen, keine absurden Maßnahmen absitzen oder sinnlose Bewerbungen schreiben. Sie bekommen das Geld, wenn nicht vom Amt, dann von *Sanktionsfrei*.
3. Der Solidartopf, aus dem die Sanktionen ausgeglichen wer-

den, wird von vielen Menschen per Crowdfunding gefüllt. Es gibt Dauerspender, wir nennen sie »Hartzbreaker«, die mit regelmäßigen Lastschriften jeden Monat die Arbeit von *Sanktionsfrei* ermöglichen.

Es gibt aber auch drei Unterschiede zu *Mein Grundeinkommen*:

1. Die staatlichen 424 Euro sind deutlich weniger als die tausend Euro und nach allgemeinem Ermessen eigentlich zu wenig, um davon echte Teilhabe zu ermöglichen. Aber jeden zusätzlichen Euro würde der Staat wahrscheinlich sofort »anrechnen« – und es wäre nichts gewonnen.

2. *Sanktionsfrei* versucht, sich die ausgezahlten Gelder durch die erfolgreichen Widersprüche vom Staat zurückzuholen. Während bei *Mein Grundeinkommen* die ausgezahlten monatlichen tausend Euro also weg sind, kommen die ausgezahlten Sanktionserstattungen im Idealfall wieder in den Solidartopf.

3. Die Spenden für *Sanktionsfrei* sind gemeinnützig, und zwar sowohl für den Verein als auch für den Solidartopf. Denn anders als das verloste Grundeinkommen gilt »HartzPlus« nicht als Gewinnspiel. Dass die ausgezahlten Sanktionsausgleiche vom Jobcenter nicht angerechnet und sofort wieder abgezogen werden, verdanken wir einer rechtlichen Grauzone: Wir überweisen sie entweder als zinsloses Darlehen mit Rückzahlung im Erfolgsfall oder (nämlich dann, wenn wir nicht davon ausgehen, dass das Geld jemals zurückkommt) unter Verweis auf den sogenannten Tafelparagrafen als »Nothilfe für Bedürftige«. Bislang klappt das ganz gut, was möglicherweise daran liegt, dass viele Mitarbeiter im Jobcenter selbst innere Widerstände haben, Sanktionen auszusprechen, und deshalb froh sind, wenn wir sie quasi mit den eigenen Waffen schlagen.

Im Moment bekommen bereits 25 Menschen »HartzPlus«. 2018 sollen es zehnmal so viele werden. Dann gäbe es nicht nur 250 Menschen mit Bedingungslosem Grundeinkommen, sondern auch 250 mit bedingungslosem HartzPlus.

Überraschend ist bereits nach den ersten Monaten vor allem, dass die »HartzPlusser« Ähnliches wie die Gewinnerinnen und Gewinner von *Mein Grundeinkommen* berichten: Sie fühlen sich beschenkt. Sie sind entspannter, schlafen besser. Sie gehen ohne Angst ins Jobcenter und sind motivierter, einen Job zu finden, der zu ihnen passt, heißt: Sie tun nicht einfach, was ihnen bei den sogenannten »Wiedereingliederungsmaßnahmen« aufgetischt wird, sondern entwickeln eigene Ideen, was sie gern tun würden.

Das ist insofern erstaunlich, als dass die Menschen in Hartz-Plus – anders als die Menschen mit Grundeinkommen – faktisch nicht mehr Geld im Portemonnaie haben als vorher. Nicht einen einzigen Cent mehr. Sie haben nur die Sicherheit, dass es auch *nie* ein Cent *weniger* wird – unabhängig vom persönlichen Ermessen ihres zuständigen Beraters und unabhängig von ihrem eigenen Verhalten.

Diese Sicherheit verändert offenbar das Lebensgefühl. Sie schafft Freiheit, stärkt das Selbstbewusstsein und weckt dadurch überraschende Kräfte, das eigene Leben zum Positiven zu wenden.

Es braucht also gar nicht unbedingt »mehr Geld«, sondern bereits die bedingungslose Gewährung der gleichen Summe macht einen großen Unterschied. Wer das verstanden hat, bemerkt, warum die Grundeinkommensdebatte meistens völlig falsch geführt wird.

Denn dort wird immer wieder folgende Rechnung aufgemacht: Wenn 80 Millionen Menschen jeden Monat 1000 Euro bekämen, dann wären das pro Jahr fast eine Billion Euro. Das ist so viel wie der halbe Bundeshaushalt. Woher soll dieses Geld kommen?

Die Antwort ist leicht: Es ist schon da.

Es gibt kein einziges Grundeinkommensmodell, egal ob von FDP, CDU oder Linkspartei, bei dem zusätzliches Geld vom Himmel fällt. Jedes Grundeinkommen muss irgendwie finanziert werden. Bei *Mein Grundeinkommen* funktioniert die Finanzierung durch Zehntausende freiwillige Spenderinnen und Spender. Bei den üblichen Grundeinkommensmodellen gibt es Ideen, das Geld wahlweise über eine Einkommenssteuer, eine Konsumsteuer, eine Finanztransaktionssteuer, über eine Ressourcennutzungssteuer oder eine Robotersteuer einzunehmen.

Alle bekommen das Grundeinkommen. Und: *Alle* bezahlen es – direkt oder indirekt, je nachdem, für welche Art der Besteuerung wir uns entscheiden.

Das heißt für Arme und Reiche gleichermaßen: Du wirst mehr Steuern bezahlen, aber auch du wirst Grundeinkommen, also mehr bekommen. In fast allen Grundeinkommensmodellen ändert sich für die große Mehrheit der Menschen auf dem Konto gar nichts oder nicht viel. Die ganz Reichen haben unterm Strich weniger als heute, weil sie mehr Steuern zahlen als sie Grundeinkommen erhalten. Die ganz Armen haben mehr als heute. Und die große Mehrheit in der Mitte etwa genauso viel wie heute. Für alle jedoch gilt: Am Monatsanfang ist das Geld – ohne Rückfragen, bedingungslos – als Vertrauensvorschuss auf dem Konto.

Je nachdem, wie viel mehr die ganz Armen und wie viel weniger die ganz Reichen bekommen sollen, bestimmt sich, wie hoch die zusätzliche Besteuerung sein muss. Egal welches Konzept man zugrunde legt, die durch zusätzliche Steuern zu finanzierende Summe ist in jedem Fall nur ein minimaler Bruchteil der einen Billion Euro, die polemisch in die Diskussion geworfen wird.

Grundeinkommen ist kein zusätzliches Geld, sondern ein

grundsätzliches. Es ist die simple Vereinbarung, dass kein Individuum in der Gesellschaft unter eine bestimmte Summe rutschen darf.

Der Ansatz von *Sanktionsfrei* ist dabei die günstigste Variante dieses bedingungslosen Gesellschaftsvertrags. Durch die Sanktionen bei Hartz IV hat der Staat in den letzten zehn Jahren knapp zwei Milliarden Euro gespart. Wenn wir die Sanktionen abschaffen würden, also ein Existenzminimum schaffen, das diesen Namen verdient und uns alle sicherer fühlen lässt, würde das jeden Menschen in Deutschland jährlich nur zwei Euro mehr kosten.

Der Unterschied zwischen dem herkömmlichen Hartz IV – mit Sanktionen – und Grundeinkommen wurde bei *einem* Gewinner besonders deutlich. Denn obgleich es eigentlich keine Hartz-IV-Empfänger geben kann, die bei uns gewinnen, haben wir einen getroffen: Bastian.

BASTIAN UND DAS LEBENSLANGE RINGEN MIT DER STAATSGEWALT

Treffpunkt: Rewe auf dem Lindenhof. »Den kennt dort jeder«, hatte Bastian am Telefon gesagt, als wir den Termin für unser Gespräch ausmachten. Dort stünde er vor dem Eingang, das wäre sein Platz. Bastian lebt auf der Straße. Er ist einer von 52 000 Obdachlosen in Deutschland.

Wir sind ein bisschen aufgeregt. Wo werden wir das Interview führen? Setzen wir uns mit Bastian auf ein Stück Pappe vor den Supermarkteingang? Geht er mit uns in irgendein Café? Was werden die Leute denken? Verrückt, dass jemals so ein Satz durch unseren Kopf geht!

Es wird schon werden, beruhigen wir uns. Egal, wie es wird, wir schreiben alles ins Buch. Live aus dem Soziallabor.

Wir sind eine Viertelstunde vor der vereinbarten Zeit am Treffpunkt und beobachten den Eingang. Claudia mustert jeden Mann, ob er Bastian sein könnte. Wir wissen: Bastian ist 47 und lebt auf der Straße. Und er ist wirklich nett, sagt Micha. Er hat Bastian nämlich im Januar schon mal kurz getroffen. Im Urlaub auf dem Weg nach La Gomera. Auf Teneriffa. Bastian verbrachte dort die kalten Wintermonate in einem leer stehenden Haus. Es war ein kurzes, herzliches Treffen. Aber wer weiß, wie es Bastian jetzt geht.

Da ist er. Bei den Einkaufswagen steht ein braun gebrannter Mann mit Basecap, schwarzen Shorts, schwarzem T-Shirt, Turnschuhen und Rucksack mit zusammengerolltem Schlafsack. Er könnte auch ein Backpacker auf Weltreise sein.

»Lasst uns weggehen«, begrüßt er uns. »Die Jungs bauen sich einen. Muss ich nicht haben.« Er deutet auf eine Gruppe von Punks neben sich, die gerade einen Joint drehen. Später erklärt er uns den Unterschied zwischen den Obdachlosen am Bahnhof und denen hier im Viertel: »Das sind vollkommen verschiedene Milieus. Bei uns hier ist die Drogenmenge noch richtig entspannt. Da sagt auch keiner was. Hier sind nur Freaks, Transsexuelle, 70-Jährige mit bunten Haaren. Ihr müsst mal ne Woche hierbleiben. Das ist ein Freak-Biotop! Ich fühle mich wohl hier.«

Wir gehen zusammen in den Supermarkt, kaufen ein Pfund Kirschen, Wasser und Limo und laufen dann etwa zehn Minuten bis zum Rheinufer. Dort wohnt Bastian. Wir setzen uns zwischen die Ball spielenden Kinder, die sonnenbadenden Schönheiten – quasi in sein endlos großes Einzimmer-Appartement. Der Rasen ist Tisch, Stuhl und Bett zugleich.

»Hier geht's mir gut. Ich penne da unter dem Baum. Es ist schön hier am Fluss. Ich gehe jeden Tag schwimmen.«

Claudia legt ihren Kopf auf Bastians Rucksack, schließt einen kurzen Moment die Augen und ist froh, dass es diesen Sommer so heiß und trocken ist.

Bastian lebt seit vier Jahren auf der Straße. Auf dem Weg hat er erzählt, dass er sich große Hoffnung macht, demnächst eine Wohnung zu bekommen. Jemand, den er seit Jahren vom Schnorren kennt, hat ein Mehrfamilienhaus. »Sobald da etwas frei wird, kann ich einziehen.«

Jetzt am Rhein erzählt er uns, wie es war, als er das Grundeinkommen gewann. Er habe damals seine Mails in einer Videothek gecheckt, weil dort Internet umsonst sei. Als er damals die Mail von *Mein Grundeinkommen* bekam, habe er sofort zurückgeschrieben: »Kopie vom Ausweis, und binnen anderthalb Stunden war alles erledigt. Und danach habe ich erst mal Bier ausgegeben. Da habe ich noch Bier getrunken.«

Jetzt trinkt er nicht mehr. Das habe er dem Grundeinkommen zu verdanken.

»Das Saufen: drei, vier Liter Bier am Tag. Das Schlimmste sind die kleinen Kurzen. Vorm Rewe ging's los. Da gibt es die Vierer-Pakete für einen Euro. ›Sargnägel‹ heißen die bei uns. Da ist so viel Alkohol drin wie in einer Flasche Bier. In schlimmsten Zeiten habe ich dreißig am Tag getrunken.«

Das sei jahrelang gut gegangen. Er erzählt: »Irgendwann kamen tierische Bauchschmerzen, eine Bauchspeicheldrüsenentzündung. Erst mal kam ich ins Krankenhaus, ein richtiges Bett, dreimal am Tag essen. Das war geil. Eine Woche später wieder vorm Supermarkt. Gleich wieder angefangen zu trinken. Ich dachte, das stecke ich so weg.«

Bis zum Grundeinkommen. Das gab den letzten Impuls. Dann habe er sich beim Jobcenter abgemeldet und aufgehört zu trinken. Keine Kurzen mehr, kein Bier. Inzwischen lebt er wieder von Hartz IV. Das Trinken aber hat er noch nicht wieder angefangen. Nur zuletzt bei der Fußball-WM habe er mal zwei, drei Bier getrunken.

»Gleich nach der Verlosung bin ich mit dem TGV nach Cassis gefahren. Ich bin frankophil und kenne das alles noch von früheren Interrail-Touren. Mit Hartz IV durfte ich ja nicht reisen. Jetzt hatte ich deswegen keinen Stress mehr.«

Danach sei er – »mit 46 Jahren!« – zu seinen Eltern nach Bad Dürkheim gezogen. »Dort habe ich den Führerschein gemacht und vier Monate keinen Alkohol getrunken, zum ersten Mal, seit ich 16 war!«

Wie landet man auf der Straße?

Er sei als Punk aufgewachsen. Pubertät und Probleme mit den Eltern. Aber er habe dann eine Lehre als Großhandelskaufmann abgeschlossen, eine Fachoberschule für Wirtschaft besucht und bis zum Vordiplom Betriebswirtschaft studiert. Da habe er dann gemerkt, dass die akademische Welt nichts für ihn sei. Er wollte lieber Geld verdienen und Spaß haben.

Damals war die Hochphase von »Goa«, einer musikalischen Unterart von Techno, aber sehr hippielastig. Auf Goa-Partys kursierten viele psychedelische Rauschgifte, er habe damit viele Erfahrungen gemacht und kenne wohl alle Arten von Drogen.

Bekommen wir jetzt etwa die Neunzigerjahre-Version der Kinder vom Bahnhof Zoo zu hören? Was so wild klingt, war nur die Freizeit-Begleitmusik für ein ziemlich normales Berufsleben: Über einen Studentenjob fing Bastian Ende der Neunzigerjahre bei einer Promotionagentur an. Es war die Zeit der ersten Handyverträge. Er war Mitte 20, konnte gut reden, hatte eine positive Ausstrahlung und konnte prima verkaufen. Mit der Zeit arbeitete er für mehrere Agenturen, verkaufte Handys aller vier Anbieter: D1, D2, E-Plus und Viag Interkom.

»Es war ein Schlaraffenland!«, schwärmt Bastian über die damalige Zeit.

Bastian arbeitete Tag und Nacht, zog über Stadtfeste und große Events, um neue Kunden zu finden. Irgendwann wurde er zwangsexmatrikuliert; er hatte völlig vergessen, sich an der Uni

abzumelden. Er tingelte durch die Städte, Mannheim, Ludwigs-
hafen, Frankfurt, Heidelberg, Stuttgart, Karlsruhe. Heute hier,
morgen dort. Die Verkaufszahlen waren gut, sein provisions-
bedingter Verdienst auch.

Sein Leben entwickelte sich rasant aus dem Studentenleben
heraus. Zusammen mit seiner damaligen Freundin bezog er
eine teure Mietwohnung mit Schwimmbad in Darmstadt. Am
Wochenende zogen sie auf Partys und feierten.

Acht Jahre lief alles glatt. Dann kam das Finanzamt.
»Ich habe nie eine falsche Steuererklärung abgegeben, ich
habe einfach keine abgegeben. Es hat auch nie einer nachgefragt. Drei Bundesländer Baden-Württemberg, Rheinland-
Pfalz, Hessen. Ich bin durchgerutscht. Acht Jahre lang.«

Dann kam die Forderung: 86 000 Euro plus Krankenkasse,
ich war noch als Student versichert.«

Der Gerichtsvollzieher kommt in die Wohnung. Er geht
wieder mit leeren Händen. »Der hat nichts gefunden, weil ich
nichts besessen habe. Ich habe halt gut gelebt. Und Koks ist
auch teuer.«

Dann machte seine Freundin mit ihm Schluss.

Das war der Cut: »Ich wollte mein Leben ändern. Keine Aufträge mehr angenommen, Wohnung gekündigt, und nach Griechenland. Ein paar Monate Peloponnes im Zelt.«

Es ist 2007. Bastian kehrt nach Deutschland zurück, landet
in Mannheim, wo er über einen Freund eine Wohnung findet.
Bezüglich der Schulden passiert nichts. Es gibt keine Konto-
pfändung. Auch sonst meldet sich niemand bei ihm. Er holt
eine Eigenauskunft von der Schufa. Nichts.

Weil er arbeitslos ist, meldet er sich beim Amt. Die stufen
ihn sofort bei Hartz IV ein, er hat schließlich nie in die Arbeits-
losenversicherung eingezahlt. Er unterschreibt eine »Einglie-
derungsvereinbarung«, soll eine bestimmte Anzahl Bewerbungen schreiben, soll Jobs annehmen, die er nicht für passend

hält. Er diskutiert, er verweigert die Kooperation und wird sanktioniert.

»Ich habe dann eine Kürzung von vierzig Prozent gekriegt, gleich über drei Monate. Das ging gar nicht! Das ist einfach Repression. Leute in Jobs reinpressen, die sie gar nicht machen wollen.«

Statt sich unterzuordnen, erwacht der Punk in ihm zu neuem Leben. Bastian wird politisch aktiv, engagiert sich zuerst bei den Grünen, tritt dann der Linkspartei bei. Diskutiert in Internetforen über das Hartz-System, schließt Freundschaften, die bis heute andauern. »Ich mache einfach gar nichts. Seitdem rausche ich da so durch.« Die Mitarbeiter im Jobcenter drücken beide Augen zu.

Auch in Bezug auf seine Schulden passiert in dieser Zeit nichts. Niemand fordert Geld von ihm; keiner spricht mit ihm. Still und leise gären die staatlichen Forderungen vor sich hin; der ohnehin schon hohe Betrag addiert permanent beachtliche zwölf Prozent Zinsen. Mittlerweile summiert sich der Betrag mit Zins und Zinseszins auf rund 100 000 Euro.

Bastian begreift, dass er etwas tun muss. Mit der Schuldenlast wird er nie auf einen grünen Zweig kommen. Im Gegenteil. Die Spirale würde kein Ende nehmen. Er leiert eine Privatinsolvenz an. Das eröffnet ihm einerseits überhaupt wieder eine Perspektive, andererseits muss er sieben Jahre durchhalten. »Du bist angehalten, die Schulden so viel zu tilgen, wie du kannst. Der Anwalt muss erkennen, dass du dich bemühst. Aber du weißt: Alles über 980 Euro wird weggepfändet. Dafür gehe ich nicht dreißig Tage arbeiten. Aber ich wollte auch keine Scheiße bauen. Ich habe nicht schwarzgearbeitet und nichts gemacht, was die Insolvenz gefährdet.«

Mit dem Grundeinkommensgewinn begann das letzte Jahr im Insolvenzverfahren. Auch deswegen habe er den Gewinn gemeldet. Er durfte das Geld behalten, der Betrag lag unter der

Pfändungsgrenze. Er zählt die Tage. »Die Schulden bremsen einen ja aus. Wenn du im Kopf hast: Ein Jahr noch, dann geht's wieder los!«

Als die sieben Jahre um sind, geht er sogleich zum Gericht. Dort hieß es, das sei in Bearbeitung. »Und dann hat's gedauert. Zwei Monate, bis ich alles schwarz auf weiß hatte. In der Zwischenzeit habe ich wieder im Obdachlosenheim gewohnt. Das Klo ging nicht. Da habe ich voll den Depri gekriegt. Ich trinke keinen Alkohol mehr. Ich feiere nicht mehr. Ich habe einen Führerschein gemacht. Ich bin am Start. Und warte darauf, dass ich loslegen kann!«

Es ist Dezember. Die harten Wintermonate stehen noch an. Bastian bucht einen Flug nach Teneriffa und bleibt den Winter dort – trotz Hartz IV, trotz Reiseverbot. Seit April ist er wieder hier.

»Zuerst brauche ich eine Wohnung. Mein langfristiges Ziel ist ein eigener Shop. Ich möchte einen eigenen DSL-Handy-Shop aufmachen. Das ist mein Lebensplan. Noch drei Jahre steht ein negativer Eintrag in der Schufa. So lange muss ich zusehen, wie ich Geld ranschaffe, damit ich Startkapital habe.«

Micha überschlägt kurz, wie viel Geld der Staat ausgegeben hat, während Bastian die sieben Jahre Insolvenz ausgesessen hat: rund 100 000 Euro. Wäre es nicht schlauer gewesen, die Steuerschuld gleich zu erlassen? Aber klar: Hier geht es weder um Wirtschaftlichkeit noch um Menschlichkeit, sondern um rechtsstaatliche Prinzipien.

Bastian nickt. »Irgendwann am Anfang konnte ich die letzte Rate der Geldstrafe wegen der Steuersache nicht zahlen. Es ging um einige Hundert Euro. Da musste ich in den Knast. Das wurde umgerechnet in 19 Tage Haft. Es war Winter. Ich habe mich freiwillig gestellt und bin so gegangen, dass ich am 1. Februar, also wenn das nächste Geld kam, wieder raus war.«

Wieder machen wir eine schnelle Rechnung auf: Ein Hafttag

kostet etwa 130 Euro pro Häftling. Macht rund 2500 Euro für den Gefängnisaufenthalt von Bastian. Das entspräche genau zweieinhalb Monaten Grundeinkommen.

Wir fragen, ob das Grundeinkommen irgendetwas für Bastian verändert hat.

»Natürlich! Der Druck mit dem Amt war weg. Ich hatte ja fünf Jahre von 400 Euro gelebt. Jetzt war das einfach ein bisschen mehr Geld jeden Monat. Statt 400 hatte ich 650, die Krankenversicherung musste ich ja auch noch bezahlen. Deswegen habe ich am Ende auch wieder geschnorrt.«

Unterm Strich hatte Bastian also 250 Euro mehr als vorher, aber nur, weil er als Obdachloser keine Miete bezahlen musste. »Das war Freiheit. Jetzt kannste nach Südamerika gehen, habe ich gedacht. Hält dich ja keiner! Mit Hartz IV war das ja auch ein Damoklesschwert darüber. Ich konnte jetzt reisen, ohne Angst haben zu müssen, dass jemand dahinterkommt. Ich habe nicht viel verändert, ich habe ja auf die Restschuldbefreiung der Insolvenz gewartet.«

Wir fragen, ob alle Menschen Grundeinkommen kriegen sollten.

»Jeder sollte das kriegen! Aus Gerechtigkeitsgründen. Auch ein Millionär. Vielleicht verliert der seine Millionen ja mal!« Bastian weiß, wie leicht Reichtum zwischen den Händen zerrinnt.

Machen die Leute nicht nur Party?

»Jeder will arbeiten. Das weiß ich ganz genau! Die, die jetzt hier mit mir abhängen, die wollen größtenteils nicht arbeiten. Die tun es aber auch heute mit Hartz IV nicht! Aber du weißt nicht, was dann wäre. Vielleicht hören die nie auf zu schnorren, zu trinken und zu kiffen. Aber vielleicht eben doch.«

WAS WIEGT SCHWERER: CHANCEN ODER SCHULD?

Sicher: Dass der obdachlose Bastian im Grundeinkommensjahr aufhört zu trinken, seinen Führerschein macht, jemanden findet, der ihm eine Wohnung in Aussicht stellt, und dass er Pläne für einen eigenen Handyshop schmiedet, ist der Traum aller Sozialarbeiter. Ein Glücksfall. Und vielleicht auch nur ein Glücksmoment, der so schnell verfliegt, wie er gekommen ist. Bastian hat in dem Grundeinkommensjahr irgendwann ein SKL-Los gekauft. 120 Euro für eine Niete, nur weil er hoffte: Jetzt hat mich das Glück entdeckt! Hat es, aber eben nur das eine Mal bei unserer Verlosung. Das zweite Mal war der Zufall nicht auf seiner Seite. Aber das hat Bastian gar nicht beeinträchtigt. Er hat viel länger über die Repressalien des Jobcenters gesprochen als über die Rückschläge der Süddeutschen Klassenlotterie. Wir hatten den Eindruck, dass er dem Leben jeden Tag eine neue Chance gibt – der Staat ihm aber keine.

Unser Sozialsystem hat offenbar weniger Interesse an Bastians Chancen als an seiner Schuld – und seinen Schulden. Um seine Schuldansprüche durchzusetzen, gibt der Staat sogar noch zusätzliches Geld aus – sinnlos und ineffizient, weil am Ende das Minus in der Staatskasse noch wächst.

Über 200 Millionen Euro zahlt der Staat jedes Jahr für sogenannte »Ersatzfreiheitsstrafen«, also um Menschen ins Gefängnis zu bringen, die irgendeine Strafe nicht bezahlen (können). Das trifft logischerweise überwiegend Ärmere, weil Reiche die Strafzahlung einfach überweisen, während die anderen wie Bastian schon am Existenzminimum leben und deshalb ins Gefängnis gehen.

Bei Bastian bekommt der Staat auch nach sieben Jahren die 86 000 Euro plus Krankenkasse plus Zins und Zinseszins nicht.

Und er legt noch mal 100 000 Euro obendrauf. Das alles, um einen Bürger in ein Steuersystem zu zwingen, das dieser vorher einfach ignoriert hat.

Sicher, hier wird ein Exempel statuiert. Dieses eine Exempel hat den Staat etwa 200 000 Euro gekostet. War es das wert?

Und noch eine Frage beschäftigt uns: Kann man es dem jungen Bastian verdenken, dass er lieber auf Partys ging, als sich um seine Steuerpflichten zu kümmern? Ist es falsch, dass er Spaß daran hatte, Geld zu verdienen, und noch mehr Spaß, es mit vollen Händen wieder auszugeben? Ist es wirklich so abwegig, dass er darauf wartete, dass sich jemand bei ihm meldet und ihn auffordert, seine Steuern zu bezahlen? Wieso bezahlen wir nicht eine staatliche Leistung, sondern »schulden« dem Staat etwas?

Der gesellschaftliche Subtext beim Thema Geld ist fast ausschließlich negativ. Zwar träumen wir alle irgendwie vom »Lottogewinn« und von »finanzieller Unabhängigkeit«, aber im konkreten Alltag verbinden wir Geld fast ausschließlich mit negativen Gefühlen: Wir haben Existenzangst und Sorge vor Altersarmut. Wir fürchten Neid und Missgunst. Wir lästern über Menschen, die ihr Geld für Spaß und Lebensfreude mit beiden Händen ausgeben, finden sie zu protzig, zu schrill, zu oberflächlich. Wir lachen über Menschen, die ihren Kassenbon kontrollieren, Preise vergleichen und auf Schnäppchenjagd gehen, finden sie zu knauserig, zu geizig, zu verkrampft. Wir rümpfen die Nase über Menschen, die im Müll nach Pfandflaschen suchen, die in alten Schlafsäcken im Park schlafen oder ihr Hab und Gut im Einkaufswagen durch die Straßen schieben, finden sie zu dreckig, zu stinkend, zu faul. Egal, wie viel Geld wir haben, es ist gefühlt immer zu wenig. Egal, wie wenig Geld andere haben, sie haben in unseren Augen immer genug, wir gönnen ihnen wenig bis nichts. Der Staat, also unsere Gemeinschaft, zahlt uns Schulen, Krankenhäuser, Straßen, Energieversorgung, eine Bundeswehr und internationale Abkommen; aber wir freuen uns nicht über diese Leistung, sondern jammern über hohe Steuern und die unfähige Politik. Aus der Staatskasse kommen Subventionen, Kredite, Fördergelder für Unternehmen; es gibt bedingungsloses Kindergeld und bedingungslose Steuerfreibeträge, aber wir jammern über hohe Sozialausgaben. Wir gönnen einander nichts und dem Staat schon gar nichts. Was genau ist da los?

(3) Zuckerbrot und Peitsche

Der Subtext zwischen Staat und Bürger ist voller Gewalt

»UX« – das ist die Zauberformel des 21. Jahrhunderts. UX steht für »User Experience« und wird meistens im Zusammenhang mit Internetportalen und mobilen Apps verwendet. Webseiten sollen so klar und verständlich programmiert sein, dass alle Menschen sie sofort und ohne besondere Schulung verstehen. Denn im Netz wird jede Unverständlichkeit sofort bestraft – durch Ignoranz. Weg damit! Andere Webseite, anderes Portal, andere App. Egal, ob es dabei um Computerspiele oder die geschäftliche Buchung eines Hotelzimmers geht. Wenn's nervt, gehen die Leute einfach weg.

Im Zeitalter der Selbstbedienung müssen Geräte simpel zu benutzen sein. Technik soll selbsterklärend sein. Deswegen gibt es inzwischen UX-Design als Studiengang. Experten denken nicht nur darüber nach, wie man einen Fahrkartenautomaten schön designt, sondern vor allem, wie man ihn so gestaltet, dass auch fremdsprachige Bus- und Bahnfahrer wissen, welche Knöpfe sie zu drücken haben und wie sie auch Kleinstbeträge mit Kreditkarte sicher bezahlen können – und zwar schnell, denn die nächste Bahn fährt in zwei Minuten. Jede Hürde führt zu einem Abbruch des Kauf- oder Buchungsvorgangs, erhöht die Wahrscheinlichkeit, dass Menschen auf Konkurrenzangebote umsteigen oder die Leistung nutzen, ohne sie zu bezahlen.

Nur unser Staat hat von all diesen Dingen offenbar noch nie

etwas gehört. Briefe sind so formuliert, dass selbst Menschen mit akademischem Abschluss sie nicht verstehen. Ämter sind so bezeichnet und gestaltet, dass man weder weiß, wer wofür zuständig ist, noch wie man mit der Person in Kontakt treten kann. Statt durch leichte Verständlichkeit und positive Sprache Vertrauen aufzubauen, wird durch Verbotsschilder nichts als Misstrauen signalisiert. Bevor ich erfahre, was die Behörden möglicherweise für mich tun könnten, wird mir mit Strafe gedroht, wenn ich irgendeinen Fehler mache – meinen Rucksack mit in die Bibliothek nehme, mein Fahrrad nicht im Fahrradständer abstelle oder mit einem Eis in der Hand das Rathausfoyer betrete. Selbst wenn ich weder Fahrrad noch Rucksack oder Eis dabeihabe – die dem Verbotsschild zugrunde liegende Botschaft lautet: Du könntest ein Bösewicht sein, aber wage es besser nicht!

Der Subtext zwischen Staat und Bürger ist voller Gewalt. Verbale Gewalt, Staatsgewalt, die starke Hand von Recht und Ordnung. Nicht objektiv falsch, aber leider eben subjektiv extrem unangenehm: Man stelle sich ein Restaurant vor, das einem schon am Eingang mit rot umrandeten Schildern begrüßt: Bitte nicht kleckern! Zeche prellen verboten! Den Kellnern nicht auf den Hintern glotzen! Und bevor man auch nur einen Blick auf die Speisekarte werfen darf, muss man eine Nummer ziehen und warten, bis man aufgerufen wird.

Kein Wunder, dass auf unserer Deutschlandtour die Gewinnerinnen und Gewinner durchgehend proklamieren: Ich gehe nicht zum Amt. Von denen lasse ich mir nicht sagen, was ich brauche!

So wie der Staat in den Wald hineinruft, schallt es eben heraus.

Es geht keineswegs darum, irgendwen zu »verwöhnen« oder keine Ansprüche zu stellen. Es geht um die Frage der Reihenfolge. Denn auch die modernen Kaffeehausketten, deren UX-Design eine perfekte Wohlfühlatmosphäre vermittelt, möchten am

Ende ihr Geld und mögen es lieber, wenn man nicht kleckert und das Personal nicht belästigt. Doch – oh Wunder der Kommunikation – je freundlicher ich irgendwo empfangen werde, desto mehr bemühe ich mich, die Gastfreundschaft nicht zu verletzen. Unternehmen wissen allerdings auch, dass es nicht reicht, den Laden in freundlichen Farben anzustreichen und lächelnde Servicekräfte zu engagieren. Die Kaufentscheidung beginnt schon lange vor Betreten eines Geschäfts oder Anlegen eines User Account. Wir wollen wissen, wofür wir unser Geld ausgeben oder in was wir unsere Zeit investieren. Wir wollen wissen, wie die Ware produziert wurde, was für Menschen dort unter welchen Bedingungen arbeiten und für welche Werte das Unternehmen steht. Immer wichtiger wird auch der Statusgewinn oder -verlust: Was denken meine Freunde oder Bekannten über mich, wenn sie mich in dem Shop oder mit dem Produkt sehen?

Deswegen nützt es auch nichts, wenn sich eine Behörde in »Jobcenter« umbenennt, nicht mehr von »Antragstellern«, sondern von »Kunden« spricht und in blumiger Sprache davon schwärmt, dass man für »alle Fragen im Zusammenhang mit Arbeitslosigkeit, Arbeitsmarkt und beruflicher Eingliederung zur Verfügung« stünde und »gerne« berät. Weil der angeblich frische Wind, der durch die Räume und Flure der »Geschäftsstellen« weht, leider immer noch der autoritäre Geist aus Bismarcks Zeiten ist.

»FÖRDERN UND FORDERN« – ODER UMGEKEHRT?

Jeder kennt den Spruch »Fördern und Fordern«, mit dem plakativ die Idee des Sozialstaates vermittelt werden soll. Oder heißt es »Fordern und Fördern«? Wer jetzt »Ist doch egal!« denkt, hat schon verloren. Denn die Reihenfolge erklärt, warum Hartz IV so verhasst ist und Bedingungsloses Grundeinkommen sich wachsender Beliebtheit erfreut.

Der deutsche Staat praktiziert traditionell die Reihenfolge: erst fordern, dann fördern!

Wir müssen erst etwas leisten, um dann etwas zu bekommen. Wir müssen in Sozialversicherungssysteme einzahlen, damit wir etwas herausbekommen. Wir müssen beweisen, dass wir bedürftig sind, damit wir Hilfe bekommen. Wir müssen langweilige »Maßnahmen« absitzen, um zu belegen, dass wir lernen wollen. Wir müssen Bewerbungen schreiben, um zu beweisen, dass wir arbeiten wollen. Erst wenn wir den Beweis erbracht haben, bekommen wir Unterstützung. Ob wir den Beweis erbracht haben, darüber entscheiden allerdings andere Menschen nach Kriterien, die wir nicht wirklich kennen, nicht verstehen und nicht mitbestimmen.

Man stelle sich eine Webseite vor, die ausführlich nach Daten und Informationen fragt: komplizierte Kennnummern, die wir aus alten Akten heraussuchen müssen, und Belege, die wir einscannen und hochladen sollen. Mehrfach klicken wir auf »fertig«. Es erscheint eine Fehlermeldung: »Sie haben nicht alle Daten korrekt eingegeben.« Wir gehen alles ein zweites Mal durch, suchen raus, tippen ab, laden hoch. Wieder kommt die Fehlermeldung. Also alles noch mal. Und wenn wir endlich durch sind, kommt die Meldung: »Ihr Antrag wird geprüft. Wir melden uns bei Ihnen.« Und dann erfahren wir irgendwann, dass wir etwas bekommen, aber nicht in dem Maße, wie wir es uns wünschen oder erhoffen, sondern so lange und in der Höhe, wie es irgendwelche anonymen Algorithmen ausbaldowert haben. Ein Albtraum!

Schlimmer noch: Das ganze System ist so kompliziert, dass selbst Experten es nicht wirklich verstehen. Es finden sich immer wieder irgendwelche Sonderregelungen, sodass sich Juristen, Sozialwissenschaftler und viele andere Berufsgruppen jahrelang darüber streiten.

Das Prinzip des »Bedingungslosen Grundeinkommens« funktioniert genau andersherum: erst fördern, dann fordern! »Das war ein tolles Gefühl, und wie ihr dazu kommuniziert habt. Es war so wohlwollend. Hier kriegste was geschenkt, was andere Menschen einfach gespendet haben«, schwärmt zum Beispiel Traudel. »Das ist das Gute an unserer Gesellschaft, dass es genug Leute gibt, die das anders sehen und denken. Das Negative, das Populistische hat viel zu viel Raum. Dieses Gute wird von der Politik zu wenig gewürdigt.«

Immer wieder wird dieser spezielle Charakter des Grundeinkommens betont: »Es war ein vorgezogenes Weihnachtsgeschenk.« – »Ein Geschenk des Himmels.« – »Ein gutes Geschenk.« – »Es ist ein Geschenk von Menschen, die man gar nicht kennt.«

CORINNA UND DAS WACHSEN VERGESSENER STÄRKEN

Mit Gewinnerin Corinna aus Berlin reden wir ausführlich über dieses Gefühl, weil sie uns erzählt, dass sie Hemmungen hatte, das Geld auszugeben.

»Mich hat überrascht, dass ich das Geld nicht einfach für Konsumartikel ausgeben kann. Ich bin ja keine, die unbedarft Geld ausgibt. Aber ich war überrascht, dass ich mir so wenig gekauft habe. Ich habe meine Schwester unterstützt mit der Mietkaution. Wir haben ein Fest gefeiert.«

Und irgendwann gönnt sie sich ein paar teure Schuhe.

»Für 160 Euro. So viel Geld hätte ich sonst nie ausgegeben. Ich habe sie noch, liebe sie noch. Ich liebe die so, dass ich die dauernd getragen habe. Das haben sie nicht ausgehalten. Der Hersteller wollte nicht einlenken. Der Schuhmacher hat gesagt, das lässt sich nicht reparieren, das sei eine Sollbruchstelle. Jetzt trage ich sie nur noch bei schönem Wetter.«

Für tausend Euro im Monat hätte sie sich ja noch allerhand teure Schuhe kaufen können. Warum nicht?

»Das ist so ein besonderes Geschenk, das möchte ich nicht verschwenden. Ich hätte gedacht, dass es leichter geht, geschenktes Geld auszugeben. Das war aber nicht so.«

Hatte sie wie Florian oder Jens ein schlechtes Gewissen, weil andere das Geld sicher dringender brauchen?

Corinna schüttelt den Kopf. »Nein, ich hätte ein schlechtes Gewissen gegenüber mir selbst gehabt. Ich will nicht in zehn Jahren zurückdenken, was mir Gutes widerfahren ist, und dass ich dann das Geld für etwas Sinnloses ausgegeben hätte.«

Und? Hat sie sich jetzt etwas Sinnvolles gekauft?

»Ja! Ich habe mir eine Ausbildung gekauft, eine zweijährige Ausbildung zur Familientherapeutin, berufsbegleitend. Da weiß ich, dass ich die in zehn Jahren immer noch gut finde. Die Fortbildung, das war klar, dass ich die mache. Jetzt endlich!«

Corinna bekommt kein Hartz IV, sondern sitzt auf der anderen Seite des Sozialstaates. Sie ist Sozialarbeiterin.

»Ich berate Familien in unterschiedlichsten Lebenslagen, Familien unterschiedlichster Bildung, sozialer Zugehörigkeit, nach einer Trennung, in Armut, mit Schulden.«

Offiziell sind die Angebote freiwillig und kostenfrei. Doch wohl kaum jemand nimmt gern staatliche Unterstützung an, wenn es um die Familie geht. Die Menschen suchen nicht den Kontakt zu Corinna, sondern sie muss einen Draht zu den Menschen finden. Nicht jeder ist offen für Veränderungsideen. Corinna greift ein. Sie hilft. Aber eben Menschen, die sich nicht unbedingt helfen lassen wollen. Das ist übergriffig, paternalistisch. Das kostet über die Jahre ziemlich viel Energie. Deswegen will Corinna ihren Job eigentlich nicht mehr machen. Deshalb investiert sie in die Weiterbildung, weil sie nicht glaubt, dass dieses System noch funktioniert.

»Ich möchte in eine Beratungsstelle gehen und mit Freiwilligkeit arbeiten. Die Unfreiwilligkeit können dann andere machen. Man findet ja jetzt schon kaum Leute, die das machen wollen.« Ihre Kritik am System ist prinzipieller Art. Bei der Arbeit denkt sie oft an das Grundeinkommen:

»Bei den Familien, die ich berate, da würde es wirken. Menschen mit Existenzängsten können sich kaum auf sich selbst konzentrieren, weil sie so damit beschäftigt sind, fürs Minimum zu sorgen. Es muss alles extra beantragt werden. Sie sind so mit Hartz IV beschäftigt, mit dem Kontakt zum Jobcenter, mit Anträgen, mit Formularen. Sie müssen ständig beweisen, warum sie bedürftig sind.«

Irgendwie kommt uns das bekannt vor: Wie oft haben wir den Eindruck, dass der Staat dauernd kollektives Jammern belohnt. Wer am lautesten schreit, bekommt am meisten. Auf diese Weise funktioniert Lobbyismus, egal ob es um Milliardenhilfe für hagel- oder hitzegeschädigte Landwirte geht oder um Rettungsaktionen für zockende Banken, die »too big to fail« sind. Ständig gibt es in der Politik ein inoffizielles Ranking der Bedürftigkeit. Aber mit der Sozialhilfe, mit Wohngeld und Hartz IV unterstützt der Staat doch wirklich bedürftige Menschen. Oder?

»Hartz IV ist geschenktes Geld, aber die Menschen erleben es nicht so, sondern als Gängelung. Hartz IV ist Makel. Sie fühlen sich nicht als Beschenkte, sondern als Loser, als nicht wertvoll. Auch Wohngeld ist für viele Geringverdiener ein Makel. Sie denken: Ich schaffe es nicht, mein Geld allein zu verdienen. Das macht etwas mit dem Selbstwert: Ich habe es zu nichts gebracht.«

Für Corinnas Arbeit in der Familienberatung sei das kontraproduktiv:

»Die Leute werden erzogen, sich zu problematisieren; werden gezwungen, sich selbst als unfähig beschreiben zu müssen. Sie können keine Stärken benennen, können das auch nicht für ihre Kinder.«

Als Therapeutin möchte sie den Menschen wieder ein Gefühl der Selbstwirksamkeit geben, die feste Überzeugung, zu schaffen, was sie sich vornehmen. Sie sollen die Erfahrung machen, dass es sich lohnt, sich anzustrengen. Dass es Träume gibt, die in Erfüllung gehen. Und dass man selbst dazu beitragen kann. Sie sollen lernen, sich realistische Ziele zu setzen, Ziele, die sie mit ihren Fähigkeiten erreichen können.

»Wenn man eine Idee hätte, was man kann, und dann auch noch eine Idee, was man möchte, und dann noch Rückhalt – dann bin ich sicher, dass daraus was werden kann. Aktiv zu werden. Weniger neidvoll auf bestimmte Sachen zu schauen.«

Claudia kennt das aus der Arbeitspsychologie: Erfolg macht »süchtig«. Man nennt das den Erfolgskreislauf. Wenn jemand mit seiner Tätigkeit Erfolg hatte, so stellt sich ein Gefühl der Zufriedenheit ein. Ein Gefühl, das jeder gern häufiger hat. Glaubt man, dass der Erfolg auf eigene Fähigkeiten und eigenes Handeln zurückzuführen ist, entsteht Motivation, den Erfolg erneut herbeizuführen. Man macht sich auf die Suche nach neuen Erfolgswegen.

Micha fühlt sich sofort an die typische Stigmatisierung von Armen erinnert. Die Rechten sagen: Du bist selbst schuld! Die Linken sagen: Das System ist schuld. In beiden Fällen sind die Menschen Opfer. Sie sind nie selbstwirksam.

Corinna nickt:»In meiner Beratung ist aber genau das das Ziel: Selbstwert und Selbstbewusstsein. Das sind die Themen, an denen ich immer wieder arbeiten muss. Auch was die Kinder betrifft. Die Erwachsenen erleben ja nicht nur sich selbst als Verlierer oder Opfer, sondern blicken als Eltern genauso auf die nächste Generation: Die Kinder machen ja nur Probleme!«

Wer selbst so aufwachse, gebe das genauso weiter. Und so

werde daraus eine endlose Kette. Am Ende sitzen die Kinder in der Schule und sagen:»Wenn ich groß bin, kriege ich Hartz IV.« Dann sind alle entsetzt. Corinna ist fest davon überzeugt, dass die Antwort nur ein Systemwechsel sein kann.

»Die Erfahrung mit dem Grundeinkommen hat mich darin gefestigt, auf Stärken zu schauen und Vertrauen in Menschen zu setzen. Wenn einem Vertrauen begegnet, dann spürt doch jeder selbst, wie gut einem das tut. Und deswegen versuche ich, das auch anderen zu geben.«

Seit ein paar Jahren machen sie und ihre Familie Wohnungstausch. Sie geben ihr Domizil an wildfremde Personen und fahren in deren Wohnung.»Das war ein Aushandlungsprozess mit meinem Mann. Wir kennen ja die Leute nicht. Wer weiß, was da passiert?« Sie lacht. Sie habe früher auch schon Vertrauen in Fremde gesetzt.

Das Geschenk Grundeinkommen sei besser als ein Lottogewinn. Ganz normale Menschen spenden, damit sie tun könne, was sie möchte.»Mir wird Vertrauen gegeben. Das beflügelt!«

In der Sozialarbeit sei man häufig problemorientiert. Doch man dürfe nie aus dem Blick verlieren, dass die angeblich Bedürftigen, die einem gegenübersäßen, schon sehr schwierige Situationen bewältigt hätten:»Alle Menschen haben Stärken!«

EINE FRAGE DER LOHNLOGIK: ARBEIT ZUTRAUEN ODER BEZAHLEN?

Corinna erzählt, dass es ihren Eltern schwergefallen sei, sich für die Grundeinkommensidee zu begeistern.»Sie konnten schwer fassen, dass man Geld einfach so geschenkt bekommt.

Sie freuen sich für mich. Das ist für sie ein Glück, aber als gesellschaftliches Modell können sie sich das nicht vorstellen.«

Damit sind sie nicht allein. Auch die anderen Gewinnerinnen und Gewinner hatten zunächst Schwierigkeiten, das Grundeinkommen anzunehmen. Alle hatten diesen Gedanken im Kopf: »Ich muss es mir verdienen.« Dahinter steckt die Lohnlogik, dass man erst etwas leisten muss, um dann etwas zu bekommen. Der Unternehmer Götz Werner wird nicht müde, immer wieder zu erklären, dass es genau andersherum sei: »Wir werden einmal darüber lachen, dass wir gedacht haben, Arbeit müsse bezahlt werden. Sie können die Arbeit durch eine Bezahlung immer nur ermöglichen. Die Arbeit selbst ist gar nicht bezahlbar. Erst einmal müssen Sie möglich machen, dass jemand überhaupt die Zeit aufwenden kann, um zu arbeiten.«

Manche Menschen machen eine Arbeit nur, um möglichst viel Geld zu verdienen. Sie tun wegen des Geldes etwas, was sie eigentlich nicht tun wollen. Manche hassen ihre Arbeit sogar, und aus lauter Abscheu hassen sie auch ihre Kunden, an denen sie ihre schlechte Laune auslassen. Weil sie so verbittert sind, unterstellen sie auch allen anderen, dass sie ihre Arbeit nur machen, um sich zu bereichern. Die vermeintlichen Moralapostel sagen deswegen mehr über sich selbst als über das Team von *Mein Grundeinkommen*, wenn sie uns also vorwerfen, dass wir »damit ja auch Geld verdienen«. Stimmt. Wer bei uns mitarbeitet, bekommt ein Gehalt – denn irgendwie muss unsere Arbeit ja ermöglicht werden. Auch wir brauchen Essen, Trinken, eine Wohnung, eine Monatskarte, ein Handy und wollen ab und zu ins Kino gehen. Das ist keine unmoralische Gier, sondern existenziell, und die Spender unseres Vereins haben das auch verstanden.

Ermöglichen wir Arbeit, oder bezahlen wir sie? Schaffen wir die Voraussetzungen, damit Ergebnisse möglich sind, oder belohnen wir allein die Ergebnisse? Geht es um die Arbeit an sich, oder ist Arbeit nur das Mittel zum Zweck, nämlich Geld?

Der Unterschied ist gewaltig.

Bei der Frage nach der Lohnlogik unserer heutigen Gesellschaft – und auch unseres heutigen Sozialsystems – stößt man schnell an Grenzen. Micha ärgert sich beispielsweise jedes Mal darüber, wenn er gefragt wird, ob er Unternehmer sei oder ob er das ehrenamtlich mache. Dahinter steckt die Idee, dass es wertvolle und wertlose Arbeit gibt. Die eine wird bezahlt, die andere nicht. Einkommensarbeit ist gesellschaftlich anerkannte Arbeit; Ehrenamt ist Hobby und Vergnügen, also angeblich wertlos.

In diesem Punkt ist unsere Gesellschaft auf einem Auge blind: Wir stellen permanent die Lohnarbeit in den Vordergrund, dabei werden in Wahrheit viel mehr ehrenamtliche Arbeitsstunden geleistet: Einer Studie zufolge leisteten die Deutschen schon vor zehn Jahren 4,6 Milliarden Stunden ehrenamtliche Arbeit pro Jahr. Das entspricht der Arbeitszeit von 3,2 Millionen Vollzeitbeschäftigten. Inzwischen ist die Zahl der bürgerschaftlich Engagierten um etwa zehn Prozent gestiegen, also sicher auch die Zahl der geleisteten Ehrenamtsstunden. Noch nicht mitgerechnet sind die vielen Stunden unbezahlter Arbeit im Haushalt, in der Kinderbetreuung, bei der Pflege von Angehörigen und in der Nachbarschaftshilfe. Sie werden oft noch nicht einmal vom unmittelbaren Umfeld als »Arbeit« wahrgenommen und nur sehr selten erfasst und gezählt.

Das Bewusstsein dafür, was Arbeit ist, ändert sich. Nicht umsonst wurde 2007 ein Buch mit dem Titel *Wir nennen es Arbeit* ein Bestseller. »Das Milieu, das wir beschrieben haben, zeichnet sich durch intrinsische Motivation aus, durch den Wunsch, etwas Sinnvolles zu leisten und dabei nicht zu verhungern«, sagt Holm Friebe, einer der beiden Autoren.

Hinterfragt wird inzwischen nicht nur die Diskrepanz zwischen bezahlter und unbezahlter Arbeit, sondern auch die gängige Unterscheidung zwischen produktiver und unproduktiver

Arbeit – die auf Definitionen von Adam Smith und vor allem Karl Marx beruht und aus der Industriezeit stammt.

Wie arrogant und unlogisch diese Unterscheidung ist, hat die Philosophin Hannah Arendt schon 1958 messerscharf analysiert. Die – kapitalbezogene – Definition von Arbeit führe dazu, dass dieselbe Tätigkeit je nach Kontext unterschiedlich bewertet wird.»Unproduktiv« wäre etwa der Bau eines Hauses, wenn die darin wohnende Familie es eigenhändig errichtet, »produktiv« dagegen, wenn der Hausbau im Dienst eines Baumeisters gegen Bezahlung durch den Bauherrn erfolgt. Gemäß dieser verwirrenden Logik könnten »sogar die höchsten künstlerischen und wissenschaftlichen Hervorbringungen der menschlichen Kultur« unproduktiv sein!

Mit nüchternem Blick betrachtet sie die angeblich unproduktive Arbeit der Hausangestellten und entlarvt in ihrem Buch *Vita activa oder Vom tätigen Leben* die Arroganz hinter der marxistischen Begrifflichkeit:»Was dies ›müßige Hausgesinde‹ ... in Wahrheit ›produzierte‹, war nicht mehr und nicht weniger als die Freiheit ihrer Herren oder, modern gesprochen, die Bedingung der Möglichkeit ihrer ›Produktivität‹.«

Ein Ende der Arbeitsgesellschaft, wie übrigens schon seit Mitte des letzten Jahrhunderts immer wieder wahlweise beschworen oder als Teufel an die Wand gemalt, bedeutet nicht ein Ende unserer Welt.»Was nach der Arbeitsgesellschaft kommt, hat noch keinen Namen; man mag hoffen, dass es eine Tätigkeitsgesellschaft wird«, schrieb der Soziologe Ralf Dahrendorf schon 1978 in seinem ZEIT-Artikel»Wenn uns die Arbeit ausgeht«.

Seiner Meinung nach spielt der soziale Disziplinierungscharakter der Arbeit eine wesentliche Rolle in unserem Denken: Arbeit erleichtere soziale Kontrolle. Wenn Menschen den größten Teil des Tages in der Disziplin der Arbeit verbrächten, kämen sie nicht auf dumme Ideen:

»Alle Diktatoren beschäftigen Menschen, und wenn sie Löcher graben oder Autobahnen bauen lassen. Die Sorge um die Arbeit, die uns ausgeht, ist auch eine Sorge um den Zusammenhalt von Gesellschaft; denn am Ende trauen viele – und alle Mächtigen – dem autonomen Individuum, dem mündigen Bürger nicht.«

Und er schiebt nachdenklich provozierend hinterher: »Haben sie nicht vielleicht auch ein bisschen recht?«

DER GEWALTFREIE STAAT – WIRKLICH UNDENKBAR?

Wie viel Freiheit trauen wir dem Menschen zu? Wir sprechen von »abhängig Beschäftigten«, als wäre nicht eigentlich Unabhängigkeit etwas, das wir gemeinhin anstreben. Doch die Freiheit der Freiberufler wird mit ergebnisbezogenen Honoraren »vergütet«. Werden nicht genau dadurch der Freiheit die Flügel gestutzt? Trauen wir den Mitmenschen nicht zu, dass sie leisten, was zu leisten möglich ist?

Genauso schwer wie die Frage nach der Wertigkeit von Arbeit lässt sich die Frage nach der Wertigkeit von Bedürfnissen beantworten. Welche Bedürfnisse sind notwendige Grundbedürfnisse, und welche Bedürfnisse sind unwichtig, also Luxus?

»Ich brauche das Geld doch gar nicht.« Die meisten Gewinnerinnen und Gewinner haben diesen Satz gesagt. Die einen denken, dass sie es nicht verdienen, die anderen, dass sie es nicht brauchen.

Dahinter steckt die Idee, dass man entweder etwas bekommt, weil man etwas geleistet hat, dann hat man es verdient. Oder man bekommt etwas, weil man bedürftig ist und es einem richtig schlecht geht. Nur: Wann beginnt »richtig schlecht«? Ist ein Unwohlsein schon schlimm? Eine Störung schon ein Problem? Oder muss es richtig wehtun? Muss man sich krümmen vor Schmerz? Muss man über Wochen leiden? Am Krückstock gehen? Auf dem Boden liegen? Und darf man Bedürfnisse äußern, wenn es einem eigentlich gut geht? Ist das nicht Jammern auf hohem Niveau? Freizeitpark Deutschland? Spätrömische Dekadenz?

Wer kennt den Satz nicht:»Was nicht tötet, härtet ab«? Es ist eine Erziehungsbotschaft aus der Schwarzen Pädagogik, die unsere Kultur jahrhundertelang geprägt hat.

In ihrem Buch *Die geprügelte Generation* beschreibt die Journalistin Ingrid Müller-Münch, wie weit die Erziehung mit Prügel zurückreicht und dass selbst Königskinder nicht verschont wurden. So sei der junge Ludwig XIII. seit seinem zweiten Lebensjahr jeden Morgen routinemäßig ausgepeitscht worden.»Selbst an dem Tag, an dem der Achtjährige zum König gekrönt werden sollte, habe er eine Tracht Prügel mit der Peitsche erhalten.« Dazu soll er gesagt haben:»Ich würde auf so viel Huldigung und Ehre gern verzichten, wenn man mich stattdessen weniger peitschen würde.«

»Bis heute halten 85 Prozent aller westdeutschen Eltern die Prügelstrafe für eine angemessene Erziehungsmethode«, zitiert sie den Kölner Stadt-Anzeiger aus dem Jahr 1968. Anders gesagt: Gewaltlose Erziehung war die Ausnahme.

Der US-amerikanische Psychologe Lloyd deMause stellte bei seinen Untersuchungen zur psychogenetischen Geschichte der Kindheit fest:»Die wenigen Erzieher, die vor unserer Zeit dazu rieten, Kinder sollten nicht geschlagen werden, begründeten dies damit, dass das Schlagen böse Folgen habe, und nicht etwa damit, dass es dem Kind Schmerzen zufüge oder es verletze. Ohne das Element der Empathie hatte dieser Rat überhaupt keine Wirkung, und die Kinder wurden weiter wie zuvor geschlagen.«

Heute sprechen sich rund 90 Prozent der Eltern in Deutschland für eine gewaltfreie Erziehung aus. Allerdings schätzen Kinder und Jugendliche ihre Eltern diesbezüglich weitaus kritischer ein. Zwei bis drei Millionen Kinder haben mindestens einmal in ihrem Leben Formen von Misshandlungen durch ihre Eltern erfahren. Und wirklich gewaltfreier Umgang ist mehr als das Weglassen von körperlicher Züchtigung.

Erst seit Mitte des 20. Jahrhunderts habe, nach Lloyd deMause, ein unterstützender Modus in der Eltern-Kind-Beziehung eingesetzt. Das setzt voraus, dass der Erwachsene sich in sein Kind einfühlt, seine Bedürfnisse versteht und sie so weit wie möglich zu erfüllen versucht. Eltern bestrafen das Kind nicht, sie entschuldigen sich, wenn das Kind sich ungerecht behandelt fühlt, und helfen ihm dabei, ein selbstständiger Mensch zu werden.

Man stelle sich vor, »Vater Staat« ginge so mit seinen Bürgern um!

Das ist gar nicht so abwegig. Aus der Beschäftigung mit politischen Konflikten heraus, nämlich mit der amerikanischen Bürgerrechtsbewegung der Sechzigerjahre, entwickelte der Psychologe Marshall B. Rosenberg das Konzept der »Gewaltfreien Kommunikation« (GfK).

Im Kern geht es darum, die andere Person nicht zu bewerten und nicht moralisch zu verurteilen, sie zu beschimpfen oder ihr zu drohen, sondern sich zu öffnen, seine Verletzlichkeit zu zeigen und die andere Person um Empathie zu bitten. Denn Menschen sind nicht gut oder schlecht, sondern Menschen handeln mit den ihnen zur Verfügung stehenden Ressourcen auf die bestmögliche Art. Je mehr Ressourcen sie haben, desto besser handeln sie.

Statt also zu bewerten – also zu belohnen oder zu bestrafen –, geht es darum, einander zu befähigen. Wenn wir einander die Ressourcen erweitern, es uns wechselseitig leicht machen, dann sind Konflikte schnell ausgeräumt oder entstehen erst gar nicht. Natürlich sind nicht alle Menschen gleichermaßen empathisch; und auch nicht alle sind auf Anhieb in der Lage, ihre eigenen Gefühle zu benennen oder auch nur zu erkennen. Umso wichtiger ist, dass diejenigen, die psychologisch geübt und erfahren sind, den anderen empathisch entgegentreten.

Ist der starke Staat wirklich nicht in der Lage, sich den Menschen offen und gewaltfrei zu nähern? Sind Sanktionen und Strafen bei Missverhalten tatsächlich unverzichtbar? Wären eine nährende Grundsicherung und eine verständliche Ansprache nicht eine bessere Basis, um eine gute Beziehung zwischen Staat und Volk herzustellen? Wir sind sicher, dass die Bürger – wenn sie sich in dieser Weise gestützt und behütet fühlen – ebenfalls gern die Bedürfnisse und Wünsche des Staates wahrnehmen und nach Möglichkeit erfüllen.

Nun könnte man einwenden, der Staat sei keine Person, der man Empathie abverlangen könne. Stimmt. Aber der Staat ist ein gedankliches Konstrukt, das man so oder anders denken kann. In unserem »Mini-Staat« *Mein Grundeinkommen* haben wir zuallererst die gängigen Herrschaftsformen klassischer Unternehmen abgeschafft. Keine Chefin, kein Chef hat das »Kommando«. Niemand ist »weisungsberechtigt«. Stattdessen versuchen wir uns in einem Prinzip »kollektiven Führens«. Wir zahlen unsere (selbstbestimmten) Gehälter am Anfang des Monats und können so viele Urlaubstage nehmen, wie wir wollen. Und siehe da: Niemand nutzt das aus.

Das ist nur möglich, weil wir eine Kultur des Vertrauens etabliert haben. Wesentliche Voraussetzung dafür sind die Prinzipien der Gewaltfreien Kommunikation. Deswegen freut es uns auch, dass Zirkustrainer Jens über uns sagt: »Es ist so witzig, euch zu beobachten: Ihr seid so lieb!«

Wir halten diese Prinzipien für den fehlenden Schlüssel im Politischen.

Man stelle sich vor, jemand würde über den deutschen Staat sagen, er sei »so lieb«! Man stelle sich vor, es gäbe in einer Behörde nicht Anträge und Formulare, sondern wertschätzende Kommunikation. Statt dass man in der Not beim Amt mühsam Hilfe beantragen muss, fragen freundliche Beamte ab und an nach, ob wir uns vielleicht irgendeine Unterstützung wünschen. Statt dass man sich mit Anwälten gerichtlich auseinandersetzt, gäbe es Mediatoren, die dabei helfen, dass sich Menschen zusammensetzen.

Absurd? Wieso eigentlich?

IV. DAS GRUNDEINKOMMENSGEFÜHL

1. Facette: Zutrauen

Marlene und warum Grundeinkommen eine Einstellung ist

Wir treffen Marlene in Berlin im Büro von *Mein Grundeinkommen.* Draußen scheint die Sonne, im Hof ist alles vorbereitet für die nächste Verlosung. In zwei Stunden werden die nächsten zehn Grundeinkommen vergeben. Marlene lebt eigentlich in München, hat sich aber spontan vor zwei Tagen entschieden, heute in Berlin bei der Verlosung das Glücksrad zu drehen. Wir nutzen die Gelegenheit, um sie zu interviewen.

»Ich hab's erst gar nicht geglaubt, dass ich gewonnen habe. Ich hatte es bei Facebook gelesen und gedacht, das ist Fake. Da stimmt was nicht. Das war alles so einfach, so unbürokratisch. Keine Verträge. Kein Einschreiben. Ich habe mich nicht getraut, der Sache zu trauen. Ich hab's erst geglaubt, als ich nach der Kontonummer gefragt wurde.«

So wie Marlene ging es allen Gewinnerinnen und Gewinnern. Sie konnten es nicht glauben. Und sie staunten darüber, wie einfach alles ging. Die meisten waren erst sicher, dass unser Verein es ernst meint, als sie das erste Mal das Geld auf dem Konto hatten. Und dann?

»Am Anfang war's wie ein Lottogewinn«, gesteht Marlene ein. »Da hatte ich noch keine Vorstellung davon, dass es nicht einfach nur tausend Euro sind, sondern dass das Geld etwas mit mir macht. Ich habe mich gefreut und meine Freunde eingeladen. Ziemlich rasch ist das Geld eine Gewohnheit geworden.

143

Ich habe mit der Überweisung gerechnet und es eingeplant. Das war so 'ne Normalität.«

Marlene ist mit unternehmerischer Verantwortung vertraut. Sie ist im Hotel aufgewachsen, einem Familienbetrieb. Mit allem, was dazugehört. Sie war auf Distanz gegangen, studierte Betriebswirtschaft, arbeitete neun Jahre fest angestellt in einem Konzern und verdiente gutes Geld. Vor sechs Jahren sei ihr Vater dann auf sie und ihre Schwester zugekommen: Steigt bitte ein!

Sie bat um Bedenkzeit, begann eine Ausbildung zur Mentaltrainerin, machte ein mehrmonatiges Sabbatical, um sich einen Kindheitstraum zu erfüllen und nach Australien zu reisen. Auf der Reise diskutiert sie mit einem Freund das Thema Bedingungsloses Grundeinkommen – alles rein theoretisch. Zurück in Deutschland, hört sie von unserem Verein, meldet sich an und gewinnt gleich wenige Tage später.

»Das Grundeinkommen hat viel geändert«, staunt Marlene immer noch.

»Ich habe mich gefragt: Wem gebe ich Geld und wem Zeit? Mache ich das, weil ich muss oder weil ich will? Was kann ich damit erreichen?«

Auch sie erlebt das Grundeinkommen als Geschenk:

»Ich hatte so ein Gefühl, dass ich nicht nur da sein darf, sondern dass ich willkommen bin. Ich muss mich dafür nicht beweisen.«

Sie muss sich nicht beweisen, aber sie will es:

»Dann kamen Dankbarkeit und das Bedürfnis, etwas zurückzugeben: Da sind Menschen, die wollen, dass ich mein Potenzial entfalte. Also zeige ich das auch!«

Was Marlene hier beschreibt, ist die Umkehr des staatlichen »Fordern und Förderns« zu einem »Wer gibt, dem wird gegeben«.

Ihre Entschlossenheit, ihr Potenzial zu nutzen, entsteht aus dem gesellschaftlichen Zutrauen auf Basis der geschenkten Sicherheit:

»Ich hatte keine Existenzängste mehr und habe ganz mutig gelebt und ins Leben investiert. Ich habe so eine Power gehabt. Ich habe mich immer für mich entschieden, bin ins Vertrauen gegangen und habe in allen Bereichen alles gegeben.«

Sie hatte jahrelang einen sicheren Job in einem Konzern – gut, sie machte sich gerade als Mentaltrainerin selbstständig, aber als Hotelerbin musste sie doch eigentlich nichts fürchten, oder?

»Existenzängste sind in uns allen sehr verankert. Oftmals haben wir eine übertriebene Angst. Diese Ängste waren beispielsweise da, als ich mich gefragt habe, ob ich länger nach Neuseeland gehen sollte. Ich würde ja gern eine lange Reise machen, aber ich kann nicht, weil ...«

Stimmt. Das haben wir ständig gehört. Und was hat das Grundeinkommen daran geändert?

»Mit dem Grundeinkommen habe ich mich gefragt: Mache ich das aus Vernunft, aus Angst oder weil ich es wirklich will? Immer öfter habe ich mich für die Liebe und gegen die Angst entschieden.«

Und dann sagt sie den Schlüsselsatz, der plötzlich alles erklärt:

»Das Grundeinkommen ist nicht nur Geld. Es geht um das Gefühl: Wertschätzung und das Zutrauen. Und es ist so egal, wie viel Geld ich ausgebe und für was. Sondern wie ich's ausgebe. Mit welcher Haltung.«

Nicht wie viel, nicht wofür, sondern wie und ... »mit welcher Haltung«?

Es ist nicht leicht zu verstehen, was diese Haltung sein soll, von der Marlene spricht. Sie selbst beschreibt es so:

»Ich habe etwas, und jetzt kann ich was draus machen. Statt: Ich mache was und bekomme als Wiedergutmachung etwas zurück.«

Es geht um diese herkömmliche Lohnlogik, der auch Viola im

Grundeinkommensjahr begegnet war und von der sie sich befreite: »Man muss gut funktionieren und irgendwelchen Dingen entsprechen, und dann wird man belohnt – was Schwachsinn ist!«

»Grundeinkommen ist ein bisschen wie eine Festanstellung, für die du nichts tun musst«, beschreibt es Grafiker Eike, dessen sechsjähriger Sohn Miko als Gewinner ausgelost wurde. Wir hören das oft in unseren Gesprächen: »Es geht immer nur ums Leisten, und nur fürs Leisten bekommst du Geld. Wenn man nichts leistet, ist man nichts wert. Das ist tief verankert. Für Nichtstun Geld, das ist vielen völlig fremd. Grundeinkommen ist der Ausstieg daraus.« So beschrieb uns die Krankenschwester Olga später diesen Haltungswechsel, den Marlene als so wesentlich erlebte.

Olga vergleicht Grundeinkommen mit dem Garten ihrer Kindheit in Russland: »Ich bin auf dem Land aufgewachsen. Wir konnten alles anbauen, was wir wollten. So hatten wir immer etwas zu essen und konnten dann in der Stadt Geld dazuverdienen. Hier habe ich kein Land und keine Zeit, einen Acker zu bewirtschaften. Stattdessen bekomme ich Grundeinkommen. Davon kann ich leben und kann dann einer normalen Arbeit nachgehen.«

»GRUNDEINKOMMEN IST LIEBE!«

Diese Basis befreie von der Existenzangst und ermögliche dadurch Wachstum und Entfaltung, weiß Marlene nunmehr aus eigener Erfahrung:

»Wir behandeln uns und andere wie eine Pflanze, die wir erst gießen, wenn sie ausgetrocknet ist. Das ist dumm! Das Grundeinkommen hat mich dafür sensibel gemacht.«

Sie betrachtet sich selbst mit anderen Augen: »Mir fällt schneller auf, wo ich mich selbst blockiere. Jetzt möchte ich meine Pflanze immer im Saft halten. Ich bediene mich, damit ich dienen kann. Ich muss in der Kraft sein, damit ich dienen kann. Das ist nicht egoistisch, das ist meine Pflicht meinem Leben gegenüber.« Aber natürlich gilt das auch für die gesamte Gesellschaft. Wenn wir wollen, dass unsere Bürgergesellschaft wächst, blüht und gedeiht, dann müssen wir sie entsprechend gießen. Nicht zu viel, aber eben auch nicht zu wenig.

»Grundeinkommen kommt nicht aus dem Mangel, sondern aus der Fülle«, sagt Marlene: »Das macht den Unterschied.«

Sie empfindet das Grundeinkommen als Katalysator für die Persönlichkeitsentfaltung: »Mit Grundeinkommen kann man nicht mehr Opfer sein!«

Das habe nicht nur Vorteile. Denn man werde mit sich selbst konfrontiert.

»Man hat plötzlich keine Ausrede mehr, dass einen der Mangel abhält, etwas zu tun. Das ist hart, weil es kurzfristig bequemer ist, die Schuld auf andere oder äußere Umstände zu schieben.«

Tatsächlich entscheidet sich Marlene im Laufe des Grundeinkommensjahres, in dem sie sich zuerst als Mentaltrainerin erfolgreich selbstständig gemacht hatte, nun doch für die Rolle der Unternehmerin. Sie will ins Risiko gehen und das Hotel vom Vater übernehmen. Sie weiß, dass eine solche Unternehmensnachfolge mehr ist als ein nüchternes Geschäft: »Ein Familienbetrieb wird nicht bedingungslos übergeben. Da gibt es etwas, das emotional mitübergeben wird.«

Hat das Grundeinkommen sie entspannt, eine vernünftige Entscheidung zu treffen?

»Nein. Vernünftig ist das falsche Wort«, widerspricht Marlene. »Auf den ersten Blick scheint vernünftiges Entscheiden richtig zu sein. Aber Vernunft agiert aus dem Kopf und dem Streben nach Sicherheit. Wirklich gute Entscheidungen sind intuitiv und vertrauensvoller.«

Mit Grundeinkommen sei eine Entscheidung tiefer. Man wolle nicht alles so kontrollieren, sondern lasse Sachen einfach entstehen, öffne sich für Netzwerke und Hilfestellung aus ganz anderen Richtungen. Aus der Sicherheit entstünde eine Offenheit für Veränderung.

»Ich kann am Freitag entscheiden, dass ich am Montag nach Berlin fliege. Was ist jetzt im Moment wichtig? ›Kairos‹ statt ›Chronos‹. Den Moment beim Schopf packen. Und danach handeln. Das praktiziere ich immer mehr. Auch wenn ich schon konkrete Pläne gemacht habe, ist es kein Drama, wenn es anders kommt!«

Am Ende des Grundeinkommensjahres habe sie die Vorstellung gestresst, dass es bald wieder vorbei sei: »Ich dachte, in drei Monaten ist es vorbei mit der schönen Zeit. Aber das stimmte nicht. Weil sich meine Einstellung geändert hat: Ich handle immer noch so, als ob ich Grundeinkommen bekäme.«

Und wie geht das?

»Im Nachhinein wäre es gut gewesen, wenn ich während des Grundeinkommensjahres schon verstanden hätte, dass Grundeinkommen kein Geld ist, sondern eine Einstellung. Ich handle anders. Ich gehe anders mit Problemen im Alltag um. Ich entscheide anders. Nicht mehr: Was springt raus, wenn ich das tue? Sondern: Was kann ich bewirken?«

Die Lohnlogik hat sich für sie ins Gegenteil verkehrt. Statt jeden Tag irgendetwas zu opfern, egal ob Kraft, Zeit oder Ideen, um dafür möglichst viel herauszubekommen, startet sie reich beschenkt in den Tag, um daraus möglichst viel zu machen.

So macht Marlene am Ende ihres Grundeinkommenjahres noch die für sie allerschönste Erfahrung: Sie war lange Single und hatte eine sehr klare Vorstellung davon, wie ihr künftiger

Partner zu sein hätte. Doch in den zwölf Monaten mit Grundeinkommen sei sie authentischer geworden, habe gelernt zu leben, was sie leben will, nicht, was gut wäre. »Das strahle ich jetzt aus, und das ziehe ich offensichtlich an. Gerade als ich das letzte Grundeinkommen bekommen habe, just da habe ich meinen jetzigen Freund kennengelernt. Als wenn mich das Grundeinkommen innerlich darauf vorbereitet hätte. Vorher war ich oft im Mangel; jetzt kann ich mich den Gefühlen hingeben und die Liebe annehmen.«

JESTA UND DAS GEFÜHL DER EXISTENZBERECHTIGUNG

»Wenn ich im Mangel lebe, dann werde ich nicht zu meiner besten Version«, bestätigt auch Gewinnerin Jesta. »Aber wenn ich weiß, für mein Essen, für meine Miete ist gesorgt, und das habe ich einfach, weil es mich gibt, bedingungslos – dann wachse ich zu voller Größe heran.«

Obgleich sie unter ganz anderen finanziellen Rahmenbedingungen lebt als Marlene, stimmt sie mit ihr überein: »Die innere Größe, was ich wert bin, hat nichts damit zu tun, wie viel Geld ich habe.«

Als sie das Bedingungslose Grundeinkommen gewann, kam sie gerade aus einer Zeit, in der sie als Selbstständige einen Hartz-IV-Zuschuss erhielt. »Die Zeit mit dem Grundeinkommen hat mir verdeutlicht, wie erniedrigend das Hartz IV-System ist. Ständig steht man unter enormem Druck und kommt sich teilweise vor wie ein Verbrecher, da man sich ständig rechtfertigen und erklären muss. Das Grundeinkommen hat mir dann geholfen, meine Würde zurückzugewinnen, heute habe ich ein ganz anderes Selbstverständnis.«

Durch die Bedingungslosigkeit – und deswegen sei das so wesentlich! – habe sie gespürt, dass sie recht habe, da zu sein: »Das klingt so einfach und so banal. Aber seit ich das einmal gespürt habe, ist das nicht wieder weggegangen. Aus einer demütigenden Situation in die Bedingungslosigkeit zu kommen, war ein sehr intensives Erlebnis. Die Existenzangst weicht einem Gefühl der Existenzberechtigung. Diese innere Größe, das wünsche ich allen, das mal erfahren zu haben.«

Jesta hatte unseren Verein schon früh als Crowdhörnchen unterstützt und landet so automatisch in jeder Verlosung. Im Mai 2016 wird sie ausgelost, liest die Mail auf einer Wanderung durch Brandenburg, im Wald. Steht auf einer kleinen steinernen Brücke – unter ihr das Nonnenfließ, wo Biber ihre Wasserburg errichtet haben – und weint vor Glück:

»Ich setze mich auf das kleinste Brückengeländer der Welt und schmeiß fast mein Handy in die Biberburg. Es rast in mir. Das Blut. Das Adrenalin. Die Gedanken. Die Ideen und Möglichkeiten. Und ganz oben schwimmt eigentlich nur eins: Na dann los! Jetzt probierst du es aus.«

Sie arbeitet als Slow-Business-Coach und als Trainerin für intuitives Zeitmanagement. Zu ihren Klienten gehören Selbstständige, Eltern, Visionäre. Oft wird ihre Beratung gesucht, wenn nach der Elternzeit der berufliche Wiedereinstieg ansteht oder nach irgendeiner Auszeit, manchmal auch nach einem Burn-out.

Mit dem Grundeinkommen wagt sie ein neues Experiment: Wie hängen Arbeit und Bezahlung miteinander zusammen? Welche Rolle spielen Vertrauen und Selbsteinschätzung? Sie startet das »Projekt Offener Preis«. Ihre Klienten dürfen den Preis, den sie für ihre Beratung bezahlen, selbst bestimmen. Erst nach der gemeinsamen Arbeit entscheiden sie, was es ihnen wert ist und was sie sich innerhalb ihres Budgets leisten möchten.

Jesta will herausfinden, ob sie das durchhält. Mit dem Grundeinkommen ist schließlich für die finanzielle Basis gesorgt. »Kommen mir blöde Gedanken und Gefühle? Und wenn ja, welche?«, fragt sie. »Welche tollen Gefühle kommen? Wie steht es mit der Angst? Auch wenn meine Existenzangst jetzt für ein Jahr aufgefangen ist – was ist da noch? Und wie ist das Ganze für meine Klienten? Werden sie die Option der eigenen Preisfestlegung wählen, oder fühlen sie sich besser, wenn sie den von mir genannten Preis zahlen? Kommen sie jetzt, weil sie es sich vorher nicht leisten konnten? Oder kommen sie jetzt gar nicht, weil es mit einem unklaren Gefühl verbunden ist ...«

Ein Jahr später im Juni 2017 erzählt sie im Podcast »Eigenstimmig«, warum sie das Projekt wieder aufgegeben hat. »Ich hatte das Experiment eigentlich gemacht, damit das Thema Geld in den Hintergrund gerät. Ich hatte gehofft, mich auf diese Art besser auf den Inhalt meiner Arbeit konzentrieren zu können.«

Doch das, was in den Hintergrund treten sollte, habe nun erst recht im Mittelpunkt gestanden. Der offene Preis störte ihre Arbeit so sehr, dass Jesta ihn nach einem halben Jahr aufgibt. Einigen war das Experiment von vornherein zu kompliziert; sie wollten lieber einen festen Preis wissen und bezahlen. Andere haben sich x-fach für ihren reduzierten Betrag gerechtfertigt oder konnten sich nicht mehr konzentrieren, weil sie immer wieder über den Preis nachdachten.

Aber Jesta berichtet auch von positiven Erfahrungen. So konnten sich manche ihre Beratung erst deswegen leisten. Sie gaben beim ersten Mal weniger, haben aber später den höheren Preis bezahlt – »und zwar nicht mit der Frage, ob ich es wert bin, sondern ob sie es sich selbst wert sind!«.

Auch hier wird deutlich: Es geht nicht um das Geld an sich, sondern um das damit verknüpfte Selbstwertgefühl. Deswegen ist für Jesta auch das Bedingungslose Grundeinkommen so wichtig: Es ist gesellschaftlicher Ausdruck einer bedingungslosen Existenzberechtigung aller Menschen.

GEFÜHLE STATT ARGUMENTE – DIE WIRKLICH RELEVANTEN FRAGEN

Marlene und Jesta lernten sich bei unserer Gewinnerkonferenz im Sommer 2017 in Hamburg kennen. Sie stellten fest, dass sie in ihrer Arbeit viele Gemeinsamkeiten haben, und verabredeten sich zu einem ganz besonderen Austausch. Das Ergebnis kann man als knapp halbstündigen Podcast auf Jestas Webseite nachhören.

Beide haben gern und viel in den Medien über ihre Grundeinkommenserfahrungen gesprochen – aber dabei immer wieder die gleichen Fragen beantworten müssen: Wie war der Moment, als du davon erfahren hast? Wofür hast du das Geld ausgegeben? Wie lässt sich ein Grundeinkommen für alle finanzieren? Und müsste es nicht ein globales Grundeinkommen geben? In ihren Augen sind das gar nicht die relevanten Fragen.

Marlene mag nicht länger das Bedingungslose Grundeinkommen irgendwie verteidigen: »Ich kann die Finanzierung nicht so erklären, dass ich jemanden überzeuge.« Die Einwände, die Einzelne gegen das Grundeinkommen vortrügen, sagten mehr über die Person selbst aus als über das Grundeinkommen. »Wer Angst hat, dass wir mit Grundeinkommen alle verarmen, den kann ich nicht mit Zahlen und Rechenspielen beruhigen. Im Gegenteil: Ich mache es nur noch schlimmer! Ich muss mit ihm über seine Gefühle reden.«

Die Münchnerin vergleicht den Weg zu einem Bedingungslosen Grundeinkommen mit einer Bergtour: »Wer Angst hat, einen Gipfel zu erklimmen, dem hilft es nicht, wenn man ihm minutiös die verschiedenen Routen erklärt. Man muss in ihm die Begeisterung für die Berge wecken!«

Jesta möchte ebenfalls nicht Argumente und Fakten von den Gefühlen trennen:»Das Ding mit den Gefühlen ist, dass wenn wir sie aus dem Raum schicken, sie durch die Hintertür wieder reinkommen, verkleidet als Argumente. Wenn jemand in der Angst sitzt, dann brauchen wir keine Argumente.«

Gefühle sind auch für Jesta der Kernaspekt aller Einwände: »Bei manchen Skeptikern steckt vielleicht auch Trauer über das Versäumte im eigenen Leben dahinter: Sie haben ihr Leben lang hart gearbeitet, und nun soll die neue Generation alles in den Hintern geschoben bekommen?!«

Marlene stimmt zu:»Das habe ich auch bei mir bemerkt: Die Fragen, die ich mir zum Bedingungslosen Grundeinkommen stelle, haben mit mir selbst zu tun: Die Skepsis und Missgunst anderen gegenüber ist eigentlich ein Misstrauen und ein Misstrauen zu mir selbst: Arbeite ich denn selbst noch, wenn es Bedingungsloses Grundeinkommen gäbe? Gönne ich mir Grundeinkommen?«

»Deswegen ist das Argument, ohne Peitsche arbeite keiner mehr, doch so abwegig. Denn: Wer weiß?«

Jesta erinnert sich an eine Klientin, die irgendwann feststellt, sie sei doch erwachsen und vernünftig genug, sie brauche keinen Zwang.»Wir verharren in etwas, was längst jenseits des Verfallsdatums ist. Wir haben Jahrtausende gearbeitet, um uns die Arbeit zu erleichtern. Ist es leichter geworden? Nein! Jetzt haben wir Angst, dass die Roboter uns die Arbeit wegnehmen, weil wir denken, dass wir ohne Arbeit keine Existenzberechtigung mehr haben.«

»Genau das ist es«, setzt Marlene den Schlusspunkt, »Wir dürfen da sein. Wir sind alle Geschenke! Wir dürfen glücklich sein!«

Eben dies ist die erste Facette des Grundeinkommensgefühls: Aus Mangel und Misstrauen werden mit Bedingungslosem Grundeinkommen Fülle und Zutrauen. Wir haben alle
eine Existenzberechtigung, auch ohne Arbeit, einfach so.

2. FACETTE: FREIHEIT VON …

FREIHEIT HAT VIELE FACETTEN

»Ich bin freiheitsliebender geworden«, sagt Marlene über die Zeit mit Grundeinkommen. Das ist erstaunlich. Als Unternehmertochter ist sie sicher schon früh mit Themen wie Freiheit und Selbstständigkeit in Berührung gekommen. Doch die Rede ist nicht von finanzieller Unabhängigkeit, sondern von innerer Freiheit:

»Mich kann man nicht in eine Schublade stecken. Ich bin sehr vielseitig. Das kann ich jetzt ausleben. Das Grundeinkommen hat es mir leicht gemacht, mich noch mehr von der Meinung anderer unabhängig zu machen. Das hat mich stärker gemacht, meinen eigenen individuellen Weg zu gehen.«

Sozialarbeiterin Corinna träumte früher immer davon, ihren anstrengenden Job zu kündigen. »Die Rahmenbedingungen sind mäßig gut. Es gibt viel Arbeit für wenige Leute. Ich habe mich oft gefragt, ob ich woanders hingehe«, erzählt sie. Doch dann kam es ganz anders:

»Als ich das Grundeinkommen hatte, dachte ich: Jetzt könntest du. Jetzt hast du keine Ausrede mehr. Doch genau da habe ich mich *für* den Job entschieden. Ich habe mich bewusst dafür entschieden, an der Stelle zu bleiben, wo ich bin. Seitdem geht es mir im Job besser. Ich hätte mich anders entscheiden können. Mit dieser Freiheit war plötzlich die Unzufriedenheit weg. Die Bedingungen sind nicht besser geworden, aber ich kann es besser aushalten. Es frustriert mich nicht mehr.«

Die 44-jährige Anna-Maria, die im April 2018 als 146. Gewinnerin ausgelost wurde, hatte angekündigt, dass sie mit Grundeinkommen nach Schweden ziehen wolle, »mitten in die Natur«. Am Telefon erfahren wir, dass sie mit dem Geld endlich von ihrem gewalttätigen Ehemann wegziehen kann. Das Geld gibt ihr endlich die Freiheit dazu. Details will sie noch nicht erzählen und im Moment auch lieber anonym bleiben.

Die Sehnsucht nach Freiheit hat viele Facetten.

Wenn wir über Grundeinkommen reden, kommt oft als allererstes Gegenargument die These, dass niemand mehr unangenehme Arbeiten erledigen würde. Auf Nachfrage kommt in der Regel der Satz: »Niemand würde mehr den Müll wegfahren!« Wir nennen das deswegen das »Müllmann-Argument«.

In den theoretischen Diskussionen geben Grundeinkommensbefürworter darauf meist diese Antwort: »Damit unangenehme Arbeiten auch zukünftig erledigt werden, gibt es drei Wege: 1. Wir müssen sie besser bezahlen; 2. Wir müssen sie automatisieren; 3. Wir müssen sie selbst erledigen.«

Denn natürlich wird niemand, der über halbwegs moralischen Anstand verfügt, im Deutschland des 21. Jahrhunderts ernsthaft eine Position aufrechterhalten, dass man Menschen deswegen kein Existenzminimum garantieren wolle, damit man sie in der Not zwingen könnte, unangenehme Arbeiten zu erledigen. Die Sklaverei ist hierzulande abgeschafft. Zwangsarbeit ist laut Artikel 12 des Grundgesetzes ausdrücklich nur bei einer gerichtlich angeordneten Haftstrafe zulässig.

Trotzdem ahnen wir intuitiv, dass ein Bedingungsloses Grundeinkommen unser Maß an Freiheit vergrößert. Viele von uns arbeiten in Berufen, die sie eigentlich nicht mögen, aber ausüben, um damit Geld zu verdienen. Viele Gewinnerinnen und Gewinner haben uns erzählt, dass sie in jungen Jahren eine Ausbildung gemacht haben, zu der sie weder Lust noch Talent verspürten, aber zu der ihnen die Eltern massiv geraten hatten.

Sobald das Müllmann-Argument auftaucht, lohnt sich deswegen die Rückfrage, ob das Gegenüber denn selbst Freude an seiner Arbeit habe und sie auch für sinnvoll halte. Meist erkennen die Menschen dann sehr schnell, dass sie persönlich jedenfalls nicht nur wegen des Geldes zur Arbeit gehen, sondern dass es viele Motive gibt, tätig zu werden: sozialer Austausch, Spaß an Geselligkeit, eine erfüllende Aufgabe, Anerkennung und Wertschätzung und nur zu einem gewissen Grad auch Geld. Natürlich wird man wählerischer, wenn man nicht gezwungen ist, *jede* Arbeit übernehmen zu müssen; aber wie sich im privaten Umfeld immer wieder aufs Neue feststellen lässt: Es findet sich bei jedem Anlass immer jemand, der am Ende der Geburtstagsfeier, des Vereinsfestes oder des Klassentreffens den Müll wegbringt – einfach, weil es irgendjemand tun muss.

Und weil es viele Gründe gibt, etwas zu tun, macht das Grundeinkommen deutlich, welche Gründe allzu gern vergessen werden, weil man immer nur über das mangelnde Geld nachdenkt. Ist der Mangel behoben, können wir entdecken, was es sonst noch alles gibt. So wie Corinna mit Grundeinkommen entdeckt, dass ihr die Arbeit doch mehr bedeutet als nur den monatlichen Kontoeingang.

Wir wissen nicht, ob Anna-Maria eines Tages wieder zu ihrem Mann zurückkehrt, wenn sie sicher ist, dass er nicht mehr gewalttätig wird. Aber wir wissen, dass uns mehrere Gewinnerinnen erzählt haben, dass sie darüber nachgedacht haben, ihren Mann zu verlassen. Die Ehe habe extrem auf der Kippe gestanden. Als dann plötzlich das Grundeinkommen kam, hatten sie eine andere Verhandlungsposition in der Partnerschaft, nämlich unabhängig und auf Augenhöhe. Die finanzielle Freiheit tat den Frauen gut und rettete die Ehe. Weil sie Nein sagen konnten, konnten sie auch wieder Ja sagen – weil sie jetzt eben Bedingungen stellen konnten, unter denen sie Ja sagen würden.

Das Bedingungslose Grundeinkommen verändert nicht die

Aufgaben und Herausforderungen unseres Zusammenlebens, egal ob es um Gefühle oder Müll geht, es ändert die Machtverhältnisse. Und das ist nichts Schlechtes, sondern im Gegenteil ein wesentlicher Grund, warum wir dringend über ein Bedingungsloses Grundeinkommen nachdenken sollten, wenn es uns mit der Allgemeinen Erklärung der Menschenrechte ernst ist.

PETRA UND DAS FEINE GESPÜR FÜR GERECHTIGKEIT

Petra, die 157. Gewinnerin, hatte schon im Vorfeld angekündigt, sie wolle auch mit Grundeinkommen »trotzdem weiter arbeiten«. Das »trotzdem« spricht Bände. Wir treffen sie in Göttingen. Sie holt uns am Bahnhof ab und fährt uns in ihrem klapprigen Peugeot zu sich nach Hause. Schon im Auto beginnt sie zu erzählen. »Meine Tochter sagt: Kauf dir ein neues Auto. Aber was soll ich damit? Dieses Auto hier kann mein Bruder reparieren. Alles, was elektrisch ist, kann er nicht. Ich brauche kein neues Auto.«

Wir begreifen schnell, dass Petra zu den Menschen gehört, die nur brauchen, was sie sich leisten können. »Ich kann das Geld gut gebrauchen. Ich will jetzt meine Küche neu machen. Meine Spülmaschine hatte ich verschenkt, weil ich dachte, ich brauche die nicht. Aber ich brauch sie doch.«

Im letzten Monat habe sie das Geld zurückgelegt. Sie will eine Reise machen. Ein Freund, der inzwischen in Freiburg lebt, hat einen runden Geburtstag. Ihre Tochter wollte hinfahren, danach gern weiter nach Basel, nach Straßburg, ins Elsass, und hatte gefragt, ob die Mutter mitkommen wolle. »Nein, habe ich gesagt, ich möchte nicht«, sagt Petra und lächelt: »Dann kam das Grundeinkommen, und da habe ich gesagt: Jetzt möchte ich!«

Für 29 Euro hat sie ein Sparticket ergattert: »Früher Vogel pickt das Korn!«, strahlt sie. Die 57-Jährige weiß, wie man mit wenig zurechtkommt: »Ich habe von klein auf gelernt, sparsam zu leben.«

Sie war acht Jahre alt und das jüngste von drei Kindern, als der Vater 1969 aus ihrem Leben verschwand. Ihre alleinerziehende Mutter hat gearbeitet und mühsam den Vier-Personen-Haushalt ernährt. Sie selbst ereilt dasselbe Schicksal: Auch ihr Mann verschwindet, zahlt anfangs keinen Unterhalt; sie sitzt allein mit zwei kleinen Kindern da. Vom Amt bekam sie ein Schreiben, dass ihr nichts zustünde:

»Kein Arbeitslosengeld, keine Arbeitslosenhilfe, und dann landest du beim Sozialamt. Hartz IV gab es da noch gar nicht. Ich habe geheult, und Heulen befreit, jedenfalls bei mir. Aber dann wurde ich nach und nach soooo groß und habe gekämpft. Und dann ging das immer bergauf, und irgendwann hatte ich mein Budget.«

Sie bekam Sozialhilfe und ging drei Tage die Woche putzen – schwarz in Privathaushalten. »Wir drei haben hier gelebt wie die Made im Speck!«, sagt sie lachend und zeigt uns stolz ihre bescheidene, aber gemütliche und liebevoll eingerichtete Drei-zimmer-Dachgeschosswohnung.

Vor etwa zehn Jahren fand sie endlich einen festen Job. Sie weiß das noch genau: Am 9. Dezember hatte sie sich beworben, am 1. Januar bekam sie den Anruf: »Ob ich noch heute anfangen könne! Und dann habe ich alles sausen lassen!«

Drei Stunden am Tag, 15 Stunden die Woche in der Essensausgabe der Uni-Mensa. »Damals war das noch toll. Heute? Na ja. Von oben der Druck. Nach dem Motto: Was zwei Leute schaffen, schafft auch einer!«

Der Unterhalt für die Kinder, ihr Verdienst und ein verbliebener Putzjob brachten damals unterm Strich genauso viel wie Hartz IV. Sie bekam noch Wohngeld als Zuschuss zur Miete.

Warum sie für so wenig Geld überhaupt arbeiten geht?

»Hartz IV?« Sie winkt angewidert ab. »Das war ständig: Machen Sie dies, machen Sie das! Das war Mist. Ich war Leibeigene. Ich war ja nicht mehr Herr meiner selbst. Ich bin eine stolze Frau!«

2013 wurde eine Stelle in der Mensa der Fachhochschule frei. »Mit fünf Stunden. Und da mich eine Kollegin schon kannte, haben die mich genommen. Und da bin ich jetzt 25 Stunden die Woche.«

Macht netto 1080 Euro – allerdings nur zehn Monate im Jahr. Die Frauen dort arbeiten alle als Saisonkräfte, sind in den Semesterferien von Juli bis September zwei Monate arbeitslos. Jetzt wird das System verändert. Sie hat sich beworben und bekommt ab Ende August einen Festvertrag mit Zeitarbeitskonto; es gibt monatlich weniger Geld, dafür aber das ganze Jahr.

Die Putzstelle hat sie immer noch. 24 Euro verdient sie dort jede Woche. »Eigentlich müsste ich's anmelden. Hundert Euro im Monat. Schwarzarbeit ist Schwarzarbeit. Aber ich habe kein schlechtes Gewissen. Ich bin ein kleiner Fisch. Um mich geht's gar nicht.«

Mit Grundeinkommen hat sie jetzt fast das Doppelte. Gespart habe sie nichts. »Das Geld geht weg.«

Wofür?

»Vorhin am Bahnhof habe ich einem Obdachlosen einen Heiermann gegeben. Der hat geguckt! So was mache ich.«

Sie zahlt GEZ- und Strom-Rechnungen für ihren Sohn, heimlich. »Er weiß es nicht. Der würde jeden Tag kommen!« Er sei bereits mit 17 ausgezogen. Sie habe das nicht verhindern können. »Der ist ne kleine arme Sau geworden: Drogen, Alkohol, der hat sich selber in die Klapse einweisen lassen. Hat ne Psychose. Kam er nicht mehr mit klar.«

Sie steckt ihrer Tochter was zu, obwohl die inzwischen selbst verdient. »Sie hatte mir letztes Jahr ihr Weihnachtsgeld zu Weihnachten und zum Geburtstag geschenkt, damit ich mir mal einen Urlaub gönnen kann. Das habe ich ihr doppelt und dreifach wiedergegeben.«

Sie lädt ihre Freundin ab und zu ein, obgleich die mehr verdient als sie, aber die könne nicht so gut mit Geld umgehen und sei deswegen immer knapp bei Kasse.

Im August sei sie ja wieder arbeitslos. »Da kriege ich 650 Euro Arbeitslosengeld. Normalerweise würde ich Wohngeld kriegen, aber das werde ich nicht in Anspruch nehmen. Das können die für jemand anderen nehmen!«

So ist Petra. Die Idee des Grundeinkommens kannte sie vorher gar nicht. Sie ist zufällig auf unserer Webseite gelandet und hat sich einfach so mal angemeldet. »Ich finde die Idee gut. Alle meine Freunde sagen, sie würden weiterarbeiten. Weil man das Geld ja noch zusätzlich hat. Wer nicht arbeitet, hat halt nur die tausend Euro. Was muss man davon bezahlen? Krankenkasse? Wohnung? Dann reichen tausend Euro gar nicht. Das finde ich gut. Da muss man eben gucken, was man selbst bezahlt.«

Sie selbst würde trotz Grundeinkommen arbeiten, gar keine Frage: »Alle arbeiten, nur ich nicht? Das ist doch blöd! Ich würde nicht mehr putzen gehen. Aber arbeiten würde ich.«

Petra kämpft für ihre Rechte. Sie habe sich auch schon mal mit dem *Göttinger Tageblatt* angelegt, als es darum ging, dass Kinder in Hartz-Familien anteilig Miete zahlen sollen. »Den Schröder, wenn ich den treffe, dem haue ich eine in die Fresse! Das habe ich laut gesagt, und: Das können Sie gleich in die Zeitung schreiben! Haben sie dann auch gemacht.«

Vermutlich würde sie mit Grundeinkommen bei der Arbeit öfter sagen, wenn sie etwas stört. »Ich riskier jetzt schon mal ne Lippe; aber ich mache mich dann auch wieder ganz klein. Wer weiß, ob die mich schon auf dem Kieker haben.«

Sie sei nicht politisch, zur Wahl sei sie nur einmal gegangen. Aber hier in ihrem Wahlbezirk brauche sie nicht zu wählen: »Wen willste wählen? Ich weiß, wer hier das Sagen hat. Die CDU. Aber im Grunde ist es egal, die lügen alle! Ich war schon drauf und dran, die AfD zu wählen. Aber die sind zu krass. Die kannste nicht wählen!«

Wir sind erleichtert. Selbstverständlich sollen alle Menschen Grundeinkommen bekommen, auch AfD-ler. Vielleicht haben gerade sie mal die Erfahrung besonders nötig, wertvoll zu sein, um andere Menschen nicht mehr hassen zu müssen.

»Grundeinkommen fühlt sich gut an«, Petra strahlt. »Ich gönne das jedem, auch wenn er nichts dafür tut!«

Wow, denken wir. Petra hat wirklich ein großes Herz. Doch dann korrigiert sie sich: »Nicht jemandem, der schon ganz viel Geld hat. Nein, ich gönne es doch nicht allen. Das ziehe ich zurück.«

Was ist denn viel Geld, wollen wir wissen.

»Gut verdienen fängt bei 1800 an. Oder nein: 1600 finde ich auch schon viel!«

Dazu fällt ihr noch etwas anderes Wichtiges ein: »Ich bin auch nicht damit einverstanden, dass die reichen Leute Kindergeld bekommen. Die brauchen das nicht!« Sie wird richtig wütend, während sie uns erklärt: »Die Hartz-IV-Leute kriegen das auf dem Papier, aber hintenrum wird's dir wieder abgezogen. Unterm Strich kriegste es nicht, auch die letzte Kindergelderhöhung wurde verrechnet.«

Petra hat ein feines Gespür für Gerechtigkeit. Wer ein Leben lang tapfer und fleißig immer am Rande des Existenzminimums lebt, will nicht, dass Menschen, die genug zum Leben haben, irgendetwas geschenkt bekommen. Man muss vermutlich erst vom eigenen Mangel befreit sein, um anderen etwas gönnen zu können. Mit Grundeinkommen ist Petra unglaublich großzügig, aber sie verschenkt ihren Überschuss zuerst an die Menschen, die es dringender brauchen:

»Auf dem Arbeitsamt saß mal eine Familie. Die waren sehr dunkel. Nicht schwarz, Türkei oder so. Mit Säugling. Und die haben kein Geld bekommen. Und dann bin ich plötzlich drei Meter groß und habe da rumgemeckert. Wo gibt's denn so was? Mit nem Kind, egal ob die Ausländer sind!«

Sie hat auch ein Herz für die Flüchtlinge im Containerdorf hinterm Haus. Die seien immer nett und freundlich. »Ich habe jetzt erst gemerkt, dass hier gar nicht so viele herkommen.«

GABI UND DIE KRAFT, NEIN ZU SAGEN

Die Freiheit des Bedingungslosen Grundeinkommens wirklich genutzt hat Gabi. Sie war eine unserer eindrücklichsten Begegnungen. Wir haben die ganze Reise darauf gewartet, eine Person zu treffen, von der Michas Vater und Claudias Mutter sagen würden, sie sei »normal«: mit einem Beruf, einer Familie, einem Haus, einem Garten. Diese Normalität fanden wir bei Gabi:

Sie ist sechzig Jahre alt, war Hausfrau und ist Mutter von zwei Kindern und jetzt fürsorgliche Großmutter von zwei Enkeln. Sie lebt in einer kleinen Wohnung mit Garten in Olching, einer Kleinstadt mit 28 000 Einwohnern nördlich von München. Sie kümmert sich um die Nachbarn, wählt CSU, hält die klassische Wirtschaftswunderethik hoch: Wer wolle, der könne auch arbeiten! Und sie hat mit 1600 Euro netto ein absolut durchschnittliches Einkommen. Normaler geht's nicht.

Aber Pustekuchen!

Gabi ist der Beweis, dass Statistik und abstrakte Fakten manchmal nichts mit der Realität gemein haben.

Sie holt uns vom Bahnsteig ab. Es ist Sonntagmittag, wir gehen zu Fuß durch den Ort. Es regnet. Wir gehen schneller. Gabi führt uns durch die Gassen, die Treppe hoch. Wir landen bei einem schicken italienischen Restaurant, werden freundlich begrüßt. Weil es draußen ruhiger ist, verzichten wir auf einen vornehm mit Tischdecke und Stoffserviette gedeckten Tisch im Innenraum. Draußen sitzen wir kühl, aber ruhig unter einem Sonnenschirm, der uns vor dem Nieselregen schützt.

Hier ist Gabis Arbeitsplatz. Einer von dreien. Anders könnte sie nicht überleben. Sie hat die 1600 Euro netto nur, »wenn's gut läuft« und weil bei ihr brutto gleich netto ist.

Gabi ist in Wahrheit arm. Sie lebt prekär, würden Soziologen sagen.

»Hartz IV«, sagt sie, »kam für mich nie infrage. Ich hab schon mal gedacht, ich kann nicht mehr. Aber *das* würde ich nicht ertragen. Lieber noch zwei Jobs.«

Sie wolle sich nicht ausziehen bis auf die Hose. »Die Leute im Jobcenter behandeln dich wie den letzten Dreck. Die da arbeiten, glauben auch, dass sie ihr eigenes Geld weggeben. Dabei hast du einen Anspruch drauf.«

Sie habe sich in einer besonders schweren Zeit bei *Mein Grundeinkommen* angemeldet. Die war eigentlich schon vorbei, als sie gewonnen hat.

»Aber Grundeinkommen kann man immer gebrauchen. Du weißt, du kriegst kontinuierlich Geld. Du kannst einen Job absagen, kannst Menschen, die dich ausnutzen, den Finger zeigen. Einem habe ich ihn gezeigt, ganz besonders!«

Während wir beste italienische Pasta essen, erzählt Gabi ihr Leben im Schnelldurchlauf.

Sie ist bei der Oma aufgewachsen. Die Eltern waren Balletttänzer an der Staatsoper in Berlin. »Die waren nie da. Meine Oma war Bezugsperson.« Der Vater outet sich als schwul, die Eltern trennen sich. Ihre Mutter habe dann den Inhaber einer

Autowerkstatt in Bayern geheiratet. Gabi wäre gern in Berlin geblieben, aber als 15-Jährige musste sie mit. Später habe der Stiefvater bei einer Versicherung gearbeitet. Sie haben direkt in München gelebt. Das waren alles ganz liebe Leute, sagt sie. Mit 19 zog sie aus.

Sie macht in einem Kultladen in Schwabing eine Ausbildung zur Friseurin, hat aber wenig Spaß daran und merkt bald, dass man in der Gastronomie deutlich mehr Geld verdienen kann. Zudem macht es ihr Spaß. »Gastro ist mein Leben. Ich bin da nie rausgekommen.« Irgendwann wandert sie für ein Jahr nach Spanien aus, arbeitet auf Ibiza in einer Bar, eine tolle Zeit.

Die erste Tochter bekommt sie mit 23. »Schwanger und Kleinkind in der Gastronomie, da musste gute Freunde haben. Ich habe bis knapp zur Entbindung in der Disco gearbeitet. Das war normal.«

Mit 33 trifft sie die Liebe ihres Lebens, einen elf Jahre jüngeren Mann. Sie heiraten, bekommen eine gemeinsame Tochter. Es werden zwanzig Jahre Ehe. Sie haben ein Ferienhaus auf der Peloponnes, wo sie immer die Ferien mit den Töchtern verbringen. Die Schwiegereltern hatten eine Immobilienfirma. Ihr Mann hatte zwar Immobilienwirt gelernt, wollte die Firma aber nicht weiterführen, verkauft sie und baut etwas Eigenes auf. »Er wollte sich anders verwirklichen, startete eine Textildruckfirma, und das hat auf die Dauer nicht geklappt.«

Er habe sich in den Jahren sehr verändert. »Mein Mann war ein Vollhorst. Ich habe immer mehr gearbeitet, und der hat nichts gemacht. Er hat Golf gespielt, und ich habe währenddessen als Servicekraft im Klub-Restaurant gearbeitet.« Drei, vier Jahre ging das so.

»Irgendwann fuhr er nach Andalusien zum Golfspielen, da kam die Vermieterin seiner Firma, verlangte die Miete, aber es war kein Geld mehr da. Er hat die Firma an die Wand gefahren. Da habe ich ihn rausgeschmissen.«

2004 kam die Trennung, 2011 die Scheidung. Seit 2004 schlägt sie sich allein durch. Unterhalt bekam sie keinen, der Mann war ja pleite. Inzwischen sind die Töchter aus dem Haus, er hat reich geheiratet und wieder eine Firma. Die ältere Tochter ist schon ausgezogen. Die jüngere Tochter arbeitet, seit sie 15 ist, ebenfalls im Service, entlastet dadurch die Mutter. Inzwischen hat die Tochter eine Ausbildung zur medizinischen Masseurin und Bademeisterin gemacht. In Erfurt, weil es in Bayern keinen Platz gab.

GRUNDEINKOMMEN GIBT SICHERHEIT

Im April 2017 wird Gabi bei *Mein Grundeinkommen* ausgelost.

»Da wurde mir erst bewusst, was ich hier mache. Ich hatte robotermäßig gearbeitet, ich musste funktionieren. Mein Kind braucht die Kohle. Das hat mich angetrieben.«

»Ich habe gesagt: Gabi, du musst jetzt nicht am Rad drehen, du hast nicht im Lotto gewonnen. Genieße die Freiheit des Durchatmens. Du hast nicht mehr dieses Dings auf der Brust: machen, machen, machen.«

Ihr Tagesablauf sah so aus – bis heute: Um 16.30 nachmittags geht sie ins Restaurant, arbeitet bis 23 oder 24 Uhr im Service, eben bis der letzte Gast gegangen ist. Dann geht sie nach Hause, auf die Couch. Kurz durchatmen. Um zwei Uhr in der Früh geht sie in eine Bäckerei, wo sie zweieinhalb bis drei Stunden putzt, bevor die Backstube aufmacht. Dann geht's nach Hause ins Bett. Je nach Bedarf, etwa dreimal in der Woche, geht sie dann noch in ein Büro, wo sie die Buchhaltung macht. »Mittags oder nachmittags. Da bin ich sehr flexibel. Der Chef dort hat viel Verständnis.«

Offiziell ist sie in der Gastronomie angemeldet; in der Bäckerei hat sie einen Minijob, und das Büro läuft schwarz. »Wenn es mich ganz doll erwischt hat mit dem Geld, mache ich noch einen vierten Job, gehe nachts putzen irgendwo in der Gastronomie. Da musste auch selber mal fragen und den Arsch hochkriegen!«

Die Mieten seien angezogen. Sie zahlt für zwei Zimmer, 53 qm, 725 Euro warm. »Auf dem Land! Ich könnte nicht mehr nach München ziehen, da müsste ich für so eine Wohnung 1400 bezahlen. Es ist krass!«

Sie habe kürzlich einen Rentenbescheid bekommen: »685 Euro. Da sage ich: Super, darf ich weiterarbeiten. Werde ich auch tun. Ich werde arbeiten, bis ich in die Kiste falle.«

Gabi hätte gern einen festen Job, bewirbt sich, wo immer sie kann. »Ich arbeite seit zehn Jahren darauf hin, dass mich jemand einstellt. Dann wäre ich krankenversichert und rentenversichert. Aber nein. Immer wieder habe ich es versucht. Hier im Schuhgeschäft zum Beispiel. Ich kann alles, zur Not lerne ich es. Egal. Immer kommt die Frage: Wie alt sind Sie denn? Beim Aldi stellen sie keine Leute ein, die über vierzig sind!«

Ob sie wolle oder nicht, sie müsse schwarzarbeiten. »Mich stellt keiner mehr ein, weil ich zu alt bin. Wenn mir einer einen festen Job anbietet, würde ich das machen.«

Inzwischen hat sie resigniert. »Ob ich den Staat bescheiße oder nicht, ist mir egal. Ist mir wurscht. Weil der Staat auch nichts für mich macht. Sollte man nicht so sehen. Ich sehe es aber so. Wohngeld? Da musste dich auch ausziehen. Ich will in den Spiegel gucken können. Hartz IV? Ich könnte nicht mehr in den Spiegel gucken. Da hätte ich den Respekt vor mir selbst verloren. Lieber kaufe ich mir kein Auto und gehe zu Fuß. Ich habe schon zwei Jahre kein Auto mehr, weil ich es mir nicht leisten kann.«

Das Grundeinkommen habe sie zuerst gespart, habe ihrer

Tochter dann die Kaution und die Miete für eine eigene Wohnung finanziert.

»Ich habe mir nichts gegönnt. Das habe ich mich nicht getraut. Nicht mal eine Flasche Wein. Ich bin gar nicht auf die Idee gekommen.«

Trotzdem erlebt sie das Grundeinkommen als ein großes Geschenk.

»Das Grundeinkommen war der Knaller! Größeres Glück werde ich in meinem Leben nicht mehr haben. Wenn du willst, kannste irgendwie. Es geht. Aber wenn dir jemand eine Unterstützung gibt, merkst du, was du die ganzen Jahre gemacht hast. Das war eine neue Erfahrung, dass jemand für mich sorgt. Auch in der Ehe war es nie so. Mit Grundeinkommen konnte ich endlich durchatmen. Ich musste nicht mehr müssen müssen. Das war Sicherheit. Das war Geborgenheit.«

Geborgenheit? Wir atmen tief durch. Später werden wir uns vor allem an diesen Moment erinnern.

»Ich musste mich auf dieses Geld draufsetzen, wie auf ein Goldtöpfchen. Diese Geborgenheit. Du kannst eigentlich machen, was du willst! Tust du aber doch nicht. Deswegen hat sich meine Einstellung ja nicht verändert.«

Aber etwas ändert sich doch.

»Außer meiner Tochter habe ich keinem von dem Gewinn erzählt. So konnte ich rausfiltern, wer gut für mich ist und wer nicht. Natürlich habe ich weitergearbeitet und genau hingeguckt. Und es war toll zu wissen, dass ich mir jetzt nicht länger den Arsch für einen Idioten aufreißen muss.«

Jahrelang hatte sie ihren Gastrojob bei einem Italiener gemacht. »Nach vorne raus ein Netter, aber der hat mich echt gelinkt und abgezogen. Der wusste, dass ich den Job brauchte. Er hat immer weniger bezahlt, ich musste immer mehr arbeiten.«

Er habe ihre Lage ausgenutzt. »Das geht alles immer unter der Hand. Ich bin offiziell auf 450-Euro-Basis angemeldet, den

Rest kriegst du halt so. Das wurde dann immer weniger. Sagen wir mal zehn Euro pro Stunde, aber er gibt dir plötzlich weniger oder zahlt einfach nicht alle Stunden.«

In solchen Situationen sei sie bis dahin machtlos gewesen. »Du rechnest die Stunden zusammen. Dann gehst du hin, damit er dir Geld gibt. Und dann sagt er: Das stimmt nicht. Die ersten Male sagst du nichts, weil du denkst: Ich habe mich verrechnet. Aber irgendwann ist klar, der nutzt dich aus. Du bist ja in einem Abhängigkeitsverhältnis dem gegenüber. Wie willst du dem irgendetwas beweisen? Wenn der sagt, das ist nicht so, dann ist es nicht so.«

Aber jetzt hatte sie das Grundeinkommen. »Der Abgang war dramatisch.« Sie lacht. Ihre Augen blitzen. Sie erzählt uns von ihrem größten Triumph: Es war Ende Juli 2017, dritter Monat mit Grundeinkommen. Tag der Abrechnung. »Sag ich: Ich krieg dies und das. Und er so: Das habe ich nicht aufgeschrieben. Ich: Das und das hast du vergessen, hab ihm alles erklärt. Da fehlen noch 180 Euro! Er so: Da muss ich nachschauen. Und ich: Du hast jetzt neun Jahre mit mir gearbeitet, hast mir immer zu wenig Geld gegeben und mich vor den Leuten rundgemacht. Behalt die 180 Euro, und ich muss dich nicht mehr ertragen! Er so: Nein, darum geht es nicht. Ich: Doch, darum geht es. Und darauf hab ich keinen Bock mehr! Er: Das wirst du dir noch anders überlegen! Ich: Das denkst du!«

Gabi strahlt. »Innerlich habe ich gefeixt. Ich bin nach Hause und habe zu meiner Tochter gerufen: Mach den Wein auf, ich habe gekündigt!«

Die Frau, die zu stolz ist, auch nur einen Cent Wohngeld zu beantragen, hat endlich die jahrelange Demütigung durch einen miesen Chef beendet.

Zwar fiel nun die Haupteinnahmequelle weg; sie hatte 600 Euro weniger, aber dank Grundeinkommen trotzdem tausend Euro auf dem Konto.

»Einen Monat habe ich nichts getan. Na ja, die anderen Jobs natürlich. So blöd bin ich, für mich ist das Nichtstun!«

Diesen einen Monat hatte sie abends frei, von 16.30 Uhr bis in die Nacht einfach frei. »Da konnte man mal grillen, in den Biergarten gehen, was ja sonst nicht kann. Mit der Tochter, die kleinen Unternehmungen. Zum ersten Mal seit vielen Jahren die Abende frei. Einfach mal nichts tun. Fernsehen, kein Stress. Auch mal ausschlafen. Das Wochenende war der Burner. Wann hatte ich das letzte Wochenende? Hatte ich nie! Ich bin immer gesund. Das ist mein größtes Geschenk. Ich war 15 Jahre nicht krank. Husten, Schnupfen. Habe trotzdem weitergearbeitet. In den Urlaub bin ich nicht gefahren, weiß gar nicht, wie man das schreibt.«

Am Ende des Monats bekam sie einen Anruf. Von dem Italiener, bei dem wir jetzt gerade sitzen. »Ich kannte den Chef schon vom Golf, der hatte dort das Restaurant. Ich habe einen guten Ruf als Servicekraft. Der rief mich an. Freute sich, dass ich Zeit habe. Der kam wie gerufen.«

Beim Bezahlen erklärt sie uns, dass die Chefs oft das Trinkgeld kassieren. Hier sei es nicht so. Aber woanders gehe das oft alles in einen Geldbeutel, und am Ende behält es einfach der Chef. »Wenn ihr der Bedienung was geben wollt, drückt es am besten direkt in die Hand.«

Wir hätten gern ihre Hand gedrückt, sie am liebsten in den Arm genommen. Doch der Blick auf die Uhr zeigt, dass wir superspät dran sind. Wir springen hektisch auf, joggen im Regen zum Bahnhof, erwischen gerade noch den Regionalzug nach Nürnberg.

Auf der Fahrt fällt uns Andrea Nahles ein. Auf der Berliner Internetkonferenz re:publica 2017 hatte sie, damals noch Arbeitsministerin, einen Vortrag gehalten, warum sie das Bedingungslose Grundeinkommen für keine gute Idee hält. Sie bezog sich unter anderem auf das Argument, das Grundeinkommen führe dazu, dass keiner mehr schlecht oder niedrig entlohnte Arbeit mache. Ihr Kommentar: »Leute, wenn das stimmen würde, dann käme ich ins Schwanken!«

Wir würden sie gern mit Gabi bekannt machen. Mit einer Frau, die ihre jahrelang angestaute Wut in ihrem stolzesten Moment rauslässt und dem Chef zuruft: Behalt dein Geld, hier zwei Mittelfinger. Diese Frau erlebt eine Geborgenheit, nach der sie sich seit Kindertagen immer sehnte. Diese Geborgenheit gibt ihr die Kraft, Nein zu sagen.

Falls Sie jetzt ins Schwanken kommen, Frau Nahles, hätten wir da eine Idee!

3. Facette: Freiheit zu ...

Freddie und der unbezwingbare Freiheitswille

Manfred, genannt Freddie, ist Gewinner 114 und 57 Jahre alt. In unserer Tabelle steht statt einer Berufsbezeichnung nur die Bemerkung »komischer Kommentar (AfD?)«. Wir sind gespannt, rechnen mit dem Schlimmsten und ahnen trotzdem nicht, dass dieses Treffen die größte Herausforderung der ganzen Reise für uns wird.

Schon die Verabredung zeigte, dass Freddie jemand ist, der mitdenkt und gern kooperiert – und jemand, auf den man sich verlassen kann. Er kümmert sich gerade um seine kranke Schwester, die irgendwo in der Oberpfalz hinterm Berg lebt. Deswegen ist er zeitlich nicht ganz so flexibel, wie wir uns das wünschen. Wir müssen mehrfach telefonieren, aber jedes Mal meldet er sich zur verabredeten Zeit. Er sei Preuße, sagt er lachend. Seine Pünktlichkeit bestätigt das Klischee.

Er weiß, dass wir mit einem engen Zeitplan durch ganz Deutschland reisen und uns gern irgendwo am Bahnhof treffen. Geradezu fürsorglich entwickelt er Ideen. Kurz erwägt er, ob er einfach ein Stück mit uns im Zug mitfährt. Von Würzburg bis Erlangen hätten wir dann gut anderthalb Stunden Zeit. Am Ende treffen wir uns doch direkt in Erlangen. Natürlich ist er pünktlich. Wartet in der Bahnhofshalle, wie verabredet mit einer weißen Basecap mit »Bahrain«-Schriftzug als Erkennungszeichen. Wir begrüßen uns herzlich wie alte Bekannte.

Etwa zehn Minuten entfernt gibt es einen Irish Pub. Freddie

weist lachend auf den Namen hin: »Murphy's Law«, quasi ein Omen für sein Leben. Wir sitzen draußen, bestellen Kaffee und klappen den Laptop auf. Neben uns betreten zwei bis an den Hals tätowierte Glatzköpfe den Pub. Wo sind wir hier? Freddie ist noch mittendrin im Grundeinkommensjahr. »Es läuft noch bis November, und dann hoffe ich, dass alles andere so läuft, wie ich das gern hätte«, eröffnet er seinen Bericht. »Ich bin Hartz-IV-Empfänger, und die wissen nichts davon, und das soll auch so bleiben.« Freddie spricht genauso klar und offen, wie wir das schon vom Telefon kennen. »Die haben mich schon so oft beschissen, dass ich gesagt habe: Nein, denen sage ich nichts! Jetzt kannste mal ein klein bisschen aufatmen und kannst das Geld nutzen, um das zu machen, was da oben so drin ist.« Er tippt an seine Stirn. »Das Geld, was da ist, das reicht gerade zum Überleben, nicht zum Leben. Mit dem Grundeinkommen habe ich jetzt vieles machen können, was mir am Herzen liegt.«

Wir erfahren: Freddie überlegt, nach Zypern auszuwandern und dort mit einem Bekannten, einem Deutschen, der dort bereits etabliert sei, ein Geschäft aufzuziehen: »Onlinemarketing.«

Die deutschen Behörden machen es ihm schwer. Er fühlt sich zerrieben zwischen den zuständigen Institutionen und Personen. Eigentlich könnte alles ganz einfach sein. Er müsste nur länger vor Ort sein, mit dem Geschäftspartner in Ruhe die Ideen ausbaldowern.

Da liegt also der Hase im Pfeffer: Mit Hartz IV darf man nur 21 Tage »ortsabwesend« sein, sowieso nur aus wichtigem Grund und mit Zustimmung des Jobcenters – wer länger weg ist, verliert seinen Hartz-IV-Anspruch, im Zweifel sogar rückwirkend.

Freddie lässt sich auf die Hartz-Logik ein. Der Bekannte stellt ihm ein formales Schreiben für ein Betriebspraktikum aus. »Ich bin ja bemüht, dass ich Arbeit finde, bin also mit diesem

Schreiben zum Jobcenter und habe gesagt: Hier, das habe ich. Wie sieht's aus?«

Doch sein Elan wird komplett ausgebremst. Dafür sei das Jobcenter nicht zuständig. Das mache die Deutsche Rentenversicherung. Okay, also dorthin. Die Ansprechpartnerin ist im Urlaub. Er wartet. Dann bekommt er diese Auskunft: Den Flug bezahlen könne man ihm nicht. Nein, hieß es, dann würden Sie ja in Zypern arbeiten, dann zahlen Sie ja hier nichts mehr ein! Außerdem sei irgendein Bescheid abgelaufen, ohne den ginge gar nichts. Also zurück zum Jobcenter. Die schicken ihn nunmehr zur Agentur für Arbeit. »Das war ein ewiges Hin und Her. Drei Stellen, die dich im Kreis schicken und dich blöd machen!«

Aber noch gibt Freddie nicht auf. Er erbittet »einen dringenden Termin« bei seiner Jobmanagerin, »weil ich denen Bescheid sagen wollte, dass ich jetzt allein eine Entscheidung fälle«.

Und jetzt kommt der Teil, weshalb diese Geschichte anonymisiert ist.

Freddie heißt nicht Freddie. Er wohnt nicht in Erlangen. Der Rest aber ist wahr. Er ist für seine Jobmanager erkennbar, aber seine Jobmanager nicht für den Rest der Welt. Denn als Freddie im Jobcenter ankündigte, dass er nun nach Zypern fliegen werde, holte seine Beraterin ihren Chef, seinen früheren Sachbearbeiter. Die Männer gaben sich die Hand, schauten sich in die Augen und merkten: »Respekt auf beiden Seiten!« Freddie klopft auf die Tischplatte: »Und dann sagt er: ›Du kannst den offiziellen Weg gehen, oder du kannst meine Methode wählen!‹«

Der offizielle Weg: »Anträge und der ganze Kram, am Ende wird nichts passieren, es wird alles abgelehnt.«

Die Chef-Methode: »Du gibst mir jetzt eine Vereinbarung, da schreibst du rein: Ich schreibe zehn Bewerbungen und komme in einem Vierteljahr wieder. Und wir wissen von nichts und haben nichts gesehen.«

So sei er also dreizehn Wochen »legal illegal« auf Zypern gewesen, bis vor einem Monat sein Schwager einen Unfall hatte, nicht mehr Auto fahren darf und Freddie nun seiner nierenkranken Schwester in der Oberpfalz helfen muss.

»Da bin ich zurückgeflogen. Zähneknirschend. Ich habe dort in Verhandlungen gestanden mit einer Motorradvermietung; erst mal einen Fuß in die Tür kriegen. Das Nächste war eine Wohnung mieten. Es war alles so kurz davor, die Verträge zu unterschreiben. Dann kommt dieser Unfall. Was will ich machen? Wenn jemand Hilfe braucht, bin ich da!«

Wir nicken. Genau diese Erfahrung haben wir mit ihm auch schon gemacht.

Was seine persönliche Zukunft angeht, ist er guter Dinge. Die Zypern-Pläne seien nur aufgeschoben. Den Bekannten habe er vor Jahren kennengelernt, als er nach Möglichkeiten suchte, im Internet Geld zu verdienen. Nun habe er so lange gewartet, bis er ihn und das ganze Umfeld jetzt endlich persönlich kennengelernt habe, das sei in Ordnung. Mit denen schreibe er sich jeden Tag.

Und dann – im Dezember 2017 – wird er plötzlich bei *Mein Grundeinkommen* ausgelost.

»GEIL! JETZT KANNSTE DAS MACHEN, WAS DU WILLST«

»Als ich die Gewinner-Mail bekam, habe ich mich hingesetzt und habe gesagt: Geil! Jetzt kannste das machen, was DU willst! Das Geld kannste investieren! Und denen sagen: auf Nimmerwiedersehen!«

Die Zypern-Idee ist allerdings nur eine Zwischenstation. »Mein Ziel ist Bahrain. Ich will zu den Arabern. Das ist das schönste Leben gewesen, was ich je hatte.«

Wir staunen.

»Es ist das freieste Land der Welt.«

Freiheit in Bahrain? Ausgerechnet! Verstöße gegen Menschenrechte, staatlich organisierte Kindesmisshandlungen, null Frauenrechte, keine Pressefreiheit ...

»Es ist keine Demokratie. Aber es ist auch keine Diktatur. Und es ist ein sehr freies Land!«

Wir wollen verstehen, welche Art von Freiheit Freddie meint. Sehr schnell wird klar, dass es nicht um Politik, sondern um seine persönlichen Freiheiten geht:

»Erst mal: Es ist warm. Das ist wichtig. Damals, als ich dort war, war das nicht wichtig. Das Leben ist fast wie in Deutschland, nur freier. Du hast dieselben Freiheiten wie hier. Aber du wirst nicht gegängelt von irgendwem. Die kennen keine Jobcenter und kein Arbeitsamt. Es gibt keine Arbeitslosigkeit. Es gibt Armut. Aber wo gibt's die nicht? Die gibt's überall! Die Menschen leben dort frei, ungestört.«

Er erzählt dann aus Bahrain, was andere Leute aus ihrem Urlaub erzählen: »Es gibt keinen Zeitdruck. Dinge dauern so lange, wie sie dauern. Du hast diese Hektik nicht.«

Komisch, dass wir unter südländischen Palmen total entspannend finden, was uns im Alltag auf die deutsche Palme bringen würde: Kommste heute nicht, kommste morgen. Das sollte mal jemand in einer deutschen Amtsstube sagen!

Das erste Mal sei er mit seiner deutschen Vorstellung zum Arbeiten dorthin gefahren: Frühstückspause von-bis, Mittagspause von-bis. »Und dort? Vergiss es! Die Arbeit beginnt morgens um sieben, bis der Letzte eintrifft, ist es acht. Wenn du denkst, jetzt fängste an zu arbeiten, ist der Erste schon wieder weg.«

Er habe dort lange gearbeitet und alles gehabt, was man braucht. Eine eigene Wohnung, alle Lebensmittel, die er wollte, auch mal ein Bier, Fernseher, Sport. »Kurz: alles, was das Herz begehrt. Das unbeschwerte Leben!«

Er schaut um sich, deutet auf die vorbeiziehenden Menschen in der Universitätsstraße: »Hier ist es kalt, auch sozial. Und dort, wenn da einer sagt: Ich habe ein Problem. Dann gibt es immer einen, der sagt: Ich helfe dir. Da habe ich mein Gehirn umgebaut: Das Leben dort ist viel schöner!«

Nach Bahrain müsse er aber viel Geld mitbringen. Deswegen sei Zypern jetzt die Zwischenstation, um das Geld zu verdienen, das er für Bahrain braucht. Freddie schmunzelt: »Das passt perfekt: Kilometermäßig ist Zypern genau die Hälfte zwischen Deutschland und Bahrain!

Das Grundeinkommen würde nicht reichen. Freddie hat alle Zahlen im Kopf:

»Für Bahrain brauchst du ein Selbst-Sponsorship, so nennt sich das. Eine Eigentumswohnung oder ein Haus im Wert von mindestens 50 000 Dinar, also etwa 113 000 Euro. Dein Einkommen sollte monatlich gedeckt sein, 1200 Euro. Und dann musst du auf einem Konto eine Sicherheitsleistung hinterlegen: 36 000 Euro. Und dann hast du lebenslange Residenz, wenn du keine goldenen Löffel klaust!«

Und er hat auch die deutschen Zahlen im Kopf:

»Das Grundeinkommen ist jede Menge Geld, das ich definitiv in der Tasche habe. Wenn ich das Geld ausgebe, dann gebe ich es aus für den Flug, für Marketing und Werbung, also nur Sachen, die ich für Zypern wirklich brauche. Telefon, Strom, Internet zahle ich alles von 416 Euro Hartz. Dann bleiben unterm Strich noch 250 Euro, mit denen ich überleben muss.«

Wir sind neugierig und wollen mehr über Freddies 57 Jahre Leben wissen. Wieso ist er da, wo er jetzt ist?

Gelernt habe er Schweißer. Schmelzschweißer, einen Beruf, den es heute gar nicht mehr gibt. Dann habe er Schicht gearbeitet bei einem Konzern: »Zwanzig Jahre in dem Konzern. Der sichere Arbeitsplatz. Biste drin, biste da bis zur Rente.«

Dann gab es Betriebsschließungen. Die Produktionen wurden nach China verlegt. »Du kannst dich versetzen lassen, hieß es. Ich habe das mitgekriegt, wie sie in anderen Betrieben Schließungen gemacht haben: Die Leute wurden wieder und wieder versetzt, jedes Mal war die Abfindung geringer. Irgendwann gibt es keinen Job mehr. Ihr könnt gehen. Ohne Abfindung. Da habe ich gesagt: Ich nicht! Abfindung geschnappt. Wiedersehen!«

Freddie macht sich selbstständig. Es sind die Neunzigerjahre, die Werbe- und Medienbranche boomt, und mit ihr die Kurierdienste. Er kommt herum in Deutschland, auch bis in die Schweiz. »Kurierdienst ist eine feine Sache, aber wenn du zu wenige Aufträge reinkriegst, musste zumachen!«

Er hatte die gesamte Abfindung investiert, aber am Ende war sein Laden nicht mal mehr kostendeckend. Schnelle Entscheidung: Er macht den eigenen Kurierdienst zu und fängt als Mitarbeiter bei einem anderen an, der Verträge mit den großen Verlagshäusern hatte. Freddie fährt nachts die frisch gedruckten Zeitungen zu den Vertriebsstellen. Doch dann gab es Streit mit dem Chef.

Er heuert bei einem Bauunternehmen an und ist fortan immer unterwegs. Von einer Baustelle zur nächsten. 2011 wird er nach Bahrain geschickt als Ausbilder. »Die Araber, Filipinos, Inder und Pakistani haben gefressen, was ich ihnen beigebracht habe. Mit denen stehe ich noch in Kontakt. Das war eine gute Zeit!«

Und dann war er wieder da. Auftrag beendet. Doch nicht lang, da musste er gleich wieder los. Niederlande, Belgien, Frankreich, Polen, Griechenland. Wieder von Baustelle zu Baustelle. 2012 zerbrach seine zweite Ehe.

Er hat immer gearbeitet. Irgendwo. Bis zum Bandscheibenvorfall im Halswirbel. Lähmungen im linken Arm.

»Mein letzter Job war Industriereinigung. Das ist ein Knochenjob. Wenn da was schiefgeht, dann Gute Nacht. Da hängen

Menschenleben dran. So eine Reinigungspistole mit 600 bar Wasserdruck. Damit schneidest du einem den Kopf ab. Wenn du da eine Lähmung kriegst ... es ging nicht mehr. Mit schweren Maschinen arbeiten? Schwer heben kann ich auch nicht mehr.« Berufsunfähigkeit.

So kam Freddie in die Reha-Maßnahmen bei der Deutschen Rentenversicherung:»Sozialgesetzbuch SGB XII. Teilhabe am Arbeitsleben. Die müssen dich so auf die Reihe biegen oder umschulen, dass du wieder in Arbeit kommen kannst. Passiert ist reichlich wenig. Man hat mich dann in eine Maßnahme gesteckt, Bewerbungstraining.«

Freddie macht keinen Hehl daraus, dass er das für Unsinn hält:

»Ich habe unendlich viele Bewerbungen geschrieben. Ohne Erfolg. Zu alt. Absagen. Alles Verarsche in den Briefen. So die üblichen Standardtexte. Wenn ich gewusst hätte, was die abziehen, dann wäre ich sehr krank gewesen, noch kränker. Aber dafür bin ich zu gesund. Mein Kopf arbeitet noch.« Im Nachhinein ärgert er sich unverhohlen.

Was ändert das Grundeinkommen?

»Das Grundeinkommen gibt mir die Freiheit, wieder etwas mehr auf das zu setzen, was ich schon mal hatte. Ich kann wieder etwas aufbauen. Ich investiere das Geld in meine Zukunft. In meine Freiheit!«

Woher sein Freiheitssinn kommt, wollen wir wissen.

Irgendwie müsse das angeboren sein und wurde dann noch durch seinen Vater gefördert:»Der hatte noch mehr Freiheiten in seiner Jugend. Ist in Ostpreußen in einer Fischerfamilie aufgewachsen. Das war ein einfacheres Leben: Sonntagmorgen. Was essen wir? Gewehr genommen, Enten geschossen, nach Hause, der Mutter die Ente auf den Tisch gelegt, gab es eben Entenbraten. So hat er mir das erzählt. Das ist Freiheit!«

Seine Mutter dagegen habe sich alles verkniffen. Und wofür?

Als sie in Rente ging, war sie krank und pflegebedürftig. Deshalb habe er sich vorgenommen: Man muss das Leben *jetzt* leben! An dieser Stelle hätten wir aufhören sollen. Wir wären zum Bahnhof spaziert, hätten in Ruhe den Zug bestiegen und hätten uns gefreut, dass das Grundeinkommen einem so coolen Typen zur Freiheit verholfen hat.

EINE STANDARDFRAGE, DIE DAS GESPRÄCH KURZ AUF DEN KOPF STELLT

Dummerweise haben wir noch eine Frage auf dem Zettel, eine Frage, die wir allen stellen. Also auch Freddie:
Wo stehst du politisch? Gehst du wählen?
»Ich wähle nicht mehr. Ich bin aus dem System komplett raus. Ich sag's so. Ob weißer Hund oder schwarzer Hund, das Dorf bleibt dasselbe! Es ist scheißegal, wen du wählst, es wird sich nichts ändern, solange Deutschland keinen Friedensvertrag hat.«
Bitte was?
»Da müsst ihr selbst graben. Das geht sehr tief«, winkt Freddie zuerst ab. Aber dann steigt er doch ein: »Der Zwei-plus-Vier-Vertrag, das ist nur ein friedensähnliches Verhältnis, kannste also knicken. Dann haben wir die schönen Bereinigungsgesetze, sodass wir eigentlich jetzt im Status von 1948 sind. Das fühlt sich nach Frieden an. Die Alliierten haben das Sagen bei uns. Wählen gehen ist Hochverrat. Weil das Wahlgesetz seit 1956 ungültig ist, hat das Bundesverfassungsgericht festgestellt. Jeder, der wählen geht, macht sich eigentlich strafbar. Ich bin politisch sehr bewusst. Beiße mich durch Gesetzestexte. Viele sagen, das seien Verschwörungstheorien. Jeder bringt irgend-

welche Paragrafen vor. Die lese ich nach und lese dann auch die Querverweise auf die anderen Paragrafen. Das Ganze ist so verworren und verzwickt, dass man das gar nicht auseinanderkriegt. Es ist der Irrsinn, es ist der Wahnsinn.«

Wir schütteln den Kopf. Das ist jetzt nicht sein Ernst, oder?

»Es gibt einen Unterschied zwischen ›nicht geltend‹ und ›gültig‹. Gültig ist das Staatsangehörigkeitsrecht von Kaiser Wilhelm, 22. November 1913. Das Reichs- und Staatsangehörigkeitsgesetz ist immer noch gültig, aber nicht geltend. Geltend ist das STAK, zu deutsch: doppelte Staatenlosigkeit.«

Wir schweigen.

»Wie ich da gelernt habe, sind wir alle staatenlos. Deutschland ist kein Staat. Grundgesetz Artikel 24, Absatz 4: Wo Unrecht zu Recht wird, ist Widerstand rechtmäßig. Mein Widerstand ist, dass ich alles verweigere.«

Wir machen einen letzten Versuch: Dann müsste er doch auch Hartz IV verweigern.

»Ich habe da lange genug reinbezahlt, das ist ja eigentlich *mein* Geld, das ich da wieder rauskriege.«

Wir kehren zurück zu unserem Thema: Ist Grundeinkommen für alle eine gute Idee?

»Ich bin nicht abgeneigt. Das würde sehr viel verbessern. Auf jeden Fall auf Mentalebene mancher Person.«

Wir denken: Von wem spricht er? Wir sagen nichts.

»Die Leute sagen: Dann geht keiner mehr arbeiten. Dann sage ich: Was bringen tausend Euro, wenn alle sagen, ich bleibe zu Hause. Wie willste Brot kaufen, wenn keiner mehr backen tut? Es gibt ja nichts mehr. Alle wollen sie Brot haben. Irgendwer wird dann schon wieder arbeiten. Einfach nur zu Hause sitzen, da wirste blöd im Kopf. Ich war kurz vorm Verblöden, ohne Scheiß. Ich habe gelesen, damit der Computer hier oben«, er tippt an seine Stirn, »wieder anfängt zu arbeiten. Ich bin eingerostet. Aber das kommt wieder, eins nach dem anderen.«

Grundeinkommen auch für Millionäre?

»Warum nicht? Wenn jeder, dann jeder! Auch Junkies, auch Kinderschänder.«

Flüchtlinge?

»Da werde ich Nationalist. Für mich gilt Deutschland in den Grenzen vom 31. Dezember 1937. Nein, ich bin nicht Reichsbürger. Ich bin Preuße. Deswegen bin ich für Grundeinkommen für die deutschen Völker: Hessen, Preußen, Bayern, Sachsen, Anhaltiner, Thüringer.«

Banater-Schwaben?

»Nein, die sind ausgewandert.«

Und Deutsche auf Zypern?

»Betrifft mich selbst, ich bekäme es dann nicht. Fände ich okay.«

Unsere Zeit ist um. Wir müssen zum Zug, und zwar schnell. Wir joggen zum Bahnhof, kommen atemlos am Bahnsteig an. Der Zug hat 20 Minuten Verspätung. Während wir warten, steht plötzlich ein Mann mit weißer Basecap neben uns: »Ich hatte Sorge, dass ihr den Zug verpasst und nicht weiterkommt.« Fürsorglich ist er. Wirklich nett.

Wir plaudern noch sehr freundlich, bis der Zug einfährt. Wir verabschieden uns wie alte Freunde.

Im Zug schauen wir uns fragend an: Was war das?

Wir brauchen lange, um diese Begegnung zu verarbeiten. Immer wieder kommen wir auf Freddie zu sprechen. Natürlich recherchieren wir die von ihm genannten Paragrafen. Alle Zahlen stimmen, SGB XII, selbst der Wechselkurs des Bahrainischen Dinar. Wir finden Texte, die seine Thesen von den Grenzen von 1937 und von dem verfassungswidrigen Wahlgesetz bestätigen. Man muss nicht lange suchen im Netz. Es braucht ein kleines bisschen länger, die Antworten zu finden, die solche Thesen sachlich und plausibel als populistischen Blödsinn widerlegen.

Wir könnten Freddie als Spinner abtun. Aber wir wollen verstehen, was in ihm vorgeht, weil wir wissen wollen, ob ein Bedingungsloses Grundeinkommen irgendetwas verändern würde.

Das würde sehr viel verbessern, hat Freddie selbst gesagt. »Auf jeden Fall auf Mentalebene mancher Person.«

Wir kehren immer wieder zurück in seine Gedankenwelt.

Er will Freiheit. Er ist voller Lebensenergie und Neugier. Er ist weltoffen und menschenfreundlich – und trotzdem droht er, in antidemokratische Gefilde abzurutschen.

Sein preußisches Pflichtbewusstsein wurde nicht belohnt. Von wegen »Üb' immer Treu und Redlichkeit ...«. Sein Lebensweg führt ihn nicht wie auf grünen Auen durchs Pilgerleben. Deswegen hat er uns in diesen Pub geführt – Murphy's Law eben.

Es scheint die Überschrift über Freddies beruflicher Achterbahnfahrt. Erst startet er siegessicher in der Industrie, doch da fliegt er als Globalisierungsverlierer aus der Kurve. Schlau nimmt er die Abfindung und macht sich selbstständig: Kurierdienste, die braucht man jetzt! Währenddessen scheitert die erste Ehe; die zweite Tochter bekommt er nicht mal mehr zu Gesicht. Dann erobern Internet und E-Mails die Welt, Kuriere sind überflüssig, werden erst Jahrzehnte später mit dem Boom des Onlinehandels wieder gebraucht, und da auch nur als Minijobber. Freddie fliegt als Digitalisierungsverlierer aus der Bahn. Er rettet sich auf ein arabisches Globalisierungsfloß, bringt Gastarbeitern in Bahrain preußische Disziplin bei. Darüber geht die zweite Ehe kaputt, weil er nicht mehr zu Hause ist. Er ackert ohne Rücksicht auf seine Gesundheit. Da geht der Rücken kaputt. Er steht vorm Jobcenter, die erklären ihm, wie er leben soll. Dabei weiß er das doch selbst – und sogar besser. Es stellt ihn niemand mehr ein. Durch Altersdiskriminierung wird er zum Verlierer auf dem Arbeitsmarkt.

Gut, sagt er, wenn mich in Deutschland keiner mehr will, dann geh ich eben ins Ausland. Aber da schieben die deutschen Behörden einen Riegel vor. Er wird nun auch noch zum Hartz-IV-Verlierer. Murphy's Law eben: »Alles, was schiefgehen kann, wird auch schiefgehen.«

Er wird gezwungen, »legal illegal« nach Zypern zu reisen. Er will sich an Regeln halten, aber er kann nicht. Er versucht, die Systemlogik des Sozialstaates zu verstehen, und verheddert sich immer mehr. Eine Befreiung ist unmöglich, die Lage ist aussichtslos. Er spürt, dass außer der demütigenden Kapitulation bald nichts mehr bleibt. Er versucht ein letztes Aufbäumen, innerhalb der rechtsstaatlichen Ordnung akzeptiert oder gar unterstützt zu werden. Im Ergebnis steht er vor zwei Möglichkeiten: dem normalen Weg, also Scheitern, oder Lügen.

Wir fantasieren eine Erklärung:

Die Tatsache, dass er, dieser ehrliche, zuverlässige, tugendhafte Preuße, diesen Staat anlügen muss, um seine Würde nicht zu verlieren, sorgt dafür, dass er diesen Staat nicht mehr anerkennen kann. Eine gedankliche Rettung: Das Deutschland, das ihn so enttäuscht, gibt es ja gar nicht! Dann ist es auch nicht schlimm, wenn er lügt, wenn er den Staat hintergeht. Im Gegenteil: Wählen zu gehen, ist eine Straftat. Hartz IV ist ein Geschäft, in das er eingezahlt hat und das er jetzt ausgezahlt bekommt. Dankbarkeit? Loyalität? Oder gar Geborgenheit? Unmöglich. Er will dazugehören und seine Integrität wahren. Er will Anerkennung. Bekommt nichts davon. Stattdessen Gängelung und Bevormundung durch Behörden.

Das Grundeinkommen ist das komplette Gegenteil. Er spart das Geld als Startkapital für die Selbstständigkeit auf Zypern, und das ist der halbe Weg nach Bahrain. Und dort ist Freiheit!

Ja, so wird ein stringenter Gedankengang daraus.

Claudia reibt sich die Augen: »Freddie will sein Leben genießen und sich in seinen Fähigkeiten beweisen. Eine Ente schießen, einen Fisch angeln oder eben einen Internetshop gründen und gelegentlich irgendwo in der Sonne sitzen.«

Micha seufzt: »Leute, lasst den doch einfach mal machen! Wenn wir ihm einfach ein Bedingungsloses Grundeinkommen geben würden, hätte er eine neue Chance, sich zu beweisen, statt sich am System abzuarbeiten.«

DIE FURCHT VOR DER FREIHEIT – UND WAS ERICH FROMM DAZU SAGT

Der Psychoanalytiker und Sozialphilosoph Erich Fromm schrieb schon 1941 ein Buch über ein besonderes Phänomen der Freiheit: nämlich *Die Furcht vor der Freiheit.*

Eine autoritäre Ideologie ist eine Art Neurose. Sie entsteht in unerträglichen Situationen und gaukelt eine Lösung vor, die das Weiterleben möglich macht: Aber tatsächlich ändert sich nichts. In der Politik erlebt sich der einzelne Mensch oft als ohnmächtig und bedeutungslos, weil das System so abstrakt ist, dass er es weder überblicken noch verstehen kann.

Über diese Kränkung versuchen wir uns lieber hinwegzutäuschen. Dabei greifen wir laut Fromm zu drei möglichen Strategien:

– Wir ordnen uns als Funktionsträger in das autoritäre, aber überschaubare System ein und erleben uns dort als Befehlshaber – egal auf welcher Hierarchiestufe – in einer sicheren, weil streng kontrollierten und geregelten Position.

– Wir passen uns an und gleichen unser individuelles Sein dem Persönlichkeitsmodell an, das uns vom herrschenden

System aufgetischt wird, kurz: Wir fliehen ins Konformistische.

– Oder wir agieren destruktiv und bekämpfen das uns beängstigende und kränkende System, um es im Idealfall ganz zu beseitigen.

Bei Freddie erleben wir, wie er in seinem Freiheitsstreben zwischen den drei Wegen hin- und herspringt. Er versucht zunächst gesetzeskonform zu sein, passt sich an, pflegt die preußischen Tugenden, geht den sicheren Weg. Trotzdem scheitert er. Der Weg ins Autoritäre, etwa zur AfD, den Petra beinahe gegangen wäre, der ihr dann aber »zu krass« ist, ist für ihn ebenfalls nicht attraktiv: Von seinem Vater, der 1933 die NSDAP gewählt hat, aber erst weit nach Kriegsende verletzt aus der russischen Kriegsgefangenschaft zurückkehrte, hat er gelernt, dass in diesem politischen Umfeld keine Freiheit zu finden ist. So wählt Freddie die dritte Option, das Destruktive, indem er die Rechtmäßigkeit des für ihn übermächtigen Systems negiert. Dass er sich dabei ausgerechnet der Argumente von Rechtsradikalen bedient, scheint widersinnig, spielt aber auf seiner anarchistisch-nihilistischen Fluchtinsel keine Rolle.

Die »Freiheit von jemandem oder etwas«, das wissen wir selbst und müssen dafür weder Erich Fromms noch andere Texte lesen, ist nur die eine Hälfte der Medaille. Denn sie stellt uns unmittelbar vor die Frage: »Freiheit zu was?«

Das Bedingungslose Grundeinkommen ermöglicht Freddie eine neue Chance, seine individuellen Lebensziele in Freiheit und Selbstbestimmung doch noch verwirklichen zu können. Anders als Petra und Gabi, die schon so lange in Abhängigkeit leben, dass sie sich fast gar nicht mehr vorstellen können, wie ein Leben in selbstbestimmter Freiheit aussehen könnte, hat er eine starke Vision von seinem persönlichen Lebensglück: Bahrain oder eben die halbe Strecke Zypern.

»Jetzt geht ihr aber zu weit«, sagt unsere Lektorin, als sie unsere Analyse über Freddie liest. Nach zwei Stunden Gespräch mit Freddie und Fromm-Lektüre auf sein Seelenleben und seine Verfasstheit zu schließen, sei wirklich »too much«.

Wir sind verunsichert. Der Vorwurf, wir würden psychologisieren, irritiert uns. Wir wollen Freddie doch gerade nicht als Spinner abtun. Fromms Neurosen-Vergleich hilft uns nicht, um Freddie, sondern um das System infrage zu stellen. Freddie ist der menschliche Seismograf für das autoritäre Dauerbeben unseres sozialstaatlichen Fundaments. Seine Aussagen sind Ausdruck eines Menschen, der sich ohnmächtig in einem autoritären System befindet und nach Überlebensstrategien sucht. Genau das ist Fromms sozialpsychologischer Ansatz. Wer Freddie als Spinner abtut, pathologisiert den Menschen statt das System.

Wir sagen zu Freddie: Du bist okay. Das Bedingungslose Grundeinkommen eröffnet ihm wie allen Menschen neue Handlungsoptionen. Und siehe da: Kaum spürt er die neue Freiheit, nutzt er sie und treibt mit Elan und Freude seine Geschäftsidee voran.

Wir schicken Freddy unsere Analyse über ihn und bitten um seine Meinung. Er hat zwei, drei kleine Änderungen, »der Rest ist für mich in Ordnung«.

Dass dieses Mehr oder Weniger an individuellem Freiheitsstreben nicht eine persönliche Stärke oder Schwäche ist, sondern eventuell auch etwas mit den herrschenden Geschlechterverhältnissen zu tun hat – auf diesen Gedanken stoßen wir bei Traudel. Und auf ihre vielen beeindruckenden Gedanken zu der Frage: »Freiheit wozu?«

Traudel und die Verwirklichung des Selbst

Traudel ist unsere älteste Gewinnerin. Wir treffen sie zwei Monate vor ihrem 69. Geburtstag in Mainz im Foyer eines Hotels am Bahnhof.

Sie begrüßt uns strahlend. Sie freut sich, dass wir ein Buch schreiben wollen, und erzählt, dass sie selbst auch gerade an einem Buch über Frauenbiografien arbeitet.

»Ich brauche noch einen guten geistigen Austausch, auch dazu, was jetzt kommt. Was mache ich mit der dritten Lebensphase? Diese Fragen kommen, ob du willst oder nicht!«

Sie sei ja jetzt Rentnerin, da würden Potenziale freigesetzt: »Was will die Welt noch von mir? Nicht: Was will ich von der Welt? Die Pflicht ist vorbei, jetzt geht's um Kreativität! Jetzt geht es darum, zu leben, was noch leben will.«

Sie steigt sofort ins Thema Grundeinkommensgefühl ein, ist geübt darin, über ihre Gefühle zu sprechen, reflektiert sich und ihr Leben sehr bewusst.

Sie sei auf einem Bauernhof in Schwaben aufgewachsen und im Geist des Calvinismus und der Schwarzen Pädagogik erzogen worden. Es gab niemanden, der nach ihren Potenzialen geguckt hätte. Niemanden, der sie gefördert hätte: »Ich habe Botschaften bekommen, die mich kleinmachen, die rassistisch sind, gewalttätig. Als Kind, als junges Mädchen hatte ich keine Chance, mich zu wehren. Ich wusste nur: Ich bin kein Opfer. Ich will hier raus!«

Sie wusste nur nicht, wie. Rausgeholfen hat dann ein Mann. »Heute weiß ich, dass die Ehe – ich war zweimal verheiratet – überhaupt nicht mein Lebensmodell ist, aber lange gab es für mich nichts anderes.«

Mit 20 Mutter, mit 24 Ehefrau. In dieser Reihenfolge. Skandal im Dorf. Sie geht mit dem Mann ins Ausland, Italien. »Ich wollte ihn gar nicht. Innerlich wusste ich das, aber ich hatte keine Alternative. Er war nur ein Sprungbrett. Der Käfigöffner.«

Trotzdem sind sie 13 Jahre verheiratet. Sie fühlte sich in der Verantwortung als Mutter und als Ehefrau.

»So war ich erzogen. Ich habe komplett gegen meine innere Stimme gearbeitet. Ich war ja auch finanziell auf ihn angewiesen, ausgeliefert. Ein typisches Frauenschicksal eben.«

Nach vier Jahren in Italien ziehen sie erst nach Hamburg, ein paar Jahre später nach Mainz. Im Ausland konnte sie als gelernte Bürokauffrau nicht arbeiten. In Deutschland arbeitet sie erst in einer Arztpraxis, dann in einer Buchhandlung.

Sie ist gerade 30, als sie dahinterkommt, dass ihr Mann sie betrügt. »Was jetzt? Ich wusste, dass die Lösung in mir liegt. Opfer wollte ich nicht sein.«

Sie liest Bücher des Psychoanalytikers Horst-Eberhard Richter. Sie fängt in einer Selbsterfahrungsgruppe an.

»Drei Jahre haben wir uns regelmäßig getroffen. Wir haben viel experimentiert. Urschreitherapie und solche Sachen«, Traudel schmunzelt, wenn sie daran zurückdenkt. »Ich wähle die Grünen, das war für mich immer klar. Frauenbewegung und so. Ich bin immer angeeckt, ich war das schwarze Schaf. Für zu Hause war das eine Katastrophe. Mich hat das weitergebracht!«

Es kommt zur Scheidung. Mit 33 bekommt sie eine Anstellung in der Immobilienabteilung einer Versicherung. Das war ein sicherer Job, aber sie merkt schnell, dass ihr das nicht reicht:

»Ich konnte mich nicht wirklich einbringen. Ich hatte einen Job, eine Aufgabe, aber sonst den Mund zu halten. Ich hatte keine Wahl. Ich musste klarkommen und leben.«

Sie ist Ende 30 und entdeckt, dass sie Talent dafür hat, Menschen zusammenzubringen, dass ihr das Verkaufen Spaß macht. Also macht sie sich nebenbei als Maklerin selbstständig.

Eine Zeit lang laufen die Geschäfte gut, dann wird es eng,

schließlich so knapp, dass sie sich wieder eine Festanstellung sucht. Über eine Zeitarbeitsfirma landet sie kurz beim ZDF, wo sie Büroarbeit macht. Am Ende ist sie wieder in Vollzeit bei der Versicherung.

Sie verliebt sich, heiratet doch noch mal, weil der Mann es sich so sehr wünscht, bekommt mit 42 ihre zweite Tochter. Auch diese Ehe scheitert nach ein paar Jahren, wieder geht der Mann fremd. Es kommt zur Trennung.

Sie kämpft an allen Fronten: Die Versicherung hatte ihr einen neuen Arbeitsvertrag gegeben und dort – trotz der jahrelangen Mitarbeit – eine erneute Probezeit eingetragen. Nach dem Mutterschutz wurde der Vertrag nicht verlängert. So wurde das bei Müttern immer gemacht.

Traudel klagt dagegen, man einigt sich. »Ich habe eine Abfindung bekommen, aber das war ein Witz. Kurz vor der zehnjährigen Betriebszugehörigkeit war ich draußen. Ab dann hätte ich Ansprüche auf Betriebsrente gehabt. Als Frau musst du ständig Federn lassen!«

Sie bleibt ein paar Jahre bei dem Kleinkind zu Hause, bekommt Unterhalt fürs Kind vom Ex-Mann, macht eine NLP-Ausbildung und eine Ausbildung als Weiblichkeitspädagogin, arbeitet Teilzeit in einem Büro, dann in der Verwaltung einer Arztpraxis. Als die 2009 schließt, ist sie arbeitslos. Und jetzt?

»Da war ich 60. Da kriegste keinen Job mehr. Was mach ich?«

Sie konnte noch nicht in Rente gehen. Ein Jahr bekam sie Arbeitslosengeld, danach hätte sie die Rente vorziehen müssen, kriegt aber eh nur einen geringen Betrag. Sie steht vor der Perspektive Hartz IV.

»Das war so ernüchternd und beschämend. Ich habe so geheult.« Sie macht keinen Hehl daraus, wie schlecht es ihr damals ging.

»Ich kann verstehen, dass Menschen, die Hartz IV bekommen, keinen Lebensfunken mehr in sich spüren. Hier hast du keine Würde mehr. Da wusste ich, das geht nicht. Es muss einen anderen Weg geben!«

Sie entdeckt eine Anzeige in der Zeitung: Maklerbüro sucht Bürokraft. Sie arbeitet zur Probe, es wird ein Job draus. Der Chef war Psychotherapeut, seiner Frau gehörten die Immobilien. Traudel findet nicht nur Arbeit, sondern auch einen guten Austausch, bis der Chef krank wird und sie auch diesen Job verliert.

Bis hierhin ähnelt Traudels Geschichte der von Freddie: Sie hat sich ihr Leben lang freikämpfen müssen und erlebte einen Rückschlag nach dem anderen.

Freiheit? Von den drei Wegen, die Erich Fromm aufzeigt, wählt sie einen vierten: Losgelassen in die »notdürftige Freiheit des Prekariats«, sagt sie Nein zur Konformität, sie sagt Nein zur autoritären Welt, aber sie wählt auch nicht das (Selbst-) Zerstörerische, wie so viele andere. Sie skandiert nicht »Volksverräter«, leugnet nicht die Rechtsstaatlichkeit Deutschlands, wählt nicht AfD.

Durch die verschiedenen therapeutischen Gruppen kann sie ihre Situation permanent reflektieren und behält ihre innere Mitte. Sie lebt in innerer Freiheit, verstanden als »positive Verwirklichung des individuellen Selbst«, wie Sozialphilosoph Fromm das nennt. Und in dieser Phase gewinnt sie das Grundeinkommen.

EIN DIAMANT WIRD FREIGELEGT

»Das Grundeinkommen kam genau zum richtigen Zeitpunkt: Das war ein Gefühl! Mir kam gar nicht in den Sinn, irgendwelche Luxusgüter zu kaufen. Ich konnte meine Rechnungen bezahlen, das Auto musste zur Inspektion, ich habe eine gute Matratze gekauft. Diese tausend Euro – wie wichtig die sind!«

Als sie noch arbeitete, verdiente sie zuletzt um die 900 Euro netto. Die Tochter wohnte noch bei ihr. Sie bekamen Wohngeld vom Staat. »Wir mussten immer rechnen.«

Mit Grundeinkommen hatte sie doppelt so viel Geld wie vorher. Die letzten tausend Euro wurden vor etwa zwei Jahren auf ihr Konto überwiesen.

»Das war das erste Mal das Gefühl von einer Sicherheit, dass ich nicht mehr abhängig bin von dem, was da draußen passiert, sondern dass ich in Sicherheit bin. Das ist ein Gefühl, das kann man gar nicht beschreiben.« Ihr schießen Tränen in die Augen.

»Das Grundeinkommen hat mein Bewusstsein geschärft, was Menschsein überhaupt bedeutet. Hier in dieser Welt teilhaben zu können, ins Theater zu gehen. Das war ja vorher alles nicht möglich mit dem, was ich hatte.«

In dem Grundeinkommensjahr denkt sie viel nach: »Was will ich machen? Ich will nicht wieder abhängig sein von Leuten, die mir sagen, was ich zu machen habe! Jetzt will ich machen, wofür ich eine Leidenschaft habe!«

Sie fragt sich, was sie gern macht, träumt, beginnt Pläne zu schmieden. Langsam reift eine Idee:

»Mainz ist eine große Stadt. Da muss es doch Leute geben, die nicht von irgendeinem Fast-Food-Laden beliefert werden wollen. Ich koche gern. Die Menschen wollen vielleicht etwas Gesundes essen. Wenn du an etwas glaubst, musst du dranbleiben. Es wird der Moment kommen!«

Wieder entdeckt sie eine Zeitungsanzeige: Es wird jemand gesucht, der privat für eine schwer krebskranke Frau kocht. »Sie wollte nur Bio essen, wir haben uns gut verstanden, und dann haben wir das gemacht. Sie ist nach zwei Monaten gestorben. Dann haben mich die Kinder gefragt, ob ich das nicht für den Vater weitermachen will. Der Mann ist 83, ein Unternehmer, will gutes Essen haben und erzählen. Ich bin eine Art Gesellschafterin. Da ist er ganz glücklich.

Sie lehnt sich im Stuhl zurück und schaut uns an:

»Da merke ich, wie erfüllend das ist: Du machst was von Herzen, und das wird wertgeschätzt. Und er bildet mich in Geschichte und Chemie, was er so kann. Wenn du etwas machst, was dich ausfüllt, und du gibst das dem Nächsten, dann potenziert sich das: Daraus entstehen wieder gute Dinge, Handlungen, Begegnungen.«

Ohne das Grundeinkommen wäre das alles nicht passiert, sagt Traudel dankbar. Das Grundeinkommen habe ihre Gedanken frei gemacht. Sonst hätte sie in einer Praxis als Aushilfe gearbeitet, irgendetwas verkauft, was sie eigentlich nicht mehr wolle.

»Du musst das Geld gar nicht anrühren. Die Tatsache, dass es da ist, hat so viel Sicherheit gegeben, dass sich etwas verändert. Diese gewisse Sicherheit gibt mir das Fundament, das zu leben, was mich innerlich ausmacht.«

Diese gewisse Sicherheit.

»Jetzt gebe ich meinem Leben den Sinn, den ich ihm geben möchte. Das fühlt sich jetzt authentisch und klar an, dass ich nur noch sage, was ich denke, nur noch mache, was ich will.«

Und dann sagt sie diesen tollen Satz: »Ich habe meinen Diamanten freigelegt.«

Wir stellen unsere Standardfrage, ob alle Menschen Grundeinkommen bekommen sollten. Auch Millionäre?

Sie zögert. »Da bin ich mir nicht sicher.«

Zum Beispiel der Unternehmer, für den sie kocht?

»Tja.« Sie schweigt. Sie denkt. Dann ringt sie sich durch:

»Doch ja, doch ja, ich finde das okay. Nicht weil sie das brauchen, sondern wenn sie auch tausend Euro kriegen, dann sind sie mit im Boot!«

Wir schauen sie fragend an.

»Ja, sonst entstünde ja eine Schieflage. Sie können die tausend Euro ja spenden, weil sie sie nicht brauchen. Aber sie können die anderen nicht anklagen. Dann bin ich nicht angreifbar. Dann bin ich auf Augenhöhe!«

Jetzt ist sie ganz sicher. »Heute Morgen habe ich noch überlegt. Da wusste ich keine Antwort, aber doch, ja, die sollen das auch kriegen!«

In der Rückschau sind wir uns sicher: Dies war der Moment, an dem sich für Traudel der Kreis des Grundeinkommensgefühls schloss und sie alle Facetten des Bedingungslosen Grundeinkommen emotional bewusst durchdrungen hatte.

In diesem Buch haben wir bisher erst einen Halbkreis erzählt, nämlich die ersten drei Facetten: das Gefühl von Fülle und Zutrauen; das Gefühl, frei und unabhängig zu sein von anderen; und das Gefühl, frei zu sein, zu tun, was man möchte, oder, um es mit Traudel zu sagen: den eigenen Diamanten zum Glitzern zu bringen.

Es fehlen noch drei weitere Facetten des Grundeinkommensgefühls. Unsere Tour geht weiter.

4. FACETTE: SELBSTFÜRSORGE

JANKA UND WIE MAN FÜR SICH SELBST SORGT

Wir laufen durch den Süden von Berlin. Neukölln zeigt sich von seiner nüchternen Seite. Gewerbegebäude zur Linken, S-Bahn-Gleise zur Rechten, Müll in den Winkeln. Vor uns geht eine Frau, die ihr Cello auf dem Rücken trägt. Es ist fast, als ob sie uns seit der S-Bahn-Station den Weg weisen würde. Immer, wenn wir abbiegen müssen, biegt sie vor uns ebenfalls ab, rechts, links. Dann geht sie durch den Hof des Hauses, zu dem auch wir wollen. Im Hinterhaus fällt hinter ihr die Haustür ins Schloss, während wir noch auf dem Klingelschild nach dem Namen suchen. Der Türsummer ertönt, wir steigen die Betonstufen bis ins vierte Stockwerk hinauf. Oben schließt die Cellistin die Wohnungstür auf. Kann das sein, dass ...? Nein, doch nicht. Sie ist eine Schülerin des syrischen Mitbewohners von Janka, die im selben Moment aus der Tür schaut, als die Cellistin dort verschwunden ist. Und wir lernen: Das Cello ist kein Cello, sondern ein Oud, eine arabische Kurzhalslaute, ein Zupfinstrument.

Janka ist Gewinnerin Nr. 100 bei *Mein Grundeinkommen*.

Wir gehen in die Loft-WG, die weniger nach Loft und mehr nach WG aussieht. In der großen Wohnküche stehen zwei alte grau-braune und ein drittes knallgelbes Sofa. Wir machen es uns gemütlich. Janka gießt Kräutertee aus einer alten Kanne ein, die mal eine Vase war. An den Wänden hängen dekorativ geordnet Zeitungsausschnitte, Postkarten, gerahmte Gedichte und Cartoons.

Auf einem sieht man einen gezeichneten Mann mit Schnauzbart, der auf einer Turnmatte Liegestütze macht. »Herr Janosch, wie verhindert man Armut im Alter?«, steht darüber. Darunter: »Wondrak hat frühzeitig das Altwerden aufgegeben. Armut in der Jugend ist wesentlich angenehmer. Dazu macht er Gymnastik.« Janka macht Yoga. Schon seit zehn Jahren. Vor zwei Jahren hat sie eine Ausbildung begonnen. »Heute geht ein zehntägiger Lehrgang los. Das ist nicht billig«, erklärt sie, »durch das Grundeinkommen kann ich mir das leisten.«

Das Grundeinkommen habe ihr unglaublich geholfen, erzählt die 27-jährige Studentin. Sie habe ihre alte Schrottkarre durch ein neues Fahrrad ersetzt. »Da ich jeden Tag radfahre, war es eine Anschaffung, die echt wichtig war.« Als Nächstes habe sie sich einen leichteren Laptop gekauft. Dann sei sie nach Südamerika geflogen.

Der Schriftzug »Konsum« leuchtet in neongrellen Farben vor unserem inneren Auge. Am Ende unseres Gesprächs wird Janka den Stecker gezogen haben. Die Leuchtbuchstaben werden komplett andere sein, aber vor allem unser Gefühl dazu. Aber bis zu diesem Aha-Erlebnis brauchen wir noch eine Stunde.

Janka bekommt schon elf Monate das Bedingungslose Grundeinkommen. Jetzt gibt es noch einmal tausend Euro, dann ist es vorbei. Und dann?

»Ich bin schon ein bisschen traurig. Sorgen mache ich mir nicht, ich bin mir bewusst, dass es nicht ewig so weitergeht. Sonst würde ich mein Leben ganz anders gestalten.«

Als sie die Nachricht von ihrem Gewinn bekam, wusste sie gar nicht, wie ihr geschah. Ihr war gar nicht bewusst, dass sie sich bei uns zu einer Verlosung angemeldet hatte.

Ein Bekannter aus Berlin hatte ihr einen Link zu unserer Webseite geschickt, als sie gerade in Mexiko war. »Ich dachte, ich soll was spenden, und habe mich da einfach angemeldet. Mir war gar nicht klar, dass ich etwas gewinnen kann.«

Als die Mail kam, habe sie die zuerst als Spam abgetan und erst kapiert, dass das Realität ist, als sie nach ihrer Kontonummer gefragt wurde.

Die ersten Gedanken waren: »Unglaublich, das habe ich doch gar nicht verdient. Ich muss auf jeden Fall einen großen Teil spenden.« Dann: »Wow, das ist unglaublich viel Geld. Ich brauche nicht mehr zu arbeiten!« Und dann kam die Ernüchterung: »Als ich gerechnet habe, war mir dann doch klar, dass die Summe nicht lange hält.«

Der allererste Gedanke lässt sie nicht los.

»Das denke ich immer noch: Ich hab's nicht verdient und bin eh schon privilegiert, weil ich in Deutschland geboren bin, in eine Familie, die mich beim Studium unterstützen kann, die mir die Möglichkeit gab, ein Gymnasium zu besuchen, und so.«

Sie redet viel über ihre Schuldgefühle.

»Das Thema Geld ist einfach schuldbehaftet. Ich fühle mich schuldig. Gott, das kann ich ja niemandem erzählen. Es hat eine Weile gedauert, bis ich es erzählen konnte. Weil ich eben dieses Gefühl von Schuld und Angst vor Neid habe. Ich hatte Gewissensbisse. Verdient hätten es Menschen, die um ihr Überleben kämpfen müssen. Obdachlose, Arbeitslose ... allein die Kontexte in Mexiko, die ich kenne. Wenn du nicht arbeitest, kannst du dort nicht essen.«

Über Mexiko hat sie ihre Masterarbeit in Lateinamerika-Studien und Gender Studies geschrieben. Die Arbeit steht kurz vor dem Abschluss. Thema: »Selbstfürsorge im Kontext von Menschenrechtsaktivistinnen in Mittelamerika, Mexiko und Nicaragua.«

Die meisten Menschen wüssten gar nicht, was Selbstfürsorge sei. »Erst wenn ich ›Self Care‹ sage, geht manchen ein Licht auf.«

Vor unserem inneren Auge erscheinen Instagram-Mode-Fotos mit Duftbädern in bunten Sommerblüten oder von fröhlichen Back-Nachmittagen mit Chocolate Chip Cookies.

»Selbstfürsorge ist politisch!« Janka machen die üblichen Vorurteile wütend. »Es geht nicht um Wellness, nicht um Luxus. Die Frauen, die ich für meine Masterarbeit interviewt habe, sind Menschenrechtsaktivistinnen in einer feministischen NGO. Ich hatte dort ein Praktikum gemacht. Die etwa sechzig Frauen, die sich dort engagieren, haben sich nie um sich selbst gekümmert, sondern immer um die anderen.«

Die Organisation Consorcio kümmere sich um Gewalt gegen Frauen, die in Mexiko, speziell im Bundesstaat Oaxaca, nicht unter Strafe steht.

»Die Aktivistinnen werden nicht vom Staat gesichert, im Gegenteil: Sie werden vom Staat verfolgt und bedroht, weil sie sich politisch einmischen, Frauenrechte und die Gleichstellung der Geschlechter einfordern. Sie sind auch oft gezielt sexistischen Angriffen ausgesetzt.«

Die Frauen dort gingen oft über ihre persönlichen Grenzen, gerade aus ihrer tiefen Überzeugung, ihrem Ethos heraus: Wenn ich es nicht mache, macht es niemand! In diesem Kontext bedeute Selbstfürsorge – auf körperlicher, emotionaler und spiritueller Ebene – etwas ganz anderes als das, was manche hierzulande mit der leeren Modephrase verbinden würden.

»Selbstfürsorge können sich oft nur die leisten, die das Geld dafür haben. Das möchte ich thematisieren und damit politisieren!«

SICH AUFOPFERN BIS ZUM BURN-OUT

Wir ahnen, dass das Thema etwas mit dem Grundeinkommen zu tun hat; aber noch können wir es nicht in Worte fassen. Janka tut es für uns – unbewusst.

»Es ist erst mal wichtig, ein Bewusstsein zu entwickeln: Es gibt Zusammenhänge, warum es mir schlecht geht. Ich muss lernen zu gucken, was ich brauche. So ganz banale Dinge. Vielleicht eine körperliche Therapie, vielleicht eine andere Ernährung. Tanz, Kunst, sich Zeit nehmen. Solche Sachen.«

Das sei nicht leicht, wenn man nicht das Geld dafür hat oder nicht die Zeit oder nicht die nötige Bildung oder, wie die Frauen in Mexiko, noch nicht mal einen geschützten Raum.

Janka sieht das Problem nicht auf Mexiko beschränkt: »In Unterstützungskontexten kennt man das auch in Deutschland. Es wird so selbstverständlich hingenommen, dass sich Leute aufopfern. So viele Aktivisten sind kurz vorm Burn-out. Da ist Selbstfürsorge superwichtig.«

Ja, nicken wir, die Schichtdienste in den Krankenhäusern, die anstrengende körperliche und emotionale Arbeit in Altenheimen ...

»In manchen Berufen gibt es hilfreiche Strukturen oder so etwas wie Supervision«, erläutert Janka, »aber Selbstfürsorge ist für alle Menschen wichtig. Wir brauchen eine Beziehung zu uns selbst!«

Es dauert eine Weile, bis wir verstehen, dass Selbstfürsorge auch für Janka persönlich eine Herausforderung ist.

»Ich messe mich unbewusst immer an den Menschen, die sich selbst ausbeuten. Aber dann erkenne ich: Das ist nicht mein Ideal. Trotzdem ist es etwas, was mich permanent unter Druck setzt.«

Sie war immer von Leuten umgeben, die sich engagieren: »Ich lebe in einer Generation, wo alle permanent über ihre Grenzen gehen, egal ob im Studium, im gesellschaftlichen Engagement oder auch in ihrer Freizeit. Das ist sicher auch ein Berlin-Phänomen.«

Sie habe gemerkt, dass sie das nicht könne, und hat deswegen dieses schlechte Gewissen. Das gelte auch für die Gewinnerinnen und Gewinner von *Mein Grundeinkommen*: »Die Gewinner erzählen im Netz ihre beeindruckenden Geschichten und geben damit den Takt vor.«

Uns beschleicht ein leiser Verdacht: Es gibt einen unausgesprochenen Wettbewerb in unserer Crowd? Und indem wir immer nach tollen Geschichten suchen, schüren wir unbewusst den damit verbundenen Leistungsdruck? Das ist ganz sicher nicht das, was wir wollen!

»Man bedenkt auch nicht, dass nicht alle Menschen die gleichen Möglichkeiten haben. Manche können das nicht. Ich habe meine gesundheitlichen Themen. Ich kann das gar nicht leisten, was die tun. Ich muss viel mehr auf mich achten und meine Grenzen beachten.«

Jetzt fällt bei uns der Groschen: gesundheitliche Themen?

Janka ist chronisch krank. Psoriasis, Schuppenflechte, eine genetisch veranlagte Hautkrankheit, die in Schüben auftritt und leider bislang nicht heilbar ist. Etwa zwei Millionen Menschen sind in Deutschland von dieser Krankheit betroffen.

»Das äußert sich auf vielen Ebenen, ein Riesenthema«, seufzt sie. »Es ist nicht nur ein Symptom auf meiner Haut, sondern auch mit chronischer Müdigkeit verbunden, sodass ich sehr auf mein Gleichgewicht achten muss. Ernährung, Entspannung … Ein großer Teil meines Geldes geht für die Gesundheit drauf, weil ich mich alternativ behandeln lasse, und das ist unglaublich teuer.«

Deswegen hat Janka in ihrem studentischen Café-Job weitergearbeitet und das Grundeinkommen als Rücklage genutzt, um damit andere Dinge zu finanzieren, vor allem ihre Gesundheit. Auch die Yoga-Ausbildung hat mit ihrer persönlichen Selbstfürsorge zu tun.

»Geld war nie im Überfluss da. Ich habe immer auch Existenzängste«, erzählt sie. »Diese Angst, nicht das Geld zu haben, um auf meine Gesundheit zu achten.«

Vor allem die Frage, wie sie ihr Leben nach dem Studium finanzieren könne, treibt sie um: »Ich weiß gar nicht, ob ich das kann, durch meine Gesundheit und meine Lebensumstände. Mit dem Grundeinkommen war das total anders. Es war einfach etwas, womit ich mich über Wasser halten kann, wenn es schlecht läuft.«

Und dann so ganz nebenbei erwähnt sie etwas, das uns hellhörig macht:

»Meine Eltern machen mir schon seit Jahren klar, dass ich mein Studium fertig machen soll, weil sie mir den Geldhahn zudrehen.«

Sie hatte schon ihre Zwillingsschwester erwähnt, die offenbar an *Mein Grundeinkommen* spendet, aber Janka den Gewinn nicht wirklich gönnt, jedenfalls »pikst sie immer so in die Gewissensbisse rein, indem sie sagt: Du brauchst dir eh keine Sorgen zu machen, du mit deinem Grundeinkommen!«. Die Schwester nehme halt kein Blatt vor den Mund. Aber Janka ist sicher, dass viele Menschen so denken. Deswegen möchte sie gar nicht aller Welt von ihrem Gewinn erzählen.

»In der WG habe ich es erzählt, aber nicht gleich allen. Ich habe Hemmungen gehabt, das so zu verbreiten, und es weiß auch immer noch nicht jeder. Es kam nicht, aber ich hatte Angst, dass es Forderungen gäbe, ich müsse mehr zahlen, dass es nicht gegönnt wird. Es gab auch Mitfreude. Gott sei Dank!«

Dass aus dem Grundeinkommensgewinn ein Geheimnis gemacht wird, haben wir auf unserer Tour oft gehört. Aber uns wundert, dass ausgerechnet Janka sich so schwer damit tut, offen über das Grundeinkommen zu reden. Immerhin ist Selbstfürsorge ihr Forschungsthema. Sich selbst etwas zu gönnen, sich um sich selbst zu kümmern. Woher stammt diese Angst?

Erst ganz am Ende verrät sie es uns, als wir eigentlich schon durch sind mit unseren Fragen. Da sagt sie plötzlich:

»Ich hab's auch meinen Eltern erzählt.«

Und?

»Die haben mir natürlich ihre Unterstützung gekürzt.«

Wie bitte?

»Sie fanden das ungerecht den Geschwistern gegenüber. Die beiden haben das dann auch gleich angemeldet. Das Grundeinkommen war ein willkommener Grund, ihre Unterhaltszahlungen einzustellen.«

Das heißt, nicht Janka hat das Grundeinkommen bekommen, sondern ihre Eltern? Sie haben das gehandhabt wie die Jobcenter bei den Hartz-IV-Empfängern?

»Am Ende dann doch nicht. Aber es war eine harte Diskussion. Jetzt zahlen sie statt 700 nur noch 600 Euro und haben alle Arten von Unterstützung gestoppt, also Arztrechnungen und Nahrungsergänzungsmittel, also all meine Gesundheitskosten, und früher haben sie mir auch mal die Bahnfahrt bezahlt, wenn ich zu ihnen fuhr – das machen sie jetzt nicht mehr.«

Wir staunen.

»Mein Vater verdient eigentlich gut, aber er kann nichts zur Seite legen, weil er drei Töchter hat, die studieren«, versucht Janka zu erklären.

»Du fühlst dich deinen Eltern gegenüber schuldig?!« Claudia ist fassungslos. »Und deine Eltern setzen dich in die Welt, aber sie gönnen dir das Grundeinkommen nicht?«

»Ich fühle mich schuldig, weil er uns alle ernährt.« Janka nickt. »Mein Vater opfert sich auf. Er ist mit seinem Job verheiratet, und er gibt alles für seine drei Töchter.«

»Wenn das Bedingungslose Grundeinkommen dauerhaft gewesen wäre, dann wärst du nicht auf deine Eltern angewiesen«, behauptet Micha. Und Claudia spinnt den Gedanken gleich weiter: »Wenn es ein Bedingungsloses Grundeinkommen für alle gäbe, dann würde es auch dein Vater bekommen, deine Mutter, deine Geschwister. Und dann müsstet ihr das nicht mehr in der Familie gegeneinander aufrechnen!«

Janka lächelt. »Genau das hat das Grundeinkommen bewirkt. Ich mache mir halt viele Gedanken darüber, wer was ›verdient‹ hat. Und dann kommt dieser Gedanke: Vielleicht habe ich es auch verdient.«

PLÖTZLICH GESUND: WUNDERPILLE GRUNDEINKOMMEN?

Krankheit und Selbstfürsorge hängen unmittelbar miteinander zusammen. Wer sich nicht ausreichend um sich kümmert, hat ein höheres Risiko, krank zu werden; und wer krank wird, muss automatisch mehr für sich sorgen. Unter unseren Gewinnerinnen und Gewinnern gibt es wie in der ganzen Gesellschaft natürlich auch zahlreiche Menschen mit den unterschiedlichsten Erkrankungen.

Der Erste, der unser Augenmerk auf diesen Zusammenhang lenkte, war Christoph, jener Callcenter-Mitarbeiter aus der allerersten Verlosung, der seinen Job kündigte, um ein Pädagogik-Studium aufzunehmen. Christoph leidet, nein, inzwischen muss man wohl sagen: litt viele Jahre unter Morbus Crohn, einer chronisch entzündlichen Magen-Darm-Erkrankung. Meist tritt sie bei jungen Leuten zwischen dem 15. und 35. Lebensjahr auf und verläuft dann in Schüben. Etwa 300 000 Menschen sind in Deutschland betroffen. Die Ursachen der Krankheit sind noch nicht erforscht, man geht aber von einer genetischen Veranlagung aus. Die Ernährung spielt wohl keine Rolle. Psychische Belastungen dagegen können den Krankheitsverlauf ungünstig beeinflussen.

Vor allem Letzteres ist mit Blick auf das Bedingungslose Grundeinkommen interessant. Denn neben Christoph gibt es noch einen zweiten Gewinner, der an Morbus Crohn erkrankt war: Marc. Beide berichteten uns, dass sie in dem Grundein-kommensjahr zum ersten Mal medikamentenfrei leben konn-ten.

Christoph hatte erst kurz vor seinem Gewinn die Morbus-Crohn-Diagnose bekommen. Im Oktober 2017 schrieb er dank-bar: »Ich habe seit zwei Jahren keinen einzigen Schub gehabt, bin also so kerngesund, wie man es sich nur vorstellen kann.« Für ihn ist klar, dass das mit dem Grundeinkommen zusammenhängt: »Anscheinend gibt der Darm Ruhe, wenn man keinen Stress hat.« Das Grundeinkommen habe ihn ermutigt, sich beruflich neu zu orientieren, er konnte sich dadurch ganz viele Gedanken über sein Leben machen. Das bedingungslose Geld gab ihm die nötige Ruhe und gleichzeitig eine angenehme Anspannung, zu gucken, was er machen will und wie es weitergeht.

Das habe sich positiv auf seine Gesundheit ausgewirkt: »Das Grundeinkommen hat mein Leben in weiten Teilen gedreht. Ich bin generell viel weniger krank, und ich fühle mich insgesamt leistungsfähiger.«

Marcs Vorgeschichte ist deutlich länger: Seit dem Abitur be-gleitet ihn die Morbus-Crohn-Erkrankung. Geschwächt durch die Krankheit und das verschriebene Cortison, muss er zweimal sein Studium abbrechen. Er stellt seine Ernährung um, ändert die Lebensgewohnheiten und beginnt eine Psychoanalyse. Mit 29 schließt er endlich eine Berufsausbildung zum Bankkauf-mann erfolgreich ab. Krankheit, Psychoanalyse und seinen Job bringt er jedoch nicht mehr unter einen Hut. Fehlzeiten am Ar-beitsplatz und die dauerhafte Cortison-Behandlung sind keine motivierende Perspektive. Die Krankheitssymptome verschlim-mern sich wieder. Anfang 2014 wird Marc dauerhaft krank-geschrieben. Er lebt von Krankengeld. Statt sich um seine Ge-nesung zu kümmern, schlägt er sich mit Ämtern und Behörden herum. Durch den seelischen Druck bekommt er immer wieder neue Krankheitsschübe.

Da gewinnt er im Mai 2015 das 13. Grundeinkommen. Er jubelt und schreibt dankbar, dass er das Grundeinkommen nutzen will, »um seine Energie komplett auf die nächsten Schritte zur Gesundung auszurichten und möglicherweise sogar anderen Menschen, mit ähnlichen Krankheitsbildern, eine motivierende Unterstützung zu werden«.

Er kann seine Medikamente reduzieren, ein halbes Jahr später das Cortison sogar ganz weglassen – »zum ersten Mal seit zehn Jahren!«.

Zuvor hätte ihm die ständige Auseinandersetzung mit den Behörden signalisiert: »Ey, es kann doch nicht sein, dass du so viel Zeit brauchst! Was soll das denn? Sieh mal zu, dass du schnell gesund wirst, ansonsten zahlen wir irgendwann nicht weiter!« Er hatte das Gefühl, wenn er sich jetzt um seine Gesundheit kümmert, dann gefährdet das seine Existenz. Dieses Gefühl der Existenzangst habe ihm das Grundeinkommen zum ersten Mal genommen: »Es hat mir das Gefühl vermittelt: Es ist okay, wie du gerade bist.«

Mit dem Grundeinkommen im Rücken verhandelt er mit seinem früheren Arbeitgeber eine Abfindung, die er sich fortan als monatliches Grundeinkommen auszahlt. Dadurch hat er sich das Grundeinkommensjahr quasi selbstständig verlängert.

Das ermögliche ihm, langsam seine Bedürfnisse und die Ansprüche der Arbeitswelt zu vereinbaren. Er beschließt, ein Buch zu schreiben. »Es ist ein erster Versuch, wieder eine Arbeitsleistung zu erbringen.«

Auf der Blogseite von *Mein Grundeinkommen* erzählt er offen über seine Analyse und den Heilungsverlauf. In der Psychoanalyse, der er sich dank Grundeinkommen ohne Behördenstress widmen konnte, erkennt er, dass er aufgrund von Erfahrungen in der Kindheit einen Teil seines Selbst abgespalten habe.

»Ich weiß nicht, ob es möglich ist, sich das vorzustellen, aber einen großen Teil meines Lebens begleitet mich das Gefühl, nie vollständig anwesend zu sein und sein zu können. Ich fühlte mich überwiegend bloß als Beobachter, anstatt Teil der Lebendigkeit des Lebens zu sein. Ich war dabei, und doch war ich es nicht. Als könnte ich durch eine Scheibe das Leben und die Lebendigkeit mit all ihren Facetten bei anderen wahrnehmen, doch nie selbst Teil dessen sein. Ich habe im Außen gesucht, versucht Dinge nachzumachen, die andere glücklich und lebendig zu machen schienen. Doch das, was ich bei ihnen wahrnehmen konnte, entstand in mir nicht. Meist blieb eine trostlose Leere.«

Dieser autoaggressive Spaltungsmechanismus habe einen Teil seines psychischen und physischen Verdauungssystems außer Kraft gesetzt und zur Symptomatik seines Morbus Crohn geführt.

»Das Grundeinkommen gibt mir jetzt den Raum, meine inneren Strukturen zu verändern und sie zusammen mit meinem Analytiker heilend weiter zu entwickeln! Es erlaubt mir, frei von Existenzängsten Nein zu sagen und überhaupt erst mal zu lernen, meine ureigenen Grenzen und Bedürfnisse wahrzunehmen.«

Marc ist überzeugt, dass viele psychische und psychosomatische Erkrankungen zumindest gemildert werden könnten, wenn die Menschen – ohne Existenzangst, ohne sich ständig rechtfertigen zu müssen – einfach mal Zeit bekämen, sich dem zu widmen, was in ihrem Innern ist.

»Indem ich übe, die Bedürfnisse, Grenz- und Notsignale meines Inneren wahrzunehmen, ihnen eine liebevoll achtende Resonanz zu geben und mich dabei den frei werdenden verinnerlichten Ängsten zu stellen, baue ich nun eine gesunde Beziehung zu mir selbst auf!«

Sich um seine Heilung kümmern wollte auch der Leipziger Unternehmensberater Volker, Gewinner des 35. Grundeinkommens im April 2016. Der 64-Jährige war ein Jahr zuvor an einer

Lungenfibrose erkrankt, die von der Schulmedizin als unheilbar angesehen wird.

»Ich persönlich glaube nicht an unheilbare Krankheiten. Ich glaube vielmehr, dass jeder kranke Mensch wieder gesund werden kann, wenn er den Zugang zu seinen Selbstheilungskräften findet. Ich habe mich also nach alternativen Heilmethoden umgesehen.«

Er setzte seine Hoffnung auf die chinesische Bewegungsmeditation *Zhineng Qigong*. Den Workshop einer renommierten Qigong-Lehrerin, den er gern besuchen wollte, konnte er sich jedoch nicht leisten. »Jetzt kann ich mir das alles leisten. Das Bedingungslose Grundeinkommen macht's möglich«, schrieb er begeistert, als er von seinem Gewinn erfuhr.

Menschen mit Lungenfibrose leiden nicht nur an Atemnot und einer allgemeinen körperlichen Schwäche, sondern oft auch unter Schlafstörungen, Ängsten und Niedergeschlagenheit. Deswegen ist es umso berührender, dass er in seiner hoffnungsvollen Mail schrieb, er freue sich nicht nur auf den Workshop, sondern vor allem darauf, »mich zehn Tage lang ausschließlich meiner Gesundheit widmen zu können«.

Den letzten Kontakt zu Volker hatten wir Anfang März 2017, dem letzten Monat seines Grundeinkommensjahres. Da ging es ihm bereits gesundheitlich so schlecht, dass eine Lungentransplantation nicht mehr infrage kam. Am Ende desselben Monats ist er gestorben.

SUSANNE UND LECKERLIS FÜRS LEBEN

Gesundheit beziehungsweise Krankheit ist auch für die 45-jährige Susanne ein lebenslanges Thema. Sie sei jahrzehntelang fehlbehandelt worden, erzählt sie uns. Schon als Kind habe sie das erste Mal Magenblocker bekommen. »Ich habe gegen den Magenschmerz gefressen und Maaloxan genommen, gegen Gastritis. Damals war das noch nicht so angesagt, auf die Ernährung zu achten.«

Jetzt ginge es wieder bergauf. Sie habe zwei sehr schlechte Jahre gehabt, aber sie habe viel gelesen und großen Abstand zu Ärzten genommen. Jetzt hat sie ihre Ernährung umgestellt. Von ihrer Oma habe sie eigentlich gelernt, sich gescheit zu ernähren. »Sie ist 99 geworden. Sie hat mal in mein Snickers gebissen und das ausgespuckt: ›Das ist wie Altöl, das du ins Auto kippst!‹«

Ihre Oma habe das alles schon damals gewusst. »Deswegen kann ich eigentlich auf ein Wissen zurückgreifen, das ich schon immer hatte, aber nicht genutzt habe. Ich esse einen Keks, schlecke einmal am Eis und kippe um. Wer da nicht draus lernt!« Susanne schlägt sich vor die Stirn. »Mittlerweile esse ich gesund. Der Körper ist das, was die Seele umgibt, und wenn die keinen Platz findet, muss sie über den Körper gehen. Dann kann ich nicht eine Tablette nehmen, sondern muss der Seele zuhören.«

Susanne ist die 87. Gewinnerin, ihr erstes Grundeinkommen bezieht sie im Juni 2017. Wir treffen sie 14 Monate später, im zweiten Monat ohne Grundeinkommen. Wir wissen von ihr nur, dass sie in einem Bauwagen auf einem Wagenplatz in Berlin wohnt.

Wir finden den Weg und stehen inmitten einer – sagen wir – Schrebergarten-Idylle. Inmitten alter Bäume bilden mehrere Bauwagen einen Kreis, in dessen Mitte ein junger, aber mit Früchten reich behangener Pflaumenbaum, ein Waschtrog mit saftigen Gräsern und ein alter Holztisch mit bunt zusammengewürfelten Gartenstühlen stehen.

Susanne wohnt in dem quietschgelb lackierten Bauwagen mit orangefarbenen Sternen und grün beranktem Vordach. Wir bleiben im Garten, essen frisches Obst, trinken frischen Pfefferminztee.

»Ich habe als Kind zu viel ›Peter Lustig‹ im Fernsehen geguckt. Das habe ich alles nachgemacht, unbewusst. Wenn die Sendung anfing, ist mir das Herz aufgegangen. Und wenn es zu Ende war, habe ich geheult. Ich fand das toll, wenn Kinder sich Instrumente aus Sperrmüll gebaut haben. Das war wie nach Hause kommen.«

Seit 15 Jahren hat Susanne eine Stelle als Ingenieurin.

Fest angestellt im öffentlichen Dienst, unkündbar. Mit einer Dreiviertelstelle kommt sie gut aus.

Sie gehört zu den Besserverdienenden unter den Gewinnerinnen und Gewinnern. »Du hast ein lebenslanges Grundeinkommen«, sagen wir, »aber nicht bedingungslos.« Susanne nickt: »Zuerst hatte ich ein unfassbar schlechtes Gewissen, weil ich gut verdiene, und habe überlegt, ob ich das Geld an Menschen verschenke, die gar nichts haben. Aber dann habe ich es doch dankbar für mich angenommen. Bei mir hat sich so krass was verändert, was Geld betrifft!«

Wir sind mehr als gespannt. Wer seit 15 Jahren als Ingenieurin sicheres Geld verdient – was kann sich da schon »krass« verändern?

»Ich komme aus liebevoll behüteten, aber extrem armen Verhältnissen«, eröffnet Susanne ihre Lebensgeschichte. Ihre alleinerziehende Mutter musste ihr Studium aufgeben und sehr hart arbeiten, um die drei Kinder durchzubringen. Geld war keines da, so musste die Familie auf vieles verzichten und konnte sozial an einigem nicht teilhaben. Dadurch habe sie von klein auf mit dem sicheren Gedanken gelebt, dass sie eh nie Geld haben werde. »Nie Führerschein, nie ein Auto, nie Eigentum. Dafür reicht's nicht, das kann ich mir nicht leisten.« Mit dieser festen Grundüberzeugung sei sie in die Welt gegangen.

Sie habe nie auf großem Fuß gelebt, jedenfalls nicht so, wie man sich das vorstellt: »Ich wohne im Bauwagen, repariere alles selbst, habe mir nichts geleistet, nie groß Urlaub gemacht.«

»Das Grundeinkommen hat meine Einstellung zum Geld komplett verändert!«, ruft Susanne, als sei das klar wie die Gemüsebrühe, die sie sich jetzt kocht.

Wir schauen sie fragend an.

»Mein inneres Manifest zum Geld lautete: Ich will dich nicht! Ich finde dich ekelhaft! Arme Leute, mit denen kenne ich mich aus. Aber wer ein bisschen Geld hatte, war mir sofort unsympathisch. Wenn du eine Sache so sehr ablehnst, dann kommt sie nicht und bleibt auch nicht.«

In ihrer Kindheit war Geld etwas, das sie mit Ausgrenzung verband. Aber jetzt sei Geld nicht mehr der Feind. »Es wurde entmoralisiert. Es ist nur noch ein Werkzeug, ein Tauschding. Keine Schuld, kein Das-hast-du-nicht-verdient, keine Moral.«

»Ich habe mich getriggert, mich über Geld zu freuen. Jetzt kaufe ich seit einem Jahr anders ein. Nur Qualität, aber gebraucht.«

Wir sind skeptisch. Ob ein Leistungsbonus von 12 000 Euro nicht dasselbe bewirkt hätte?

Susanne schüttelt den Kopf. Was ist der Unterschied?

»Das Grundeinkommen ist eine sozial gute Idee. Die Idee hat das Verhältnis zum Geld geändert. Die Idee, dass Geld nicht etwas Naturgegebenes ist, etwas, das man durch die Klasse, in die man hineingeboren wird, erwirbt, sondern dass Geld etwas ist, was jedem zusteht.«

Und ihr schlechtes Gewissen?

Ja, das hätte sie anfangs den Leuten gegenüber gehabt, die viel weniger haben, gegenüber Geflüchteten zum Beispiel. Sie habe zuerst Geld verschenkt, an ihre Mutter etwa. Dann habe sie zum ersten Mal Egoismus ausgelebt, diese kleinen Egoismen, diese Selbstliebe.

Wir stutzen: Egoismus? Selbstliebe? Ob sie das Wort Selbstfürsorge kenne, fragen wir. »Selbstfürsorge?« Susanne staunt. »Ein schönes Wort!«

Ja, das passe. Jetzt, mit 45 Jahren, habe sie kapiert, dass sie erst für sich sorgen müsse, bevor sie für andere sorgen könne.

»Ich bin immer über meine Grenzen gegangen, für andere und für mich auch. Ich war krank, jahrelang. Die Untersuchungen waren auch teuer. Da ist viel Geld reingeflossen. Ich habe versucht, allem gerecht zu werden. Bis ich gemerkt habe, dass ich in der gesundheitlichen Mangelphase niemandem mehr eine Hilfe bin. Jetzt muss ich mich um mich selbst kümmern, um überhaupt Kapazitäten für andere zu haben.

Das Grundeinkommen habe dazu beigetragen, dass sie das erlernen konnte. Das Grundeinkommen sei ein Geschenk des Himmels, das ihr eine Wertschätzung gegeben habe, die sie sich vorher selbst nicht gegeben habe. »Ich glaube ans Universum, dass alle Geister mir Signale gegeben haben: Wenn du nicht glücklich bist, musst du die Richtung ändern.«

Vor dem Grundeinkommen habe sie nicht über sich nachgedacht. Das habe sich durch das Grundeinkommen verändert, auch dadurch, dass sie zum ersten Mal alleine reisen gegangen ist. Gleich nach dem Gewinn habe sie eine große Reise durch Südostasien gemacht. Das habe auch mit dem Alter zu tun, zu wissen, was sie wolle, und unabhängig sein zu wollen.

Entscheidend sei die Bedingungslosigkeit: »Warum haben wir Katzen und Hunde?«, fragt Susanne und gibt die Antwort gleich selbst: »Weil die Tiere uns bedingungslos lieben! Der Haustiermarkt boomt, aber als Menschen gönnen wir uns nicht das Schwarze unterm Fingernagel!«

Wir erzählen, dass eine Gewinnerin gesagt hat, Grundeinkommen sei Geborgenheit. Was Susanne davon halte?

»Absolut! Grundeinkommen ist wie ein Zuhause, in das du reinkannst. Eine Grundstruktur, die immer da ist. Das ist großartig. Was für ein Geschenk, wenn du dir keine Gedanken machen musst, wie du deine Miete bezahlst!« Dann fallen ihr weitere Vergleich ein, um ihr Grundeinkommensgefühl zu beschreiben: »Grundeinkommen ist ein Schutzmantel, eine warme Umarmung, ist Sicherheit, der Boden zur Selbstentfaltung!«

Okay, wir haben verstanden.

Auch Susanne stellen wir unsere obligatorischen Schlussfragen: Sollen alle Menschen ein Bedingungsloses Grundeinkommen bekommen?

Klar!

Auch Millionäre?

Susanne zögert keine Sekunde: »Natürlich! Das wird auch für einen Millionär etwas verändern. Der bekommt etwas geschenkt, ohne dass er etwas dafür machen muss. Geschenkt! Auch ein Millionär ist ein Mensch. Der freut sich, wenn er wie eine Katze ein Leckerli bekommt. Du bist da, du wirst wertgeschätzt, du bekommst was!« Sie lacht.

Die Antwort überrascht uns: »Du hast Reiche abgelehnt …«

»Na ja, jetzt nicht mehr«, lächelt sie nun doch ein bisschen verlegen.

»ALLES HAT EINEN WERT AUSSER ICH«

Das Wort »Selbstfürsorge« lässt uns seit dem Gespräch mit Janka nicht mehr los. Immer wieder kommen wir darauf zu sprechen, mit den Gewinnerinnen und Gewinnern, aber auch, wenn wir allein sind. Und irgendwann gestehen wir uns ein, dass uns ein ziemlich starkes Gefühl der Scham umtreibt. Ja, wir schämen uns, dass wir so verächtlich auf das »bloße Konsumieren« der Gewinnerinnen und Gewinner geguckt hatten. Wir fangen an zu verstehen, dass es bei der Kauflust, beim Kaufrausch, bei diesen so oft bejubelten Shopping-Glücksgefühlen eben immer um dieses Gefühl der Selbstbelohnung geht. Sich etwas gönnen. Einfach mal lieb und fürsorglich zu sich selbst sein.

Das scheint verdammt schwer zu sein. Denn man muss sich ja den Wert erst mal verdienen! Alle, wirklich alle haben es gesagt, manche bewusst, manche unbewusst.

»Mancher ist vielleicht von den tausend Euro überfordert«, hatte Marlene vermutet. »Ich habe schon gemerkt, wie sehr ich mir selber verbiete, das Geld anzunehmen. Mir nicht erlaube, es mir gut gehen zu lassen. Leistungsdruck, Glaubenssätze. Da mache ich es mir selber schwer. Das musste ich mir ja selber erlauben. Mir gönnen. Mir zugestehen, dass ich es mir wert bin. Das habe ich erst durchs Bedingungslose Grundeinkommen gelernt.«

»Alles hat einen Wert außer ich«, fasst Micha den Kern solcher Sätze zusammen. Und weil wir uns nichts gönnen, müssen wir so viel kaufen.

Micha erzählt von seiner Begegnung mit der Gewinnerin Astrid. »Ihre Geschichte zeigt, wie sehr die neue Bedingungslosigkeit die Brille verändern kann, durch die man die Welt sieht. Denn für Astrid waren Geld und Konsum auf einmal gar nicht mehr so wichtig, weil es ja keinen Mangel mehr gab. Plötzlich wurden Dinge denkbar, die früher nicht denkbar waren, wie zum Beispiel kein Auto mehr zu besitzen oder mit Anfang fünfzig noch mal in eine WG zu ziehen.«

Wir denken noch mal an Marlene und ihren Pflanzenvergleich: »Mir fällt schneller auf, wo ich mich selbst blockiere. Jetzt möchte ich meine Pflanze immer im Saft halten. Ich bediene mich, damit ich dienen kann. Ich muss in der Kraft sein, damit ich dienen kann. Das ist nicht egoistisch, das ist meine Pflicht der Gesellschaft gegenüber.« Das ist Selbstfürsorge in ihrer besten Form!

Zynischerweise verknüpft die Werbeindustrie bestimmte

Produkte mit solchen intimen Gefühlen. Da wird das Auto zum Inbegriff von Sportlichkeit, die Zigarette steht für Freiheit und Unabhängigkeit – wenngleich die Produkte eigentlich genau das Gegenteil bewirken. Wer Auto fährt, bewegt sich nicht; wer raucht, wird nikotinabhängig. Und deswegen verdammen wir allzu oft jede Art von Kaufen und Konsum.

Dabei gilt auch das Gegenteil: Wir brauchen vielleicht keine neue Hose oder ein neues Möbelstück, noch mehr zu essen oder zu trinken; aber wir brauchen Fürsorge – und wenn uns niemand etwas gönnt, dann gönnen wir uns selbst etwas. Das ist okay. Das ist zutiefst menschlich. Konsum ist nicht unbedingt »böser Konsum«, sondern hat eventuell schlicht mit Selbstfürsorge zu tun.

Es mag eine Frage des Trainings sein – auch das haben wir von Janka gelernt –, den Mangel nicht nur zu spüren, sondern auch richtig zuzuordnen: Ist es körperlicher, geistiger oder seelischer Mangel? Aber was maßen wir uns an, für andere zu entscheiden, welchen Mangel sie befriedigen? Oder ob ihr Bedürfnis berechtigt ist? Wer sagt denn, dass Schokolade nicht doch glücklich macht? Und selbst wenn irgendetwas nur einen Placebo-Effekt hat, dann hat es eben doch einen Effekt! Wer über die Bedürfnisse anderer urteilt, sollte vielleicht zuerst mal darüber nachdenken, welche Bedürfnisse er oder sie sich selbst nicht erlaubt. Zutiefst beschämt denken wir an Vitrinen-Alex, entschuldigen uns bei ihm und beschließen, ihn nie wieder so zu nennen.

Es braucht Dinge, an denen sich die Fülle unseres Lebens materialisiert. Wir wohnen gern in einer Altbauwohnung mit Stuck, obwohl das kein Mensch »braucht«. Wir erfreuen uns an einer Blumenwiese, nicht weil sie sinnvoll oder notwendig ist, sondern einfach weil sie schön ist und uns in ihrer Fülle an Lebendigkeit erfreut. Wir »brauchen« Dinge einfach nur, weil sie schön sind. Wir denken an Viola, die sich nicht mehr den billigen Wein, sondern den teureren Wein kauft, weil er besser schmeckt; Corinna, die mit ihrem Mann essen geht, weil es schön ist. Der achtjährige Robin, der seine Familie zum Essen beim Griechen einlädt, einfach weil er es kann und er ihnen eine Freude machen will.

Uns fällt Florian ein, der bereute: »Es ist eigentlich schade, dass ich mir gar nichts gekauft habe.« Und wir stimmen ihm zu. Lasst uns ab und zu auch mal fühlen, wie sich Fülle und Überfluss anfühlen. Bastian kauft sich ein Lotterie-Los für 120 Euro. Einfach mal etwas verschwenden!

Natürlich sind innere Werte moralisch erhaben über den »Tand von Menschenhand«. Aber ist es nicht trotzdem ein wunderbares Gefühl, wenn man in einer alten Kiste auf dem Dachboden die alte Uhr des Großvaters oder ein Schmuckstück der Großmutter findet? Der Kram mag objektiv wertlos sein, aber wie oft verknüpft sich mit einem beliebigen Gegenstand ein intensives Gefühl? Die Muschel vom Strand, der bunt gemusterte Stein aus den Bergen, die Murmel aus Kindertagen. Warum sollten wir uns solche Sachen versagen? Wir sind Menschen aus Fleisch und Blut, wir sind Körper in einer körperlichen Welt. Lebenslust und Sinnlichkeit, das ist etwas Wunderbares! Gönnen wir uns das Leben in jeder Hinsicht!

Das Bedingungslose Grundeinkommen führt dazu – und sei es über den Umweg durch »blöden Konsum« –, eine Beziehung zu sich selbst, zum Körper, zu den Emotionen, zur Seele aufzubauen und Verantwortung für sich selbst zu übernehmen. Selbstfürsorge, das Sich-Gönnen, ist eine wesentliche Facette des Grundeinkommensgefühls – und sie könnte dazu führen, dass wir eines Tages (miteinander statt gegeneinander) in einer besseren Gesellschaft leben und »blöden Konsum« nicht mehr brauchen.

Wieder entdecken wir ein passendes Zitat bei Erich Fromm, diesmal in seinem Aufsatz »Psychologische Aspekte zur Frage eines garantierten Einkommens für alle« von 1966:

»Der Übergang von einer Psychologie des Mangels zu einer des Überflusses bedeutet einen der wichtigsten Schritte in der menschlichen Entwicklung. Eine Psychologie des Mangels erzeugt Angst, Neid und Egoismus. [...] Eine Psychologie des Überflusses erzeugt Initiative, Glauben an das Leben und Solidarität.«

Wenn es uns häufiger gelänge, uns selbst etwas zu gönnen, und zwar nicht nur als Kompensation für all die vorherigen Opfer, die wir in heldenhafter Selbstzerstörung erbracht haben, vielleicht würde sich mancher Konflikt ganz schnell auflösen, vielleicht könnten wir fröhliche Feste miteinander feiern, vielleicht würde sich manche chronische Krankheit in Luft auflösen.

Aber uns ist klar, dass das leicht dahingesagt ist. Noch mal Erich Fromm: »Tatsache ist jedoch, dass die meisten Menschen psychologisch immer noch in den ökonomischen Bedingungen des Mangels befangen sind, während die industrialisierte Welt im Begriff ist, in ein neues Zeitalter des ökonomischen Überflusses einzutreten. Aber wegen dieser psychologischen ›Phasenverschiebung‹ sind viele Menschen nicht einmal imstande, neue Ideen wie die eines garantierten Einkommens zu begreifen, denn traditionelle Ideen werden gewöhnlich von Gefühlen bestimmt, die ihren Ursprung in früheren Gesellschaftsformen haben.«

Dies ist das Henne-Ei-Problem des Bedingungslosen Grundeinkommens. Solange wir nicht die Erfahrung machen, dass uns etwas gegönnt wird, fällt es uns schwer, den anderen etwas zu gönnen. Und weil wir anderen nicht gönnen, wird uns nichts gegönnt. Vertrackt.

Wenn wir je Zweifel hatten, ob der Verein *Mein Grundeinkommen* irgendeine Berechtigung hat, in diesem Moment waren wir so sicher wie nie zuvor, dass es ihn braucht: Denn nur wenn ausreichend Menschen spüren, was es bedeutet, dass ihnen bedingungslos gegönnt wird, werden sie die tiefe Überzeugung gewinnen, dass sie auch anderen bedingungslos gönnen können.

Wir spüren eine neue Entschlossenheit in uns wachsen: Aus der einen Million Grundeinkommens-Unterstützern auf unserer Webseite wollen wir zehn Millionen machen; aus dem einen Jahr sollen zehn werden!

Wir krempeln gedanklich die Ärmel hoch, spucken in die Hände und sind damit schon mittendrin in der vierten Facette des Grundeinkommensgefühls.

5. Facette: Tatendrang

Zwischen Krabbenkorb und Wolke sieben

Selbstfürsorge ist deswegen so schwer zu leben, weil in unserer Gesellschaft Egoismus und Selbstliebe so verpönt sind. Wenn Menschen sich rausnehmen, für sich selbst zu sorgen, verurteilen wir ihr scheinbar egoistisches Verhalten. Aufgrund der Angst davor, dass andere egoistisch handeln könnten, verbieten wir lieber allen die Freiheit, untersagen Lebensfreude und steigern uns in eine allgemeine Missgunst hinein.

Fachleute nennen das den »Krabbenkorb-Effekt«: Denn einzelne Krabben scheitern deswegen daran, aus dem Korb herauszukrabbeln, weil die anderen Krabben sie wieder in den Korb zurückziehen. Das tun die vermutlich nicht, weil sie sich mit dem Restaurant-Besitzer verbündet haben und begeistert den Gourmet-Freitod suchen, sondern weil sie sich an den anderen Krabben festhalten im verzweifelten Versuch, sich selbst zu retten. Und so bleiben alle Krabben in der tödlichen Gefangenschaft des Korbes.

Betrachten wir das Ganze dagegen systemisch, dann wird deutlich, dass Wirtschaft und Gesellschaft kein Nullsummenspiel sind, bei dem alles, was der eine gewinnt, der andere verlieren muss.

Der Spruch »Wenn jeder an sich selbst denkt, ist an alle gedacht« ist Ausdruck eines zynischen Neoliberalismus. Aber er ist im Kern auch nicht ganz falsch. Man denke nur mal kurz das Gegenteil: Was passiert, wenn niemand an sich selbst denkt?

Genau: Dann sind alle individuellen Ressourcen schnell aufgebraucht!

In Gesprächen über das Grundeinkommen treffen wir immer wieder auf zwei folgenschwere Glaubenssätze, die wir gern hinterfragen möchten:

1. »Menschen sind von Natur aus faul.« Nun, wir wissen nicht wirklich, wie der Mensch »von Natur aus« ist, weil wir alle in menschlichen Kulturen leben. Der Naturmensch ist also reine Imagination. Und der Hypothese des faulen Neandertalers könnte man die Hypothese des in einer zivilisierten Welt erzogenen Menschen entgegenhalten, wie der Philosoph Jean-Jacques Rousseau es getan hat. Und in dieser Welt lernen wir, übrigens wie Hunde und Katzen auch, unsere »Triebe« zu lenken und sogar sie zu nutzen: Die vermeintlich frevelhafte Faulheit ist vermutlich wesentlicher Antrieb dafür, um Ressourcen zu sparen und effizienter zu wirtschaften. Insofern sind Sparsamkeit und Faulheit zwei Seiten derselben Medaille.

2. »Not macht erfinderisch.« Es stimmt sicher, dass Menschen vereinzelt sogar in aussichtslosen Situationen rettende Ideen hatten. Der Satz stellt aber eine unzulässige Kausalkette dar, wenn er im Sinne von »Nur Not macht erfinderisch« verwendet wird. Aus A mag B folgen, das heißt aber nicht, dass nicht auch aus Nicht-A eben dasselbe B folgen kann. Eventuell folgt aus Nicht-A sogar ein noch besseres B*. Im Klartext: Not mag vereinzelt erfinderisch machen. Keine Not macht aber vielleicht auch erfinderisch. Und vielleicht sogar noch viel erfinderischer.

Auf Basis solcher Glaubenssätze wird aktiv gesellschaftliche Knappheit hergestellt, ausgerechnet in der Überflussgesellschaft des 21. Jahrhunderts. Wir produzieren künstliche Not, um die Menschen aus ihrer vermeintlich naturgegebenen Faulheit aufzuscheuchen. Absurd! Denn genau das führt zum gegenteiligen Effekt.

Not bringt Menschen nämlich gerade *nicht* in Bewegung:

Auch wenn wir glauben, dass Menschen dann besonders mutig werden, wenn sie »nichts mehr zu verlieren haben«, zeigt die Wissenschaft, dass arme Menschen in Wahrheit risikoscheu werden. Zudem verursacht Knappheit kurzsichtiges und impulsives Verhalten, wobei kurzfristige Gewinne Vorrang vor langfristigen Gewinnen haben, schreiben Wissenschaftler der Universität British Columbia 2018 über ihre Studie in der *Oxford Research Encyclopedia of Psychology*.

Und noch schlimmer: Knappheit und Armut können auch dazu führen, »dass nützliche Informationen in der Umwelt nicht wahrgenommen werden, die den Mangelzustand lindern könnten«. Heißt: Hilfsangebote werden ausgerechnet in der höchsten Not oft nicht mehr wahrgenommen. Die Alltagsversion solchen Stressverhaltens kennen wir vermutlich alle, wenn wir stöhnen:»Ich bin so im Stress, dass ich keine Zeit habe, mir Hilfe zu suchen!«

Schon bei unserem bescheidenen Grundeinkommens-Experiment lässt sich feststellen, wie schnell Menschen in neue Aktivität verfallen.

Sie verspüren Tatendrang. Sie fangen an, sich Aufgaben zu widmen, die sie bislang vernachlässigt haben. Sie frönen ihrer Entdeckungsfreude, gehen auf Reisen oder bilden sich weiter. Oder sie folgen einer frischen Unternehmenslust, machen sich selbstständig und gründen sogar Firmen.

Als grundsätzliche Befürworter wären wir ja schon zufrieden, wenn das Bedingungslose Grundeinkommen die Menschen nicht faul machen würde. Wir halten ein ökonomisches Existenzminimum für ein Menschenrecht, genau wie Gleichheit vor dem Gesetz, unabhängig von Geschlecht, Herkunft oder ethnischer Zugehörigkeit, ein Verbot der Sklaverei und Folter, die Meinungs-, Religions- und Versammlungsfreiheit und so weiter. Deswegen ist es in unseren Augen gar nicht notwendig, dass aus dem Bedingungslosen Grundeinkommen noch irgendein

Mehrwert erwächst. Aber bei unseren Gewinnern machten wir die Entdeckung, dass es das tut:

Judith mit ihrem Eisladen, Kerstin mit dem Blumengeschäft, Astrid, die sich als Trauerrednerin selbstständig machte, Christoph, der ein Studium aufnahm. Das alles sind nicht nur finanzielle Investitionen, sondern hier setzen Menschen ihre Kraft und Lebenszeit ein, um ganz konkret ein Unternehmen aufzubauen.

Viele Menschen bleiben mit ihren Ideen im Reich der Fantasie, träumen davon, der neue Mark Zuckerberg zu werden oder auf den Mond zu fliegen. Doch es bleibt alles im Konjunktiv. »Wenn ich könnte, würde ich ...« Das Grundeinkommen nimmt die Ausreden. Es schaffte eine sichere Basis. Plötzlich könnte man nicht nur, man kann.

Für alle Gewinnerinnen und Gewinner fühlt sich das Grundeinkommen zunächst an wie ein Lottogewinn. Das hängt vermutlich damit zusammen, dass wir nur ein beschränktes Experiment machen und noch nicht alle Menschen ein Bedingungsloses Grundeinkommen erhalten, sondern nur einige »Glückspilze«. Es ist eben nicht normal, es zu bekommen, sondern durch die Besonderheit und auch durch die Beobachtung und Erwartung der Öffentlichkeit total aufgeladen.

Deswegen wird das Grundeinkommen als ein besonderes Zeichen interpretiert. Wenn der obdachlose Bastian gleich im ersten Monat ein teures Los der Klassenlotterie kauft, dann zeigt eben das solch fatalen Übermut: »Jetzt habe ich eine Glückssträhne!« Er geht in ein übergroßes Risiko – und verliert.

Ein Lotteriegewinn stärkt eben die Risikofreude, aber nicht den unternehmerischen Tatendrang. Doch ein echtes Bedingungsloses Grundeinkommen ist kein Lotteriegewinn. Es wird ein Leben lang ausgezahlt, jeden Monat und an jeden und jede. Doch selbst unser befristetes Grundeinkommen vermittelt nach der anfänglichen Euphorie über die Laufzeit von zwölf Monaten ein Gefühl, wie es wirklich sein könnte.

»Der Tausender, der da jeden Monat vom Himmel fällt, das ist irgendwie komisch«, beschreibt Jens dieses Phänomen. »Mittlerweile ist es nicht mehr ganz so komisch.«

Fast alle Gewinnerinnen und Gewinner erzählen, dass sie im Laufe der Zeit ihre Einstellung geändert haben: Anfangs erzählten einige niemandem von dem Gewinn, erst nach einigen Monaten weihten sie Freunde und Bekannte ein. In den ersten Monaten haben manche ein schlechtes Gewissen, aber nach ein, zwei Monaten legt sich das. Alle sind anfangs skeptisch, ob das Geld wirklich kommt, aber lernen nach und nach, dass die monatliche Zahlung einfach da ist, auch ohne dass sie jeden Monat aufs Konto gucken.

Die Zeit hat einen spürbaren Effekt: Petra zum Beispiel verspürt zuerst diesen spontanen »Jetzt-bin-ich-reich«-Impuls, vor allem ihre Tochter jubelt ihre Träume heraus (Wohnung kaufen, Auto kaufen). Aber weil die gewonnenen 12 000 Euro als zuverlässige Monatsrate kommen, bleibt Petra auf dem Boden der Tatsachen und investiert nur in die Maßnahmen, die der finanziellen Realität und ihren persönlichen Lebensumständen angemessen sind: Ein neues Auto mit moderner Elektronik könnte der Bruder nicht mehr selbst reparieren; eine eigene Wohnung kostet nicht nur die Anschaffung, sondern hat auch später noch Unterhalts- und Instandhaltungskosten. Petra denkt nach und denkt weiter.

Bei allen verwandeln sich die einstigen utopischen Träume auf diese Weise in »Real-Träume«, also in konkrete Ideen und Ziele, die sich mit den verfügbaren Ressourcen tatsächlich verwirklichen lassen.

»Die Pläne, die ich mir erträumte, als ich mich bei *Mein Grundeinkommen* angemeldet habe – die habe ich dann noch mal infrage gestellt«, erzählt Jens. »Als ich mich vor vier Jahren angemeldet habe, steckte ich in einer anderen Situation. Also stellte sich die Frage, was ich jetzt damit machen könnte. Ich habe mich selbst hinterfragt: Willst du das noch? Ist dir das noch wichtig? Wie ist der Plan jetzt?«

Die abstrakte Fantasie: »Dann fange ich ein neues Leben an!« wird zu einem konkreten Plan: So ändere ich mein Leben!

»Das Grundeinkommen ist eigentlich ein Riesengeldbetrag. Im konkreten Erleben sind es jedoch nur tausend Euro, die schnell weg sein können. Ich weiß aber: Das Geld kommt jeden Monat wieder«, beschreibt der Kulturanthropologe Flo den psychosozialen Effekt dieser monatlichen Zahlweise. »So schafft das Grundeinkommen die Möglichkeit, ein Denken von der Zukunft zu gewinnen. Ich erkenne über die Zeit mein Potenzial, habe mehr Möglichkeiten offen. Ich kann Wege erproben und sammele Erfahrung, wie ich zu einem bestimmten Ziel kommen kann.«

Solche Erfahrungen stärken uns in der Überzeugung, dass es richtig ist, den Grundeinkommensbetrag monatlich in Tausend-Euro-Chargen auszuzahlen, aber wir wüssten gern, was passiert, wenn wir den Zeitraum deutlich verlängern. Ein Jahr ist schnell um. Ein Leben ist sehr lang. Aber was passiert, wenn wir einen Zeitraum von drei Jahren bedingungslos absichern? Uns wird bewusst, dass dies der nächste Schritt in unserem Grundeinkommens-Experiment sein muss: die Perspektive verlängern!

Manche Menschen seien nur im Hier und Jetzt. Sie hätten keine Planung, kein Denken für die Zukunft. Das habe sicher auch mit Bildung zu tun, erklärt Flo. »Allerdings verhindert eine prekäre Situation auch, den Raum der Perspektive, den Raum der Möglichkeiten zu betreten. Das Bedingungslose Grundeinkommen ändert das!«

KATRIN UND DAS ZEITFENSTER DER PLANBARKEIT

Katrin, Gewinnerin des 23. Grundeinkommens, könnte über diesen feinen Unterschied zwischen dem prekären und damit perspektivlosen Dasein *ohne* Grundeinkommen und dem gesicherten und damit visionären Freiraum *mit* Grundeinkommen ein Lied singen.

»Es war wirklich ein Jahr, um zu planen. Das hatte ich noch nie!« So eröffnet die 54-Jährige unser Gespräch, das wir im Hotelfoyer gegenüber vom Kölner Hauptbahnhof führen.

»Ich bin alleinerziehend und selbstständig. Aber ich bin nicht selbstständig, weil ich es mir ausgesucht habe. Das hat sich entwickelt. Ich habe als Grafikerin angefangen. Mein Sohn war zwei, als mein Ex-Mann ging. Design ist sowieso ein männerdominierter Bereich. Mit kleinem Kind in einer Grafikagentur hatte ich keine Chance. Das sind unberechenbare Arbeitszeiten, aber der Agenturchef, bei dem ich damals ein Praktikum machte, sagte unverhohlen: ›Frauen stellen wir nicht ein, die werden schwanger und krank.‹ Seither ist alles kurzfristig geplant.«

Fortan verdient die Grafikdesignerin ihr Geld freiberuflich, arbeitet als Coach, als Marketingberaterin und auch journalistisch bei einem Onlinemagazin. Sie kann sich für viele Themen begeistern, lernt gern und entwickelt sich permanent weiter. So beschäftigt sie sich ständig mit neuen Themen und wird nebenbei zur Expertin für Knowledge-Transfer von medizinischen Technologien aus den GUS-Staaten. Inzwischen arbeitet sie im Auftrag eines Unternehmens als Dozentin für Herzraten-Variabilität und ein entsprechendes medizinisches Gerät.

»Das klingt alles ein bisschen wild. Ein Gemischtwarenladen. Jeden Job, der Geld brachte, habe ich gemacht«, seufzt sie. »Ich bin eben in sehr vielen unterschiedlichen Feldern unterwegs.«

Inzwischen ist der Sohn 27. Studiengebühren, ein Vater, der nicht zahlt, wie er sollte – das Grundeinkommen war sehr willkommen.

Die monatlichen Schwankungen als Freiberuflerin seien extrem, sagt sie: »Ich hatte immer nur das Geld für zwei, drei Monatsmieten im Voraus, aber nie die Gewissheit, wie es in einem halben Jahr aussieht.«

Im November 2015 kam die Gewinn-Nachricht von *Mein Grundeinkommen.* »Ich habe noch nie etwas gewonnen. Als die Mail kam, dachte ich: super Marketingkampagne. Jeder denkt jetzt nach, was er tun würde! Geglaubt habe ich es erst am nächsten Tag.«

Sie hadere nicht mit ihrer Situation als Selbstständige, auch wenn es nie einfach gewesen sei. »Aber das jetzt war neu: Ich hatte plötzlich Zeit, nachzudenken und aufzuräumen. Ich hatte nicht ein Jahr Grundeinkommen, sondern ein Jahr Chance. Dieses Bewusstsein hat mich begleitet.«

Sie stellt sich neue Fragen: »Ich habe eine andere Perspektive. Was mache ich damit? Wie kann ich mein Leben konsolidieren? Vor allem auf ein neues Level bringen und ein bisschen sortieren. Wie kann ich für mich dieses Geld so investieren, dass es nachher mehr Früchte trägt?«

»DAS GRUNDEINKOMMEN HAT MICH ZUR UNTERNEHMERIN GEMACHT!«

Ähnlich wie Jens unterzieht Katrin ihr Leben und Denken einer gründlichen Revision, allerdings mit deutlich mehr Lebenserfahrung. Denn schon vor zwanzig Jahren hatte sie zukunftweisende Ideen und Projekte. »Ich habe mit einer Freundin PC-Spiele programmiert. Wir waren sogar Marktführer. Es gab niemanden anders.« Sie lacht. »Da war mein Sohn sechs. Ich habe mir damals Programmieren beigebracht. Ich war Flash-Crack. Nachts das Programmieren, tags das Kind. Wir programmierten kleine internetbasierte Spiele, um Leute auf Webseiten zu locken. Wir haben ein Spieleportal gebaut. Am Tag, als die Beta-Version um sieben Uhr online ging, rief um acht die British Telecom an, Spiele zu kaufen.«

Aber an diesem Punkt fehlte das Geld für die damit verbundenen Investitionen. »Wir konnten das nicht. Klar hätte ich einen Kredit aufnehmen können. Aber mit Kind wollte ich das nicht. Solange mein Sohn klein war, hätte ich ihn in das Risiko quasi mit reingezogen. Das ist dann kein unternehmerisches Risiko mehr, sondern ein ganz privates.«

Später habe sie ein zweites Mal nicht die Kraft gehabt, wirklich durchzustarten: »Es ging um dieses Knowledge-Transfer-Projekt aus den GUS-Staaten. Unsere Ideen wurden geklaut. Da hätten wir eigentlich Anwälte konsultieren und noch mal richtig gegenhalten müssen. Mit Grundeinkommen hätte ich da sicher einen längeren Atem gehabt. Aber so?«

So seien jahrelang ihre Projekte platt gegangen, weil sie ab einem gewissen Punkt nicht investieren konnte. Wir können es kaum glauben. Sie ist eine selbstbewusste intelligente Frau, die sich selbst das Programmieren beibringt, und traut sich nicht, einen Kredit aufzunehmen?

»Mit Grundeinkommen habe ich gesagt: Ich überwinde dieses Denken!«

Katrin strahlt. »Jetzt bin ich nicht mehr selbstständig, jetzt bin ich Unternehmerin. Das ist ein großer Unterschied: Ich investiere. Das Grundeinkommen hat mich zur Unternehmerin gemacht!«

Bis dahin habe sie sich nicht als Unternehmerin gesehen.

Ihre Mutter war Sozialarbeiterin, der Vater Ingenieur im Managementbereich. Sie sei keine Person, die rausgeht, Kontakte macht und Geld reinholt. »Die ersten animierten Seiten, Java und dann Flash, sind entstanden, weil ich für das Kind kleine Sterne programmiert habe, die man abschießen kann. Das habe ich dann weiterentwickelt. Ich lerne gern. Die Welt ist spannend.«

Was genau ist jetzt anders? Das Geld? Der Betrag? Die monatliche Zahlung?

»Das Erste war: dass ich wusste, ich kann mir in Ruhe etwas überlegen. Dazu hat es für mich einen Unterschied gemacht, dass ich das Geld von Menschen bekam, die sich eingebracht haben. Da habe ich mich verpflichtet gefühlt, etwas Besonderes zu machen. Ich wollte wirklich etwas zurückgeben. Ich wollte beweisen, dass es funktioniert. Und das hat mich motiviert, mich ein Stück aus meinem Alltag herauszubewegen.«

Sie macht einen Dreijahresplan.

»Ich habe mir durchaus erst mal was gegönnt. Da bestehe ich drauf«, erklärt sie selbstbewusst und verweist auf die Reise mit ihrem Sohn. »Dann habe ich mir auch alleine etwas gegönnt: Das Studium war etwas für mich. Ich lerne gern.«

Das Studium, von dem sie spricht, ist eine Weiterbildung im betrieblichen Gesundheitsmanagement und der erste Schritt in ihrer planmäßigen Unternehmensgründung:

»Betriebliches Gesundheitsmanagement, kurz BGM, klingt furchtbar ernüchternd. Es geht in erster Linie darum, Mitarbeiter gesünder zu machen.«

Betriebliches Gesundheitsmanagement habe viel mit der rasanten Digitalisierung in der Wirtschaft zu tun. Dadurch verändern sich die Arbeitswelt und die Anforderungen an jeden Einzelnen. Etwa 59 Prozent der Arbeitsplätze fielen weg.

»Es geht um Selbstreflexion: Wo stehst du, wo könntest du stehen? Und um Selbstwirksamkeit: Ich kann in meinem Leben etwas verändern. Die allermeisten Menschen haben diese Erfahrung noch nie gemacht. Das leistet auch das Grundeinkommen. Ich kann etwas verändern, ich habe eine Wahl. Es ist nicht schlimm, wenn jemand nach dreißig Jahren den Arbeitsplatz verliert, wenn er vorher kapiert hat: Ich kann etwas machen, ich bin immer noch da. Ich habe Dinge, die mir etwas bedeuten. Ich habe eine Mission im Leben.«

Katrin findet es nicht tragisch, dass Jobs verloren gehen, wenn alle Menschen ihr Können, ihr Wissen, ihre Arbeitskraft weiterhin einbringen können – »und zwar nicht nur für Geld, sondern für eine gemeinsame Vision von dem, was Deutschland, was Leben sein könnte. Wenn man auf anderer Ebene Werte schafft. Das ist Neuland. Da wird einiges auf uns zukommen!«

Zu ihren philosophischen Überlegungen gesellen sich ökonomische:

»Natürlich geht es auch um Produktivität. Da ist unglaublich viel Expertise bei Menschen, die gerade entlassen werden. Jahrelang ist an allem gespart worden, an Logistik, an Material, durch Just-in-time; jetzt bleibt nur noch das Personal als Kostenfaktor, und da wird auf Biegen und Brechen entlassen. Aber jetzt merken sie: Das Wissen ist weg! Die Unternehmen sind tot ohne Menschen! Also müssen wir uns fragen: Wie werden wir innovativer? Wie können wir das, was wir an Wissen im Unternehmen haben, wieder in Werte verwandeln? Wie können wir neue Wege gehen? Da gibt es in manchen Bereichen große Chancen, auch durch künstliche Intelligenz oder künstliche Sensoren. Vielleicht muss man umdenken: Was ist Produktivität? Was ist Wertschöpfung? Was ist Beitrag? Was ist Arbeit? Was ist sinnvolle Tätigkeit?«

Wir folgen fasziniert ihren Höhenflügen, da setzt Katrin punktgenau zur Landung an: »Ich versuche etwas dazu beizutragen, dass die Firmen ihre Produktivität erhöhen und neue Wege gehen!«

Geradezu robust nimmt sie wieder Bodenhaftung auf: Sie hat ein Konzept für betriebliches Gesundheitsmanagement entwickelt, ein Team ausgebildet, eine Art Franchise-System aufgebaut. Das Angebot eines Großinvestoren hat sie abgelehnt, weil sie das Unternehmen derzeit nicht aus der Hand geben möchte. Stattdessen arbeitet sie mit einem Kollegen zusammen, der inzwischen eine eigene Firma gegründet hat. Einen Kursleiter bezahlt sie, indem sie ihn am Unternehmen beteiligt.

»Kurz: Ich habe das Grundeinkommensgeld gesät, und es hat viele Samen erbracht.«

Im Laufe der Unternehmensgründung habe sie viele unangenehme Erfahrungen mit Behörden gemacht, aber sie lasse sich davon nicht abschrecken.

»Ich gehe mit dem Grundeinkommen über die Grenze hinaus, an der ich früher Schluss gemacht habe. Aber natürlich muss ich realistisch bleiben. Im Augenblick trage ich das Hauptrisiko, auch für das Team. Also habe ich mir drei Jahre gegeben. Dann muss etwas reinkommen!«

DER GORDISCHE GENDER-KNOTEN

Viel an Katrins Geschichte hängt damit zusammen, dass sie eine Frau und eine alleinerziehende Mutter ist. Als alleinerziehende Mutter passte sie nicht in die männerdominierten Arbeitszusammenhänge der Festanstellung und wurde in die unfreiwillige Selbstständigkeit gedrängt; als Frau wiederum wurde sie in ihrem unternehmerischen Tun nicht unterstützt, weder mental noch finanziell. Dass sie in dieser Hinsicht kein Einzelfall ist, dazu gibt es mittlerweile unzählige Studien.

»Frauen, die keinen anderen Ausweg mehr sehen als den

Sprung in die Selbstständigkeit«, tappen jedoch nach Ansicht der Wirtschaftswissenschaftlerin Elke Holst in die »Selbstständigkeitsfalle«. Denn dort seien die Verdienstunterschiede zwischen Frauen und Männern noch höher als bei den abhängig Beschäftigten, schreibt sie im November 2014 im *Manager Magazin*: »Das Einkommen der männlichen Selbstständigen mit Arbeitszeit von mehr als 35 Wochenstunden in der ersten Selbstständigkeit lag bei durchschnittlich rund 3200 Euro, das der selbstständigen Frauen bei rund 1600 Euro – also bei der Hälfte des Verdienstes der männlichen Kollegen.«

Katrin sagt, das Grundeinkommen habe sie von der unfreiwilligen Selbstständigen zur freiwillig selbst- und risikobewussten Unternehmerin gemacht. Stärkt das Grundeinkommen also nebenbei die Gender-Gerechtigkeit? Dann wäre es eine simple Alternative zu komplizierten Quoten- oder Entgelttransparenz-Gesetzen und staatlichen Regulierungen des Arbeitsmarktes.

Das Bedingungslose Grundeinkommen hat ja auch schon bei Christoph nicht nur für seine eigene Karriere etwas verändert, nämlich den Wechsel vom Callcenter-Mitarbeiter zum Pädagogen. Nein, es hatte auch Auswirkungen auf sein gesamtes Familiensystem: Solange er das (wenige) Geld verdiente, war seine damalige Freundin, inzwischen Ehefrau, zu Hause geblieben, um sich um das gemeinsame Kind zu kümmern. Als Christoph das Studium begann, übernahm er zugleich die Sorge für das Kind, und seine Frau ging arbeiten und wurde damit zum Hauptverdiener in der Familie. Bei der Konferenz in Hamburg erzählt Christoph, als wäre es ganz selbstverständlich, dass er seitdem mehr als sie im Haushalt tut. Herdprämie aus Männersicht.

Eine Kleinigkeit, vielleicht auch eigentlich eine Selbstverständlichkeit, aber wir alle wissen, dass es eben das nicht ist. Der Idee des Bedingungslosen Grundeinkommens wird gerade von feministischer Seite oft als Kritik entgegengehalten, es handele sich dabei um eine »Herdprämie«. Oft kommt dieser Vorwurf mit einem anderen daher, nämlich das Grundeinkommen sei eine »Ruhigstellungsprämie«, damit Menschen, die ihren Arbeitsplatz verlören, sich nicht dagegen wehren.

Offenbar steckt dahinter derselbe Grundgedanke, nämlich dass man Privilegien nicht geschenkt bekommt, sondern hart erkämpfen muss. Die Tatsache, dass es Befürworter des Grundeinkommens auch in Managerkreisen und unter Männern gibt, weckt demnach bei manchen weniger privilegierten Menschen den Verdacht, es müsse sich um besondere taktische Raffinesse handeln. Eine Art Trojanisches Pferd, dessen gefährliches Innenleben erst zutage trete, wenn man das vermeintliche Geschenk durch die schützenden Stadttore gelassen habe. Dieselben Ängste haben allerdings offenbar auch viele privilegierte Menschen, die dem »faulen Lumpenpack« oder den »Kampfweibern« unter den Grundeinkommensbefürwortern lieber das Schlimmste unterstellen, als sich mal neugierig auf die Idee einzulassen.

Aber stellen wir doch mal versuchsweise die ergebnisoffene Forschungsfrage: Reorganisieren Menschen mit Grundeinkommen ihr Familienleben so, dass auch Frauen mehr Möglichkeiten zu beruflicher Teilhabe bekommen?

Auch wenn in unserem inneren Ohr schon wieder das genervte Aufstöhnen mancher Feministin erklingt: Kaum reden wir über weibliche Karriere und berufliche Unabhängigkeit, schnappt die Drei-K-Falle zu: Kinder, Küche, Kirche! Doch solange wir die quasi-religiöse Verknüpfung von genderspezifischen Rollenzuschreibungen nicht aufbrechen, ermöglichen wir eben weibliche Karrieren nur um den Preis der überforderten Erfolgsfrauen, die sich zwischen verinnerlichten traditionellen Erwartungen und proklamierten modernen Ansprüchen bis zur völligen Erschöpfung auspowern.

Wir reden in diesem Kapitel über unternehmerische Selbstbestimmung – und da gehören unserer Ansicht nach »Familien-

Unternehmen« auch dazu, selbst wenn bei dem Wort nur die wenigsten an Eltern und Kinder denken.

Dabei ist die Gründung einer Familie vermutlich viel komplexer und hat längerfristige Auswirkungen als die irgendeines Start-ups. Denn während man eine GmbH oder eine KG oder selbst eine börsennotierte AG einfach wieder schließen, Mitarbeiter entlassen und Produkte vom Markt nehmen kann, lässt sich eine Familie nicht wieder auflösen. Selbst eine Scheidung der Eltern löst nicht die emotionalen Familienbande, wie wir vermutlich selbst alle schon erlebt haben, zumindest in der Anschauung nahestehender Familien.

Bei der Gründung einer Familie geht es um Menschen, es geht um Geld, und es geht um lebenslange soziale Absicherung. Bis zur Volljährigkeit fallen laut Statistischem Bundesamt 2018 etwa für Unterhalt, Freizeit und Wohnen im Durchschnitt 226 800 Euro pro Kind an. Davon könnte man locker vier GmbHs gründen. Es gibt rund zwölf Millionen Familien, aber nur rund acht Millionen Unternehmen. Trotzdem gibt es zahlreiche Förderprogramme für Unternehmen, Subventionen boomender oder schwächelnder Wirtschaft, aber die staatliche Unterstützung der Familien stellt sich durch bedarfsabhängige Leistungen, undurchschaubare Steuerfreibeträge, Ehegattensplitting und diffizile Erbschaftsregeln als ein komplizierter Förder-Dschungel dar.

Egal ob einkommensabhängiges Elterngeld, ElterngeldPlus, Kindergeld, Kinderfreibeträge, Mutterschaftsgeld, vergünstigte Krankenkassenbeiträge, Ganztagsschulen, Rentenzuschüsse oder Entlastungsbeträge – sage und schreibe 150 Familienleistungen sind im staatlichen Angebot; allerdings muss man erst mal wissen, welche einem wann und wie lange zur Verfügung stehen, wie man sie beantragt und wo man das entsprechende Formular bekommt und wieder abgeben muss.

Tja. Warum einfach, wenn's auch kompliziert gehen kann?

Angeblich sorgt derlei bedarfsprüfende Bürokratie für Gerechtigkeit, auch wenn wir den Eindruck haben, dass sie vor allem eine unüberwindbare Hürde für Menschen darstellt, die nicht über höhere Bildung, ausreichend Zeit und ein gut sortiertes Netzwerk an fachkundiger Unterstützung verfügen – womit wir wieder beim Thema UX-Design des Staates wären.

Wir aber wollen gemeinsam mit unseren Gewinnerinnen und Gewinnern darüber nachdenken, ob ein Bedingungsloses Grundeinkommen diesen bürokratisch geknüpften gordischen Gender-Knoten durchschlagen kann.

Entsteht mit Grundeinkommen neuer familiärer Verhandlungsspielraum, der es ermöglicht, verkrustete Lebensweisen zu ändern?

FELINA UND DIE PRÄCHTIG-MÄCHTIGE HERDPRÄMIE

In München treffen wir Kira und Flo, die Eltern unserer bislang jüngsten Gewinnerin: Felina, die im Februar 2018 zum Zeitpunkt der Verlosung zwei Jahre alt war. Sie ist Gewinnerin Nr. 162. Seit März bekommt sie Grundeinkommen und ist deswegen auch bei dem Treffen im Hotelfoyer dabei. Der Treffpunkt ist angenehm ruhig und einen Katzensprung vom Hauptbahnhof entfernt; Felina gefallen vor allem die zum Kaffee servierten Macarons und die kindgerechte Sitzhöhe der Hotel-Sessel.

»Wir haben viel überlegt, was wir mit dem Geld machen«, erzählt die schwangere Kira. »Felina kann mit dem Faktor Geld noch nicht viel anfangen. Bisher ist alles bedingungslos in ihrem Leben.« Trotzdem soll sie von dem Geld profitieren – ebenso wie ihre kleine Schwester, die in wenigen Monaten auf die Welt kommen wird.

Bei unserem Treffen haben sie erst den vierten Monat Geld bekommen. Grundsätzlich haben sie sich entschieden, das Geld zu vierteln. Die Viertel der beiden Töchter werden langfristig angelegt. Die beiden Viertel der Eltern werden zunächst in familiäre Aktivitäten investiert. Es gibt einiges nachzuholen, was in den letzten zwei Jahren zu kurz kam.

Allerdings gab es gerade einen Zwischenfall mit dem Hund: »Der musste in die Tierklinik. Das ist nicht günstig. Er ist Teil unserer Familie. Wir haben nicht lange überlegt, was das kostet. Wenn der Hund stirbt, wäre das eine Katastrophe. Er hat im Endeffekt ein Fünftel vom Grundeinkommen bekommen. Er hatte einen Rota-Virus, war kurz vor der Sepsis. Er hat's geschafft.«

Kira lacht: »Das müsst ihr schreiben: Grundeinkommen rettet Leben!«

Das wäre hiermit erledigt.

Flo hatte schon ziemlich früh ein Interview mit Micha gelesen und sich gleich auf der Webseite angemeldet. »Ich habe mich selbst dafür interessiert, was das mit der Gesellschaft macht: Schafft das Anreize, oder demotiviert das?«

Sein erster Impuls war: »Wenn wir den Menschen mehr Geld geben, erhöhen sich die Preise.«

Kira dagegen war der Meinung: »Wer mehr Kaufkraft hat, der investiert!«

Gute Frage, zwei mögliche Antworten. Zudem würden wir noch gern wissen, wie sich durch das Grundeinkommen ihre Beziehung verändert hat. Wir sind gespannt.

Flo ist Betriebswirt, inzwischen angestellter Steuerberater und Vater. Kira ist Erziehungswissenschaftlerin, inzwischen Mutter und selbstständige Tagesmutter. Jeweils in dieser Reihenfolge. Klingt ziemlich konventionell.

Sie erzählen, dass sie beide so aufgewachsen sind, dass die Mutter zu Hause war. Sie haben das positiv erlebt und wollen dasselbe auch ihren Kindern bieten. Einen kurzen Moment fühlen wir uns wie bei einer Zeitreise in die Fünfzigerjahre.

Die beiden reden viel über Geld. »In München ist alles so extrem teuer. Du weißt nie, was die Stadt sich an Gebühren einfallen lässt, gerade in Bezug auf Kindergarten und Schule!«

Zudem ist es für sie nicht sinnvoll, Teilzeit arbeiten zu gehen, nur um das Kind in die Krippe zu geben. Damit Kira trotzdem auch als Mutter berufstätig sein kann, hat sie sich als Tagesmutter selbstständig gemacht und betreut jetzt 18 Stunden pro Woche noch zwei weitere Kinder außer Felina. »Ich habe Kontakt zu anderen, und die Kinder haben Spielkameraden.«

Flo könnte sich gut vorstellen, dass er sich um die Kinder kümmert:

»In meinem Bereich kann man auch gut Teilzeit arbeiten. Ich würde das Modell schon gern wählen.« Aber die Münchner Mietpreise und Lebenshaltungskosten sind selbst mit seinem Vollzeit-Einkommen nur schwer zu bewältigen – und er verdient ungleich mehr als seine Frau. Die Tatsache, dass Flo mehr verdient, ist der einzige Grund, warum Kira zu Hause bleibt.

»Ich würde meine Arbeit nicht geringer achten als die meiner Frau. Ich sehe ja, wie anstrengend das ist. Extrem anstrengend. Aber leider ist es so, dass gewisse Berufe in der Entlohnung sehr bevorzugt werden«, erklärt Flo. Er habe selbst Zivildienst in der Altenpflege gemacht und wisse, was die Menschen dort leisten und was sie dafür bekommen. »Das ist schlichtweg unverschämt.«

Noch im Studium hatte Kira eigentlich die besseren Aussichten. »Sie studierte in Frankfurt, dann in Finnland. Hatte sich erfolgreich auf qualitative Forschungsmethoden in der Erwachsenenbildung spezialisiert. Ich war der Langweilige, erst Zivildienst, dann BWL-Studium.« So beschreibt Flo die Ausgangssituation. Beide machten einen Bachelorabschluss. Doch während Flo sofort einen Job in einer Steuerberatungskanzlei fand, wurde Kiras Abschluss im Bereich Erwachsenenbildung in München nicht anerkannt.

»Die wollten lieber Diplom-Pädagogen. Elf Jahre nach Umstellung des Hochschulsystems. Wahnsinn. Die Bayern halt!«, seufzt Kira. Deswegen fand sie keinen adäquaten Job und landete als Erzieherin in einer Kita – wozu sie gar nicht ausgebildet war. Als sie 2015 schwanger wurde, bekam sie dort sofort ein »Beschäftigungsverbot«. Denn wer mit kleinen Kindern arbeitet, also Windeln wechseln oder beim Toilettengang begleiten muss, ist einem besonders hohen Infektionsrisiko ausgesetzt, wenn man nicht gegen Windpocken, Masern, Mumps oder Keuchhusten immun ist. »Das Beschäftigungsverbot war damit fast so was wie ein Grundeinkommen.«

Aber eben nur fast. Denn andererseits hatte sie ein schlechtes Gewissen: Sie bekam weiterhin ihr Gehalt, die anderen mussten für sie mitarbeiten. »Ich fühlte mich schuldig, schließlich hatte ich die Gruppe und den Arbeitgeber im Stich gelassen.«

Zugleich erlebten Flo und Kira mit der Geburt eine Art Erleuchtung, wie viel Geld sie vom Staat bekamen: Elterngeld, Kindergeld, in Bayern auch noch das Betreuungsgeld, oft »Herdprämie« genannt.

»Da werden wir als Eltern schon unterstützt. In München reicht das.« Dann schieben sie nach: »Das Erziehergehalt hätte nicht gereicht!«

Kira macht das wütend. »Ich bin glücklich über die Unterstützung, die wir vom Staat haben. Auf der anderen Seite herrscht ein wahnsinniger gesellschaftlicher Druck. Als Tagesmutter werde ich belächelt. Das sei keine Arbeit. Auch die Arbeit in der Krippe war nicht gesellschaftlich anerkannt. Nicht wie Flo als Steuerberater. Das ist kränkend!«

Flo sieht das auch so: »Das gesellschaftliche Bild ist: Wer auf unser Geld aufpasst, macht wertvollere Arbeit als derjenige, der auf unsere Kinder aufpasst. Das ist doch total schräg!«

Als Flo sich vor zwei Jahren bei *Mein Grundeinkommen* anmeldete, war Felina gerade auf die Welt gekommen, und er paukte für die mittlere Steuerberaterprüfung. Die Belastung war enorm, obwohl er sich für die Lernphase freigenommen hatte. »Als ich die Frage las, ›Was würdest du tun?‹, da habe ich gedacht: Das Grundeinkommen würde uns entlasten!«

Er fiel durch und musste alles ein zweites Mal machen, das Pauken, das Kürzertreten, die Prüfung – und keine Zeit für die Familie. »Wochenende und Feiertage, immer musste ich nur lernen. Dazu die finanzielle Belastung. Hätte ich da schon ein Grundeinkommen gehabt, dann hätte das nicht nur mich, sondern die ganze Familie entlastet.«

Anfang Februar erfuhren sie von der zweiten Schwangerschaft, und am 14. Februar war die letzte Prüfung. Diesmal bestand er. Und am 24. war die Auslosung, bei der Felina das Grundeinkommen gewann. »Unsere Freunde haben gesagt: Vielleicht ist das die Belohnung für die letzten zwei Jahre.«

Dass Flo gerade eine neue Stelle in einer anderen Kanzlei angenommen hat, habe zwar nicht direkt mit dem Grundeinkommen zu tun, aber der Wechsel sei ihm leichter gefallen, weil er weiß: »Selbst wenn der neue Job nichts ist – die Miete können wir zahlen!«

Kira sieht nicht nur rückwirkend einen Nutzen, sondern vor allem für die nächsten Monate: »Die Schwangerschaft betrifft uns als Familie. Das Grundeinkommen gibt uns als Familie die Freiheit, dass ich mich zurücknehmen und auf die Schwangerschaft konzentrieren kann.«

Und Flo ergänzt: »Die dauerhafte Anspannung aufgrund der Geldsorgen führt zu Streitigkeiten wegen Kleinigkeiten. Die Prüfung war für uns beide sehr belastend. Da habe ich geweint vor Erleichterung, als der Stress vorbei war. Grundeinkommen bringt Entspannung; wir sind ruhiger und gelassener im Umgang miteinander.«

Und noch eine Erkenntnis formulieren die beiden jetzt schon: »Grundeinkommen wirkt nicht demotivierend! Es ist super, dass man darauf zurückgreifen kann. Das ist Freiheit. Es ist zweckführend dazu, dass wir verwirklichen können, was wir wirklich machen möchten. Wir haben eine Stütze und trauen uns was.«

ROBIN UND DIE RETTUNG DER FAMILIE

Robin war Gewinner Nr. 5, bekam sein erstes Grundeinkommen im Dezember 2014. Gezahlt wurde es auf das Konto von Olga, seiner Mutter. Die hatte wenige Wochen vorher der Blitz getroffen, bildlich gesprochen. Sie saß im Auto, hörte im Deutschlandfunk einen Beitrag über *Mein Grundeinkommen*, blieb tatsächlich vor dem Haus im Auto sitzen, bis der Beitrag vorbei war, und wusste: Das ist die Lösung!

Sie ging ins Haus, startete den Computer, ging direkt auf die Webseite, nicht um sich anzumelden, sondern um sich zu informieren. »Mich hat's sofort gepackt. Die Idee hat mich umgehauen«, erzählt sie uns am Telefon, weil ihr Wohnort Mittelbiberach leider nicht auf unsere Reiseroute liegt.

Sie komme ursprünglich aus Russland. Der Gedanke Leistung-Gegenleistung sei tief in ihr verankert: Wenn man nichts leistet, ist man nichts wert. »Doch irgendetwas läuft da schief«, schildert sie ihre Überlegungen, »obwohl ich seit 1990 in Deutschland lebe und die ganze Zeit arbeite, habe ich dauernd diese Existenzängste.«

Sie bringe Leistung, und trotzdem habe sie Ängste, abzustürzen und im Alter arm zu sein; fürchte, dass ihre Kinder arm sind. Sie schaue auf die Mitmenschen nur als Konkurrenten:

Der kann dies besser, der macht das besser! Immerzu meine sie, ihren Kindern noch mehr bieten zu müssen, damit wenigstens die es eines Tages gut hätten. Sie würde leisten und immer mehr geben, aber an dem Tag habe sie begriffen, dass sie nicht mehr mithalten wolle. »Ich will meine Mitmenschen anders betrachten. Ich wollte keinen Konkurrenzkampf mehr im Kindergarten. Da konkurrieren Eltern, welches Kind Englisch kann und ob es zum Schwimmen geht oder zum Reiten. Das überträgt sich auf die Kinder. Selbst die Kleinsten wetteifern schon miteinander.«

Olga lebt mit ihrem Mann, Sohn und Tochter in einem Neubaugebiet, Einfamilienhaus, Garten, zwei Autos, Apple-TV, Thermomix. Der Familienvater arbeitet Vollzeit im Außendienst eines amerikanischen IT-Konzerns, Olga arbeitet als Krankenschwester, seit die Kinder auf der Welt sind, in Teilzeit. Sie kümmert sich nicht nur um Haushalt und Kinder, sondern auch um die pflegebedürftigen Eltern und Schwiegereltern. Eine bürgerliche Bilderbuchfamilie.

Doch im Sommer 2014 lag enormer Druck auf der Familie. »Ich habe immer gedacht: Wenn man will, kann man immer arbeiten. Und dann kam ich in eine Situation, wo ich wollte, aber nicht mehr konnte. Ich stieß an eine Grenze.«

Sie hatte bis dahin immer als Krankenschwester gearbeitet, 20 Jahre lang. Als die Klinik privatisiert wurde, stieg der Druck, weniger Personal musste mehr Arbeit bewältigen. Die Belegschaft bekam die deutliche Ansage, dass es hier ganz klar um Wirtschaft geht und um Gewinn. Sie habe das als falsch empfunden. »Es wurde in Kauf genommen, dass die Qualität der Arbeit sinkt. Das klingt sehr trocken, aber im Klartext heißt das: Es geht zulasten der Patienten.«

Die Mitarbeiter hätten dagegen protestiert. Sie hat damals überlegt, ob sie kündigen solle. Aber sie liebt diesen Job. Sie bleibt. Sie fügt sich den strengen Vorgaben, auch wenn sie viele ihrer Kompetenzen aus Zeitgründen nicht mehr einsetzen kann. Doch die Rationalisierung verändert nicht nur ihren Arbeitstag, sondern wirkt sich auch aufs Familienleben aus.

»Zu Hause war ich nur noch müde. Da ging nichts mehr. Ich habe zuletzt Nachtdienste gemacht, vier Jahre lang, damit die Kinder tagsüber zu Hause versorgt sind. Ich bin zusammengebrochen. Ich konnte nicht mehr, weil dauernd Anrufe kamen: einspringen!«

Olga hält sich nicht für einen Einzelfall: »Ich bin so ein Durchschnitt. Es gibt viele Familien, die das unterschreiben können.«

Schon seit fünfzehn Jahren hat Olga wegen der Desinfektionsmittel Hautprobleme an den Händen. Auch das macht ihr zunehmend zu schaffen. »Irgendwann kam alles zusammen: Im Sommer 2014 steckte ich in einer tiefen Sinnkrise. Jetzt kannste nicht mal putzen gehen mit diesen Händen!«

Die Kinder sind acht und neun Jahre alt. Der Ehemann arbeitet wie wild. »Gerade in dieser Situation breche ich zusammen«, erinnert sich Olga. »›Meine Frau versagt.‹ Mein Mann hat das nicht gesagt, aber das war mein Gefühl. Er hat gesagt: Wir müssen das Haus abbezahlen. Das habe ich als Vorwurf gehört.«

Die unterschwelligen Spannungen belasten Olga zusätzlich. »Die Abhängigkeit als Ehefrau war das nächste belastende Thema, ein gesellschaftliches Thema. Ich arbeite ja nur Teilzeit«, sie zieht das »nur« künstlich in die Länge. »Wer mir so was sagt, dem fahre ich über den Mund. Ich habe viele Jahre nur Nachtdienst gemacht. Da hat niemand gemerkt, dass ich überhaupt gearbeitet habe. Tagsüber hatte ich volle Arbeit mit Kindern und Eltern. Aber das war selbstverständlich. Und ich habe mir das gefallen lassen. Da bin ich selbst schuld.«

Inzwischen sagt sie selbstbewusst, sie hätte zwei Jobs, von denen nur einer vergütet wird. Doppelte Leistung, halbes Geld. Mit Nachtdiensten kam sie auf 600 Euro netto. Ihr Mann brachte das Fünffache nach Hause.

»Das Ende vom Lied war, dass ich gesagt habe: Ich kann nicht mehr«, setzt sie ihre Erzählung fort. »Ich schätze das sehr an meinem Mann, dass ich mich auf ihn verlassen kann. Er bot an, am Wochenende das Einkaufen zu übernehmen und sich um seine Eltern zu kümmern. Dann habe ich gedacht: Zwar muss ich mich nicht mehr um deine Eltern kümmern, aber wenn du das machst, sehe ich meinen Mann gar nicht mehr. Da braute sich bedrohlich eine Riesenkrise über uns zusammen!«

In dieser Situation kam das Grundeinkommen und löste bei Olga erst einmal einen Wirbelsturm an Gefühlen und Fragen aus: »Wow, Freude, Erlösung. Dann: Moment mal! Eigentlich haben wir es doch gar nicht so schlecht, und da gibt es Leute, die es mehr brauchen. Schlechtes Gewissen. Dann: Oh mein Gott. Das ist ja Robins Gewinn. Was machen wir denn jetzt? Das war ein wechselhafter Tag, auch anstrengend.«

Ihr Mann will vom Grundeinkommen gar nichts wissen, er winkt ab, hält das alles für eine Schnapsidee.

»Aber als er realisiert hat, dass das Geld tatsächlich kommt, haben wir diskutiert und entschieden: Wir müssen das Robin sagen! Bis dahin haben wir mit den Kindern über so was gar nicht gesprochen.«

Robins erste Reaktion war: »Oh, sind wir jetzt reich?« Als die Eltern ihm den Unterschied zwischen tausend Euro im Monat und reich erklärten, war Robins zweite Reaktion: »Reich also nicht, aber dann könnte ich ein Buch im Monat bekommen?« Das bekam er dann auch.

»Wir haben nach dem Grundeinkommensjahr ein neues Regal kaufen müssen, weil ich auch mir selbst Bücher gekauft habe«, lacht Olga. Sie habe als Ziel bei der Anmeldung angegeben, mehr Bücher zu lesen. Das Ziel habe sie erreicht.

Robin bekommt außerdem einen Bogen aus Holz und eine Gitarre, zwei Hobbys, denen er heute noch nachgeht. Ansonsten erhebt er keine Ansprüche. »Ein Neunjähriger«, grinst er in die Kamera beim ersten Videodreh, »der teilt's mit seiner Familie.« Robin lädt die Familie zum Essen beim Griechen ein. Den Rest überlässt er seiner Mutter.

»ICH BIN UNGEMÜTLICH GEWORDEN«

Nicht nur die Gesprächsthemen ändern sich in der Familie. Es häufen sich die Interviewanfragen. Ein Kind, das Grundeinkommen gewinnt? Journalisten lieben solche Geschichten!

Das Medieninteresse wird zur Herausforderung für die ganze Familie. Zuerst nur für Olga, die sich einen Medienauftritt nicht zutraut. »Aber es ging dann doch. Ich möchte irgendetwas zurückgeben. Hinter der Idee stehe ich sowieso, und dann kann ich das auch öffentlich sagen!« Es klingt überraschenderweise so, als müsse sich die redegewandte Frau mehr als zwei Jahre später immer noch selbst Mut zusprechen.

Anfang 2015 bekommt sie eine Einladung vom Sender rbb, man wolle in Berlin einen Film über sie drehen. Ihr Mann will absagen. Es ginge um Robin. Doch Olga widerspricht: »Doch. Ich mache das mit ihm, mit dir oder ohne dich.« Zwischen den Zeilen ging es nicht nur um die Berlin-Reise. »Dann hat er gesagt: Na gut. Das war die kritische Stelle. Es ist gut gegangen.«

Olgas Erleichterung ist durch 600 Kilometer Telefonleitung zu spüren, aber auch ihr Stolz, dass sie in dieser Situation stark geblieben ist: »Das ist mein Leben! An meine Kinder denke ich immer. Und ich glaube, dass Robin sich auch viele Jahre später nicht dafür schämen wird, was er da gesagt hat.«

Im Grunde habe das Grundeinkommen die Familie gerettet. Es habe damals im Raum gestanden, das ganze Geld für Robin zurückzulegen. »Ja, aber es stand auch im Raum, dass unsere

Familie kaputtgeht. Dass wir die Leistung nicht mehr schaffen und dass alles kaputtgeht.«

Es habe damals zwei Optionen gegeben: »Wir legen das Geld an, Robin hat eine kaputte Familie und 12 000 Euro. Oder wir geben es jetzt aus und retten die Familie. Wir haben ja das Haus auch als Sicherheit für die Kinder gebaut. Das ist mehr wert als 12 000 Euro.«

Das meiste Geld fließt in Familienausflüge. »Wir haben sämtliche Höhlen und Schlösser in der Umgebung angeguckt. Es ging um uns. Wir wollten wieder zusammen sein.«

Die gemeinsame Zeit tat der Familie gut. Die Hoheit über Robins Geld verschafft Olga ein stärkeres Selbstbewusstsein im klassischen Familiengefüge. Im *stern*-Interview sagt sie: »Man hat eine andere Verhandlungsbasis, wenn man grundabgesichert ist.« Schon im ersten Gespräch mit dem *Mein Grundeinkommen*-Team erzählt sie 2016, das Grundeinkommen habe sie innerhalb der Familie emanzipiert: »Früher habe ich quasi nur auf den Teller vor mir geschaut, die Tage abgearbeitet. Jetzt weiß ich: Ich kann mehr als nur arbeiten, Kinder erziehen und meine Mutter pflegen.«

Jetzt am Telefon kann sie auch auf eine berufliche Emanzipation zurückblicken: In den letzten zwei Jahren habe sich einiges verändert, weil sie auch bei der Arbeit nun eine andere innere Sicherheit spüre.

»Bei der Arbeit habe ich deutliche Worte gefunden. Ich habe Gespräche geführt, wegen meiner Haut um Versetzung gebeten. Dann hieß es, ob ich mit zehn Fingern tippen kann. Ich habe gedacht: Hölle! Ich kann es nicht, weil ich Sensibilitätsstörungen habe, aber ich will das auch nicht.«

Ihre Vorgesetzte habe sie daraufhin empört angesehen und gesagt, Olga müsse jetzt den Willen aufbringen, Sachen zu tun, die sie nicht prickelnd fände. »Ich habe gesagt, dass das nicht stimmt. Ich möchte in Bereichen arbeiten, in denen ich meine

Kompetenzen abrufen kann. Das ging nicht gut aus.« Doch obwohl die Versetzung nicht zustande kam, ist Olga froh, dass sie den Mut für diese Art von Gesprächen aufgebracht hat. Inzwischen wurden im Klinikum weitere Rationalisierungsrunden gedreht: Olga musste aus- und via Zeitarbeit wieder neu im Krankenhaus einsteigen.

Aus medizinischen Gründen ist sie derzeit beurlaubt und kriegt schon lange kein Geld mehr. »Dann hatte ich plötzlich null auf meinem Konto. Aber das ging auch. Mutter, Vater, Kinder in der Pubertät, darum muss ich mich jetzt kümmern.« Inzwischen betrachtet sie das Pflegegeld für ihre Eltern als Einkommen.

»Ich wäre auch selbstständig geworden, habe viele Ideen.« Aber sie habe demnächst einen neuen Job. Sie steige komplett aus dem Krankenhausbetrieb aus. Sie werde jetzt als Krankenschwester in einer Apotheke Beratung zu Kompressionstherapien anbieten. Da entstünde etwas komplett Neues.

»Ich habe die Verhandlungen ganz anders geführt als früher. Ich war selbst total fasziniert, wie ich dastand – auch bei den Lohnverhandlungen.«

Auch die Hauterkrankung an den Händen sei besser geworden. »Die Haut ist Spiegel der Seele, sagt man. Durch die Haut habe ich Stress bekommen, ein Teufelskreis. Das ist besser geworden, seit ich keine Acht-Stunden-Tage mit Desinfektionsmitteln und Handschuhen mehr habe.«

Sie habe durch das Grundeinkommen eine andere Schrittfolge gelernt, mache nicht mehr das Gewohnte.

»Ich bin ungemütlich geworden«, sagt sie mit Stolz in der Stimme. »Früher dachte ich, ich muss die Harmonie wahren. In der Ehe habe ich darum bestimmte Themen umschifft. Jetzt gibt es kein Umschiffen mehr, und ich staune, wie gut uns das tut.«

Früher habe sie sich auch nicht getraut, das System Deutschland zu kritisieren. »Das ist das System, das mich aufgenommen hat; da muss ich ruhig sein und dankbar. Damit war jetzt auch Schluss!«

In ihrem Ort gebe es zwölf Prozent AfD-Wähler. Es sei erschreckend für sie, dass der direkte Nachbar dazugehöre. Sie habe ihm ins Gesicht gesagt, dass sie auch aus dem Topf »Zuwanderer« komme und die AfD ablehne.

»Das Grundeinkommen hat mich stärker gemacht. Das klingt so schmalzig: Aber ich bin so unglaublich stolz, dass meine Kinder mit diesem Thema aufwachsen dürfen!«

Das Grundeinkommensjahr sei schon lange zu Ende, aber der Weg, den sie seitdem beschritten hat, noch lange nicht.

6. Facette: Gemeinschaftsgefühl

Matondo und das Feuer des Neustarts

»Wir waren schon beim Anwalt. Die Ehe war am Ende. Deswegen war das ja alles so heftig«, Matondos Stimme zittert, als sie diesen Satz sagt. Dabei ist die 31-jährige Düsseldorferin eine fröhliche Frau, energiegeladen, überschwänglich; sie arbeitet im Marketing. Internationale Promotion, Mode und Lifestyle. Düsseldorf, London, Kinshasa, Atlanta – das ist ihre bunte und weite Welt.

Aber sie ist durch eine schwere Zeit gegangen. Das Schicksal hat ihre Lebensfreude und ihren Optimismus auf die Probe gestellt, auf die Feuerprobe. Das Grundeinkommen hat geholfen, sie zu bestehen.

Matondo heißt eigentlich Matondosulua Lisa, früher hat sie – damit es den Deutschen leichter fiel – den Rufnamen Lisa verwendet, aber seit sie 2008 erstmals im Herkunftsland ihrer Eltern, im Kongo, war, empfindet sie Kinshasa als zweite Heimat. Neuerdings – und ja, das hängt mit dem Grundeinkommen zusammen! – verwendet sie den afrikanischen Vornamen, der auch in ihrem deutschen Pass steht. Matondosulua ist für deutsche Zungen nicht schwerer auszusprechen als Martina-Silvia; aber sie findet es okay, wenn man sie Matondo nennt.

»Ich bin durch und durch deutsch. Als ich in Frankreich war, war ich genervt, wenn Leute zu spät kamen, und ging nicht bei Rot über die Straße. Ich bin Deutsche, aber ich bin auch Kongolesin. Man muss das nicht in Prozentzahlen ausdrücken.«

Ihre Eltern sind vor vierzig Jahren nach Deutschland gekommen. Ihr Vater ist Sozialwissenschaftler und arbeitet als Familienbetreuer mit Flüchtlingen, ihre Mutter ist Altenpflegerin. Matondo ist wie ihre Schwester, die inzwischen als Sozialarbeiterin in Atlanta in den USA lebt, in Düsseldorf geboren und aufgewachsen. Sie hat Französisch und Englisch studiert und arbeitet seit sechs Jahren in der Eventbranche. Ihr Mann ist Sporttherapeut und schaut zwischenzeitlich auch kurz im Wohnzimmer vorbei, dann kümmert er sich wieder um die beiden Söhne, die zwei und fünf Jahre alt sind. Vor knapp drei Jahren haben sie die Eigentumswohnung in Erkrath gekauft, in die sie Anfang 2016 eingezogen sind. So weit, so unaufregend.

Im Juli 2017 ist die Wohnung endlich komplett fertig. Alles Ersparte steckt in dem Kredit und der Einrichtung.

»Da, am 12. August, passiert das Schlimmste, was passieren kann!«

Es ging in der Küche los. Der zwölf Jahre alte Kühlschrank, den sie vom Vorbesitzer übernommen hatten, verursachte einen Kurzschluss.

»Es war halb acht am Abend. Die Kinder waren schon bettfertig. Ich hatte den Kühlschrank geputzt, wollte ihn wieder anmachen und hörte so ein Flackern und Zischen. Durch den Spalt zwischen Gefrierschrank und Kühlschrank sehe ich loderndes Feuer, und innerhalb von Sekunden kam das Feuer auf mich zu. Ich habe in Panik meinen Mann gerufen. Der sah sofort, dass wir das nicht mit Wasser löschen können, hat nur den Strom ausgeschaltet und die Feuerwehr angerufen. Die gaben das Kommando: Sofort raus!«

Binnen Minuten stand die ganze Wohnung in Flammen.

Man merkt, dass Matondo diese Geschichte schon oft erzählt hat. Sie weiß alle Details, die genaue Uhrzeit, die Abfolge. Hat sich mit Ursachen und Schuldfragen beschäftigt und auf alles eine Antwort gefunden: »Wenn der Kühlschrank brennt, kann man nichts machen. Kinder nehmen und raus! Da entstehen giftige Gase. Kühlschrank und Waschmaschine sind Brandgefahr Nummer eins.«

Die Küche brannte komplett aus. Die Wohnung war völlig verrußt, das ganze Haus musste evakuiert werden. »Wir hatten nur das, was wir am Körper hatten. Reflexhaft haben wir die Papiere für die Wohnung, unser Stammbuch, die Handys und Portemonnaies gegriffen und raus. Da standen wir zusammen mit den Nachbarn auf der Straße. Ich bin zusammengebrochen.«

Wir werfen einen Blick auf die weiß gestrichenen Wände, das kühl-elegant eingerichtete Wohnzimmer, und ahnen, dass die Reduktion aufs Minimalistische eventuell keine bewusste Stil-Entscheidung ist. Matondo fährt fort:

»Die Kinder haben wir zum Nachbarn gebracht, damit sie nicht zugucken müssen. Die Feuerwehr war binnen vier Minuten da, es kam uns vor wie Jahre. Die sind mit 29 Mann auf die Terrasse, weil dieses Gift so gefährlich ist. Ein Trupp musste durch den Keller in den Hausflur und alle Türen aufbrechen, ob noch jemand im Haus ist. Die ganzen anderen Wohnungen waren auch verrußt. Es war ein komplettes Desaster!«

Zum Glück gab es eine Versicherung und auch keine Zweifel, dass es sich um einen Versicherungsfall handelte. Trotzdem waren die nächsten Monate eine schwere Belastung.

»Wir konnten mit den Kindern in einem Hotel-Appartement in der Nähe wohnen. Die Versicherung kam dafür auf. Aber es war ein ständiges Hin und Her. Nur ein paar Fotos konnte ich retten. Die Bilderrahmen musste ich wegwerfen, aber die Bilder selbst konnte ich reinigen. Alles andere wurde komplett entsorgt. Wir standen vor dem Nichts.«

Und als wenn die monatelange Quasi-Obdachlosigkeit der jungen Familie nicht schon genug wäre, wird in dieser Phase obendrein ihr Mann krank: »Als Sportler nimmt er Proteine, und vermutlich waren darunter irgendwelche gepanschten Sachen.«

Er hat eine Lebervergiftung und muss ins Krankenhaus. »Es sind so viele Sachen auf einmal passiert. Es war monatelang zu viel. Das hat unsere Ehe enorm belastet. Wir haben uns getrennt.«

In dieser Phase bekommt sie von ihrer Schwester einen Flug nach Panama geschenkt: »Ich sollte mich auf dieser Reise wiederfinden und herausfinden, wer ich bin. Als ich losfuhr, wusste ich nicht, wie es danach weitergeht. Ich wusste: Wenn ich wiederkomme, ist die Wohnung immer noch im Sanierungszustand. Alles Hab und Gut ist entsorgt, und auch die Ehe liegt in Trümmern.«

Kurz vor der Abreise bekommt sie eine Erinnerungsmail von *Mein Grundeinkommen*, dass sie noch nicht zur nächsten Verlosung angemeldet ist. »Und ich: Okay, klick mal.« Ein Klick, der ihr Leben verändert.

Dann kommt die Reise. Matondo wohnt in einem Hostel in Panama-Stadt, macht eine Tour in den Nationalpark am Rand der Stadt und hat abends eine Art Nervenzusammenbruch. Am nächsten Morgen beginnt sie den Tag mit einem Gebet. »Ich bin ein sehr gläubiger Mensch und habe gebetet: Warum passiert das alles? Gott, wenn du da bist, dann zeig mir, dass du da bist!«

Matondo schießen die Tränen in die Augen: »Und dann gucke ich auf meinen E-Mail-Account und entdecke diese Nachricht von *Mein Grundeinkommen*. Es ging gar nicht ums Geld. Ich fühlte mich gerade so überfordert. Diese Mail war wie so ein Lichtblick. An diesem Tag wusste ich, es gibt einen Neuanfang.«

Es habe klick bei ihr gemacht. »Ich kann reisen. Ich kann arbeiten. Ich kann das Geld für meine Träume einsetzen!« Sie hatte sich gerade entschieden, ihren Job noch mal an den Nagel zu hängen und ein Marketing-Studium an der Hochschule zu beginnen. Am liebsten wollte sie an der Düsseldorfer Privathochschule studieren. Doch die 900 Euro im Monat hätte sie sich nicht leisten können. Das Grundeinkommen änderte das schlagartig.

Für Matondo ist klar, dass der Brand kein Zufall war: »Ohne das Feuer hätte das Grundeinkommen gar nicht so eine Wirkung gehabt.« Die Polizei hatte ihr damals gesagt, sie hätten Glück gehabt. Vier Wochen zuvor habe eine ganze Familie das Leben verloren. Die seien um Mitternacht ins Bett gegangen und nie wieder aufgewacht. »Denk an morgen, aber genieße auch das Leben.« Das war die Lehre, die sie daraus gezogen hat. »There is one life. Tu das, worauf du Bock hast. Verschwende deine Zeit nicht mit Einrichtung. Die Kinder genießen. Die Ehe genießen. Darum geht es!«

Sie spürt in sich die tiefe Gewissheit, dass man in Trümmern wieder neu anfangen muss. Sie will alles neu organisieren und fasst den Entschluss: »Ich werde dieses Geld dazu nutzen, einen Neuanfang zu organisieren!«

Als Erstes legt sie ihren Rufnamen ab. »Das war das Wichtigste. Die anderen können meinen Namen nicht aussprechen, aber ich wollte meinen Namen. Ich bin Matondo!«

Seit Panama wusste sie auch, dass sie der Ehe eine neue Chance geben will. »Aber ich musste mit mir ringen, ob ich das kann.« Sie stellt klare Forderungen auf, an sich selbst: »Das und das muss ich ändern.« Aber auch an ihren Mann: »Jeder muss an sich arbeiten. Wir beide. Keiner kann den anderen ändern, aber wir müssen selbst an uns arbeiten, jeder für sich.«

Sie lernen von Freunden und Bekannten, die als Paar schon Krisen überstanden haben. Sie lesen Bücher und Artikel. Sie verzichten bewusst auf eine Paartherapie: »Denn wir – also in großen Buchstaben: WIR! – müssen das in die Hand nehmen.«

Matondo reißt das Ruder herum. Sie geht von einem Tag auf den anderen zu ihrem Mann und sagt: Wir schaffen das! Er war noch unter dem Schock der Trennung, hatte Zweifel, dass sie das ernst meint. Sie mussten lernen, einander zuzuhören und das wechselseitige Vertrauen wiederzufinden.

Matondo denkt viel nach, verändert ihre Einstellung. »Ich

habe immer versucht, es den Leuten recht zu machen. Aber es ist mein Leben, mein Lebensstil. So wie ich lebe, bin ich eine untypische Mutter. Ich reise viel, ich gehe tanzen. Das ist in der afrikanischen Kultur verpönt. Aber diese Einstellung habe ich abgeworfen. Ich mache, was mir guttut. Unsere Ehe darf so sein, wie sie ist. Ich tanze Salsa. Für meinen Mann war das nie ein Problem, aber für seine Freunde, und diese Spannung hat sich auf unsere Beziehung ausgewirkt. Jetzt sind wir uns einig, dass wir blockieren, was uns nicht guttut. Das ist die erste Instanz.«

RUHIGSTELLUNGSPRÄMIE? VOM »ICH« ZUM »WIR«!

Oft wird der Vorwurf formuliert – und zwar am allerliebsten von linker Seite –, das Bedingungslose Grundeinkommen sei eine Ruhigstellungsprämie der Menschen. Es führe zu einer Entsolidarisierung der Gesellschaft. Abgehängte Globalisierungsverlierer würden mit einem Minimalbetrag abgespeist, während die neoliberale Elite sich gierig die Taschen vollstopfe. So etwa. Und klar, würde man nach den bisherigen fünf Facetten des Grundeinkommensgefühls zu lesen aufhören, wären alle Vorurteile bestätigt:

Allen geht's besser, alle haben mehr Wellness, und am Ende zündet Matondo eine Kerze an, um Gott zu danken. Friede, Freude, Eierkuchen. Vielleicht geht die Burn-out-Rate zurück, eventuell verbessert sich die Gesundheitslage, aber das war's. Wenn jeder Grundeinkommen hätte, dann gäbe es einen Rückzug ins Private. Und fertig ist die ideologisch verbrämte Bratensoße!

Natürlich ist diese Betrachtungsweise möglich. Genauso

wie die nüchterne Betrachtung des Bedingungslosen Grundeinkommens als reine Geldzahlung möglich ist. Man kann
mit Geld nur begrenzt etwas anstellen, zur Erinnerung: es ausgeben, es sparen, es investieren, es weitergeben. Stimmt. Und
genauso gibt einem eine dauerhafte materielle Basisversorgung
erst mal ein Gefühl der Ruhe und Sicherheit.

Doch genauso wie das Bedingungslose Grundeinkommen
etwas mit den Menschen macht, macht auch Ruhe etwas mit
den Menschen. Möglicherweise bedarf es nach einer schweren
Mahlzeit erst mal eines Mittagsschlafes zur Verdauung, aber wir
sind überzeugt: Früher oder später entsteht daraus Aktivität.
Kein Mensch wird sein Leben lang in der berühmten Hängematte liegen bleiben. Schon nach wenigen Wochen Urlaub fällt
doch den meisten die Decke auf den Kopf.

Deswegen ist auch das Hängematten-Argument letztlich
wieder eine Frage des Menschenbildes: Wird der Mensch nur
aus Not, Hunger und Angst aktiv? Oder wird er – ausreichend
genährt und gestärkt – kreativ, tätig und produktiv? Ein jeder
schaue in sein eigenes Herz!

Die realen Erfahrungen von *Mein Grundeinkommen* vermitteln
jedenfalls einen ganz anderen Eindruck als den mancher Skep-
tiker: Bei einer Umfrage unter unseren Gewinnerinnen und Gewinnern gaben mehr als die Hälfte an, mit Grundeinkommen
andere Menschen in ihrem Umfeld mehr als zuvor zu unterstützen. Außerdem verbringt jeder Dritte mehr Zeit mit ehrenamtlicher Arbeit und jeder Fünfte mehr Zeit mit politischem
Engagement als vorher.

Die Vorhaben sind vielfältig: Martin will sich »voll und ganz
der Permakultur widmen«. Michael möchte »Jugendliche für
das Thema Datenschutz sensibilisieren und Silver Surfern die
Hemmung nehmen, das Internet zu nutzen – etwa durch Schul-
Workshops oder Computerkurse in Kirchengemeinden«. Ingrid
und ihre Mitgewinnerin Astrid aus Bad Oldesloe »haben die

Gründung einer solidarischen Landwirtschaft angestoßen, und JUNGES GEMÜSE wird uns, wenn alles funktioniert, ab dem nächsten Frühjahr mit Kräutern, Salat und Gemüse versorgen – alles Bio (sogar Demeter-Qualität)«. Gewinnerin Madeleine hat ihr Grundeinkommen für ein »Bufdi-Jahr« an einer integrativen Gesamtschule in ihrer Stadt genutzt, also nach dem abgeschlossenen Studium nicht irgendeinen Job gesucht, sondern stattdessen einen Bundesfreiwilligendienst gemacht, bei dem man nur ein kleines Taschengeld bekommt. Gewinner Stefan nutzt die gewonnenen finanziellen Freiräume, um sich stärker dem ökologischen Gemüseanbau zu widmen. Gewinnerin Karina engagiert sich bei dem Verein GoAhead! dafür, Kindern und Jugendlichen in Subsahara-Afrika den Zugang zu Bildung zu erleichtern: »Dabei wollen wir besonders diejenigen erreichen, die von den Folgen materieller Armut und von HIV / Aids betroffen sind. Seit der Gründung von Go Ahead! im Jahr 2007 arbeitet unser Verein bis heute komplett ehrenamtlich – und wächst weiterhin stetig.«

Auch bei unserer Deutschlandtour erzählten uns fast alle, dass sie mit Grundeinkommen ein stärkeres Bewusstsein für gesellschaftliche Fragen entwickelt hätten, sei es, dass sie umweltbewusster einkaufen, oder dass sie sich konkret engagieren.

Das Bedingungslose Grundeinkommen führt also nicht zu einer Entsolidarisierung, sondern im Gegenteil zu einem größeren und tieferen (!) Bewusstsein von Gemeinschaft als vielleicht die allermeisten interessengeleiteten Bürgerinitiativen.

Das wird auch und gerade bei der Geschichte von Matondo deutlich, die oberflächlich betrachtet so unpolitisch scheint. Genau wie bei Olga oder bei Flo und Ira ist es nicht Matondo selbst, die das Grundeinkommen gewinnt, sondern der zweijährige Sohn. Für Matondo ein Zeichen: »In dem Moment habe ich verstanden, dass Kinder ein Segen sind.« Während Flo und Ira gemeinsam über das gewonnene Grundeinkommen ihrer

Tochter nachgedacht haben, fällen die Mütter Olga und Matondo die Entscheidung über das Geld ihrer Söhne ganz autonom:

»Mein Mann hat vom Grundeinkommen gar nicht profitiert«, sagt Matondo und korrigiert sich sofort lachend: »Doch, er hat mich wieder!«

Der Satz hätte auch von Olga sein können, genau wie die anschließende Erklärung:

»Das Geld kam in einer Phase, in der ich allein war. Ich habe es für mich genommen, aber ich war nicht voll egoistisch. In den letzten Jahren habe ich meinem Mann oft den Vorrang gelassen. Er konnte gut Karriere machen, ich habe viel verzichtet. Ich habe viel zurückgesteckt, konnte nicht machen, was ich machen wollte, damit die Familie funktioniert. Ich habe mich aufgegeben, und es hat nicht geklappt. Deswegen habe ich jetzt gesagt: Wenn es nicht klappt, wenn du dich aufgibst, dann versuche das doch mal mit dir! Und jetzt bin ich dran!«

Zu diesem »Ich« gehören bei Matondo wie bei Olga die Kinder, der Mann, die Familie. Und so wird das Familienunternehmen neu aufgestellt, zu neuen Spielregeln, die nicht Selbstaufgabe und Selbstausbeutung, sondern Selbstfürsorge und Selbstverwirklichung ermöglichen. Das Grundeinkommen hat dafür den finanziellen Freiraum, aber offenbar auch einen gedanklichen Impuls gegeben, der weit über das Materielle hinausgeht und in ein neu wertgeschätztes »Wir« mündet.

»Ich weiß nicht, wie es ohne Grundeinkommen gewesen wäre. Aber ich weiß, dass das Grundeinkommen das gemacht hat. So war es!«

Was Matondo von Olga unterscheidet, ist ihr Glaube. Ihr Gebet in dem Hostel in Panama-Stadt war kein Stoßgebet, als ob ein Atheist in krisenhaften stressigen Momenten »Herrgottnochmal!« ruft. Mehrfach kommt sie auf ihren Glauben zu sprechen:

»Es war wirklich so, dass ich für mich erkannt habe: Gott hat mich nicht vergessen, der hilft mir da durch. Das war eine ganz gläubige Sache.«

Micha ist befremdet, er ist solche Sprache nicht gewohnt. Claudia tut sich damit weniger schwer, aber natürlich kennt auch sie die üblichen Vorbehalte gegen jede Form von religiösem Habitus.

Gelegentlich behaupten Kritiker, es handele sich bei der Grundeinkommens-Community um ein quasi-religiöses Sektierertum, es gebe paradiesische Heilsversprechen, und einzelne Protagonisten würden wie Heilige verehrt. Doch der Hohn und Spott stechen ins Leere. Denn natürlich geht es in einer offenen Diskussion über die Art und Weise, wie wir unser Zusammenleben strukturieren und organisieren wollen, genauso wie um Fragen der Güterverteilung auch um Fragen immaterieller Werte. Glaube, Spiritualität und Religion gehören unvermeidlich dazu.

Die sechste Facette des Grundeinkommensgefühls betrifft eine Erfahrung, die wohl alle Menschen irgendwann in ihrem Leben machen: das Gefühl, dass es etwas gibt, das größer ist als wir selbst. Wir spüren eine Verbundenheit mit anderen Menschen, einfach weil sie Menschen sind wie wir.

Der Sozialphilosoph Erich Fromm findet dafür diese Formel: »›Gott‹ ist für mich eine der vielen poetischen Ausdrucksweisen für den höchsten Wert im Humanismus und keine Realität an sich.«

Solche Verbundenheit im reinen Menschsein ist in einem radikal materialistischen Weltbild vermutlich allerhöchstens eine biochemische Halluzination. Sie hat aber in allen Weltreligionen und allen großen Gesellschaftsmodellen ihren Platz, sei es als Postulat »Liebe deinen Nächsten wie dich selbst« im Juden- und im Christentum oder als »Zakat«, dem islamischen Gebot des Teilens, als Zen-Weisheit der buddhistischen Meditation oder auch als Brahmanischer Geist des Universums im Hinduismus.

Selbst Wilhelm von Humboldt, der aufklärerische Geist der Weimarer Klassik, war überzeugt, dass jedes »Ich« untrennbar mit dem »Wir« der Gesellschaft verbunden ist: »Denn was man für das Eigene hält, ist viel mehr, als man denkt, ein Empfangenes. Das Denken steckt sich immer am anderen an.«

Das Bedingungslose Grundeinkommen, das in unserem Experiment von einigen tausend anonymen Menschen in Kleinstbeträgen zusammengetragen wird, um es einer zufällig ausgewählten Person als Geschenk zu überreichen, ist eine solche Gemeinschaftserfahrung: Das menschliche Universum sorgt für mich!

Insofern ist es eigentlich keine große Überraschung, dass religiöse Menschen für diese quasi übersinnliche Erfahrung eine religiöse Sprache wählen. Die gläubige Matondo spricht unverhohlen aus, was sie fühlt: »Das Geld war Gnade!«

Und sie kann diese Empfindung auch erklären: »Eine Gnade ist etwas, das man nicht verdient hat, sondern einfach bekommt. Ich habe dafür gar nichts getan. Manche nennen es Glück, ich nenne es Gnade. Jemand, der eine Todesstrafe bekommen hat und doch leben darf. So fühlte ich mich.«

Matondo ist nicht die Einzige, bei der das Grundeinkommen ein solches Gefühl auslöst. Wir haben auf unserer Tour unterschiedlichste Benennungen gehört, die, wenn wir es richtig verstanden haben, alle dasselbe beschreiben.

Hotelerbin Marlene formuliert es so:

»Ich habe eine große Dankbarkeit verspürt. Eine Verbundenheit. Ich habe von der Gesellschaft, von den Spendern etwas bekommen, und so wollte ich der Gesellschaft auch etwas zurückgeben. Es geht nicht um mich persönlich, sondern um uns alle. Das ist eine Weisheit, die aus Erfahrung kommt. Das kann mir keiner nehmen. (lacht) Ich erzähle hier nichts Theoretisches. Ich hab's einfach erfahren!«

Viola erzählt selbstkritisch über ihre reflexhaften Gedanken:

»Dieses ›Wieso ich?‹ im ersten Moment. Dies Hinterfragen, völlig schwachsinnig! Wieso nicht! Aber das sitzt so tief.«Und sie erinnert sich an ihre Zeit in Kairo:»Ich war froh, dass das in Ägypten nicht so war: Da ist alles sehr religiös geprägt, da belohnt die Religiosität.«

Traudel ist»dem Schicksal dankbar«, Susanne bejubelt das »Geschenk des Himmels« und glaubt»ans Universum, dass alle Geister mir Signale gegeben haben«, bei Petra hat das Grundeinkommen»meinen Glauben an die Menschheit gestärkt, es gibt da tolle Menschen!«.

»Das sind spirituelle Erfahrungen, die unsere Gewinner da machen!«, bilanziert Claudia solche Sätze. Micha schweigt.

Das Dorsch-Lexikon der Psychologie gesteht zu, dass es eine akzeptierte klare Definition von Spiritualität derzeit nicht gibt, und schlägt auch eine nicht-theistische Lesart des Begriffs vor:

»Spiritualität meint all jene Bereiche und Erfahrungen von Menschen, die über die je unmittelbare Wirklichkeit des Individuums hinausreichen [...] säkular verstanden: alles, was das Individuum übersteigt, zum Beispiel die Ökosphäre, die menschliche Gemeinschaft.«

Damit kann Micha gut leben. Denn egal ob Gottes Gnade, Schicksalswink oder Geistersignale – in der Konsequenz öffnen sich die Gewinnerinnen und Gewinner für eine ihnen unbekannte Gruppe von Menschen, der sie die selbst gemachte Erfahrung des Bedingungslosen Grundeinkommens ebenfalls gönnen:

Alle, alle, alle waren spätestens am Ende des Grundeinkommensjahres dafür, dass auch alle anderen Menschen es bekommen sollten – auch Millionäre, auch Junkies, auch Faulpelze, auch Nazis.

Und alle waren motiviert, sich stärker oder überhaupt für die Gesellschaft zu engagieren – und zwar nicht nur für den Verein *Mein Grundeinkommen*.

Matondo, die in ihrem spontanen Entschluss jetzt erst mal an sich selbst denken will, fährt mit ihren Kindern nach Spanien und London, aber nicht, um dort faul am Strand zu liegen oder durch die Shopping-Malls zu schlendern:

»Die London-Tour war kein Urlaub, aber auch keine Arbeit, ich habe gewirkt. Meine Freundin ist dort schon seit drei Jahren in einem sozial-kulturellen Projekt aktiv, aber ihr Team hatte sich aufgelöst.«

Matondo hatte ihre Freundin von Deutschland aus gedanklich unterstützt. Als das Grundeinkommen kam, konnte sie sagen: »Hey, ich kann kommen und dir helfen! Dafür ist Grundeinkommen auch cool, dass man sagen kann: Das tut nicht weh.«

Weil es Matondo gut geht, kann sie sich etwas Größerem zuwenden.

EMPATHIE UND ENGAGEMENT

Micha verweist in unserer abendlichen Diskussion auf Jeremy Rifkins Buch *Die empathische Zivilisation* von 2008: In einer komplexen Welt seien die Anforderungen an die Menschen größer. Unsere Denk- und Fühlfähigkeit müsse also permanent wachsen, damit wir mit den Gegebenheiten der Zeit zurechtkämen.

Zu Zeiten der Jäger und Sammler bestand eine Gruppe aus höchstens 150 Menschen. In den Fabriken arbeiteten Tausende, und heute im Internet treffen Unzählige zusammen. Das beschreibt Rifkin in seinem Buch. Die Anforderungen an die Zwischenmenschlichkeit, die sozialen Codes in dieser hyperkomplexen Welt sind kompliziert und erfordern ein in der Weltgeschichte einmaliges Maß an Empathiefähigkeit und Gefühl, um darin zu bestehen. Zum Beispiel, um Arbeitsabläufe organisieren zu können. Je schwieriger die Welt, desto mehr Empathiefähigkeit brauchen wir, um uns darin zurechtzufinden. Während die Menschen zunehmend die anonymen Fabriken als ihre Arbeitsstätten verlassen, hat sich auch ihr Bewusstsein verändert: Man nimmt sich selbst nicht mehr als ein Zahnrad im System wahr, sondern eingebettet in eine komplexe Lebenssituation. In der digitalen Moderne passiere ein radikaler Wechsel in Bezug auf Freiheit und Macht. Für die heutige Jugend sei Freiheit nicht mehr Unabhängigkeit von etwas, also Exklusivität, sondern Zugehörigkeit zu Gruppen, Zugang zu wachsenden Beziehungsgeflechten, also Inklusivität. Im selben Maß verändere sich der Machtbegriff: Ältere Menschen denken Macht immer als eine Pyramide, in der wenige Menschen oben bestimmen, was viele unten machen. Die jungen Menschen dagegen denken Macht als System, indem sie die Zugänge zu Entscheidungsprozessen öffnen, Wissen teilen und in einem dezentralen Netzwerk kooperieren. Je mehr sich beteiligen (und beteiligt werden), desto mächtiger wird die Gruppe.

Ob Rifkin in seinem Optimismus recht behält, dass im selben Atemzug die Empathiefähigkeit der Menschen wächst, ist angesichts der aktuellen Hass- und Hetzparolen, die im Netz kursieren, gerade zweifelhaft. Andererseits stellt er spannende Zusammenhänge her, etwa dass der technische Fortschritt zu einer wachsenden Individualisierung führt – dass die Menschen darin Selbstempathie erlernen (müssen) und dann auch zu einer Fremdempathie finden. Also »sich gönnen« und »anderen gönnen« im Wechselspiel.

Der Eindruck, den wir – wenn auch manchmal nur in Mikrodosierungen – aus unseren Interviews mitnehmen, bestätigt genau diese Hoffnung: Das Bedingungslose Grundeinkommen scheint unseren Gewinnerinnen und Gewinnern die nötige Kraft und Rückendeckung zu geben, um empathisch mit sich selbst und damit auch empathisch mit anderen sein zu können. Sie müssen also nicht mehr egoistisch sein, sondern haben die nötige Voraussetzung, um mit dieser neuen komplexen Welt umzugehen. Der bunte Fächer des Grundeinkommensgefühls schließt sich damit zu einem Kreis. Er ist das Gegenstück zum Teufelskreis der Missgunst: Wer nichts geschenkt bekommt, ist abhängig von Verdienststrukturen und kann nicht tun, was er für sinnvoll hält. Er kann sich nicht um sich selbst kümmern und erst recht nicht um andere. Er fühlt sich ohnmächtig und unverantwortlich. Wer auch nur eine der sechs Facetten nicht kennt oder spürt, kann sich vermutlich eine Grundeinkommensgesellschaft nicht mal vorstellen.

Das Bedingungslose Grundeinkommen dagegen ermöglicht, endlich angstfrei auf die Probleme unserer Zeit zu blicken.

Wir sind so voller Angst, dass wir Lösungen und Ideen gar nicht hören und verarbeiten können. Ja, viele von uns können diese Angst meist nicht einmal erkennen, weil sie so subtil, so gewohnt existent ist. Stattdessen verstecken wir unsere Existenzängste hinter Ost-West-Gerechtigkeitsdebatten oder kaschieren sie mit aggressiver Fremdenfeindlichkeit.

Deshalb scheint es an der Zeit, die politischen Debatten nicht länger mit vordergründigen Argumenten und altbackenen Parolen zu führen. Solche pseudosachlichen Diskussionen kommen oft zu keiner befriedigenden Lösung, weil wir nicht über das Wesentliche reden. Wir sollten die dahinter versteckten Gefühle und die tiefer liegenden eigentlichen Bedürfnisse in den Mittelpunkt stellen.

Das Grundeinkommen tut genau das, was in dieser komplexen Welt notwendig ist: Es gibt den Menschen die Voraussetzung, eigenständig mit der Komplexität umgehen zu können. Oder apokalyptischer formuliert: Wenn alle Dämme brechen, dann hilft das Grundeinkommen dabei, schwimmen zu lernen.

Mit Grundeinkommen sitzen wir alle in einem Boot. Bis zu

tausend Euro sind wir alle gleich. Menschen eben. Jeder für sich lebenslang abgesichert. Niemand kann uns mehr durch existenzielle Bedrohung trennen. Erst so können wir auf Augenhöhe und sachlich miteinander ins Gespräch kommen.

Wenn wir ohne Angst auf die Welt blicken, können wir auch die großen Probleme unserer Zeit endlich angemessen diskutieren. Der Klimawandel ist folgenschwerer und bedrohlicher als der industrielle Wandel. Hier geht es tatsächlich um Existenzfragen, aber weniger um die Existenz der westlichen Industrienationen als um die Existenz gerade der restlichen Welt.

Doch weil wir uns – nicht aus Mangel an materiellen Möglichkeiten, sondern aus Mangel an Vertrauen und Zuversicht – gegenseitig an der kurzen Leine ewiger Existenzangst halten, wiegt die Arbeitslosigkeit von 6000 Braunkohle-Beschäftigten schwerer als die intakte Erdatmosphäre von sieben Milliarden Menschen. Aus alter Gewohnheit ist uns das Hemd näher als die Hose. Statt auf die langfristigen Folgen von Wetterkatastrophen, Dürren und steigendem Meeresspiegel zu schauen, blicken wir auf den künstlich im Defizit gehaltenen Kontostand unserer gesättigten Nation. Den inneren Mangel stopfen wir mit äußerem Überfluss, sträuben uns gegen jede Art von Verzicht, als stünden wir am Rande des Hungertods.

Wir wollen und können nicht verzichten, weil unser Organismus in einen Alarmzustand kommt, wenn unsere einzige Strategie bedroht ist. Was gab es für einen Aufschrei, als die Grünen vorschlugen, dass es in öffentlichen Kantinen an einem Tag pro Woche nur vegetarische Gerichte geben sollte! Wie sollen wir den Klimawandel stoppen, wenn solch ein Mikro-Verzicht schon derartige Widerstände auslöst?

Wir müssen die Menschen aus diesem Alarmzustand und der unbewussten Angst, zu kurz zu kommen, herausholen, indem wir ihnen geben, was sie brauchen. Dafür muss man zuhören können und empathisch sein.

ANGSTFREI AUF DIE PROBLEME UNSERER ZEIT BLICKEN

Das Bedingungslose Grundeinkommen transformiert den Wesenskern eines zutiefst antisozialen Denkens in unserer krisenhaften Welt und bestärkt uns darin, die Verhältnisse statt uns gegenseitig infrage zu stellen. Deshalb geht es beim Grundeinkommen auch nicht um Steuern, Finanzierung, Höhe oder Modelle, sondern um die Tatsache, dass alle Menschen ihr Leben lang bedingungslos abgesichert sind, sich dadurch ent-entfremden können und lernen, einander zu vertrauen.

Die einfachen, regressiven Antworten der sogenannten Rechtspopulisten verfangen nicht deswegen, weil sie eine einfachere Welt von gestern versprechen. Nein, kein Mensch ist so blöd zu glauben, dass die Fünfzigerjahre zurückkommen. Viel wichtiger ist der Subtext! Der sagt nämlich: »Es ist okay, Angst zu haben. Du bist richtig. Die anderen sind falsch.«

Das Gefühl ist da, nur die Ursachenanalyse ist falsch. Wie bei dem Kind, das nicht schlafen kann, weil ein Krokodil unterm Bett liegt. Es ist sinnlos, dem Kind zu erklären, dass unterm Bett höchstens Wollmäuse liegen. Das Krokodil ist Fantasie, die Angst ist real. Wir leben in beängstigenden Zeiten. Neben Umweltkatastrophen und Klimawandel und den daraus zu erwartenden Migrationsbewegungen unbekannten Ausmaßes gibt es noch eine weitere Veränderung, die so groß ist wie keine andere zuvor in der Menschheitsgeschichte: die Digitalisierung!

Die Digitalisierung stellt alle bisherigen Gewissheiten infrage. Wir haben verkraftet, dass es keine gottgegebene Ordnung mit Kaisern und Königen, mit Päpsten und Kalifen gibt. Wir (Männer) haben verkraftet, dass auch Frauen ein Hirn, dass auch Kinder Rechte und dass sogar Tiere Werkzeuge und Sprache haben. Wir haben verkraftet, dass es Maschinen gibt, die stärker sind als wir. Und jetzt müssen wir lernen zu verkraften, dass nun sogar unsere letzte Ressource, in der wir uns so unantastbar fühlten, infrage gestellt wird: unsere Intelligenz.

Computer spielen nicht nur besser Schach als wir, sie können schneller und präziser rechnen, schneller und korrekter schreiben, schneller und bunter Bilder produzieren, sie können mehr Informationen aufnehmen, behalten und verarbeiten. Und ja, für uns Deutsche ist es quasi der Super-GAU: Computer können sogar Auto fahren! Es ist keine Frage mehr, ob es selbst fahrende Autos gibt, sondern nur noch, wann. Eine Million Menschen fahren hauptberuflich Auto, heute. Und morgen?

Roboter machen aber nicht nur Lastwagen- und Taxifahrer überflüssig, sondern auch Juristen, Steuerberater und sogar Mediziner. Ärzte werden sich eines Tages fragen lassen müssen, warum sie in der Diagnose nicht künstliche Intelligenz eingesetzt, sondern sich auf ihren vergleichsweise winzigen Schatz an persönlichen Erfahrungen verlassen haben. Es werden Hunderte, Tausende, ja Hunderttausende Einkommensplätze verloren gehen, weil ein monstermäßiger Konkurrent auf den Markt drängt, einer, der keinen Schlaf braucht, keine Fehler macht, keinen Lohn und kein Lob verlangt – und der unendlich multiplizierbar ist. Wir haben keine Chance, in puncto Rechenkapazität mit Robotern zu konkurrieren. Versuchen wir es erst gar nicht!

Der israelische Historiker Yuval Noah Harari hält in seinen Büchern unserer Angst den Spiegel vor: In den vergangenen Generationen haben Menschen gegen die Ausbeutung gekämpft. Heute kämpfen wir gegen die Irrelevanz. Der demokratische Kapitalismus braucht ja wenigstens noch Konsumenten und Arbeitskraft. Heute braucht es nicht mal mehr das. Braucht es uns als Menschen noch?

Wir glauben: Der Computer wird uns viele – irgendwann sinnlose – Arbeiten abnehmen, aber wir werden kein Ende der Arbeit erleben. Solange es Menschen gibt, gibt es Arbeit. Aber die Arbeit wird sich wie einst von der Muskelkraft zum Kopf, jetzt vom Kopf ins Herz verlagern. Maschinen haben Intelligenz, aber sie haben kein Bewusstsein. Sie haben keine Bedürfnisse, keine Sehnsüchte, keine Werte, keine Beziehungen. Deshalb wird sich ein neuer Jobmarkt rund um Empathie und Kreativität, um Mitgefühl und Fantasie entwickeln. Es wird sicher nicht ganz leicht, diesen Wandel zu einer solchen Wohlfühlgesellschaft zu bewältigen. Wir müssen unser Wertesystem einmal komplett umkrempeln. Hat die Industriegesellschaft uns abverlangt, gerade keine Gefühle zu haben, damit wir im Takt hoher Produktivität leistungsfähig sind, erfordert die neue digitale Welt nun gerade das Gegenteil: Gefühle und die Fähigkeit, Gefühle zu artikulieren.

Wie schaffen wir die Umwertung aller Werte? Wie setzen wir die inzwischen schlecht bezahlte Muskelarbeit, die derzeit hoch dotierte Geistesarbeit und die bislang unbelohnte Herzarbeit zu einem neuen Wertegefüge zusammen?

Mit welchem politischen Instrument wollen wir innerhalb von wenigen Jahrzehnten aus ehemaligen Landarbeitern, Kraftfahrern, Buchhaltern und Amtsschimmeln künftige Pflegekräfte, Coaches, Wissen- und Kunstschaffende machen?

Wenn sich die Wirtschaft so fundamental wandelt, wie sie es zuletzt in der Industrialisierung getan hat, dann braucht die ganze Gesellschaft eine Umschulung. Das Bedingungslose Grundeinkommen ist quasi das BAföG für diese Weiterbildung. Es ist eine gigantische Investition, um uns als Menschen in digitalen Zeiten neu zu erfinden.

Aber was tun wir stattdessen? Politiker leugnen, dass Arbeitsplätze wegfallen werden. Dem Untergang geweihte Industrien werden subventioniert, um kurzfristig die Angst vorm Jobverlust zu mindern.

Statt den Blick verantwortungsbewusst auf die Zukunft zu

richten, wird das Hohelied einer vergangenen Moral gesungen. Im Arbeitsethos unserer Industriewelt »Jeder ist seines Glückes Schmied« steckt immanent eine Schuldzuweisung: »Selbst schuld, wenn du arm bist!« Die im 20. Jahrhundert gepriesene Individualisierung und die damit verknüpfte Eigenverantwortung führten deswegen nicht zu Freiheit und Selbstwirksamkeit, sondern zu Leistungsdruck und Versagensängsten. Es sei denn, man schafft ein System, in dem die Menschen tatsächlich frei, verantwortlich und unternehmerisch tätig werden können. Das basiert aber nicht auf einem Existenzkampf »Jeder gegen Jeden«, auf der Dichotomie »Wir oder die anderen«, wie es die Ultrarechten proklamieren, sondern kann sich nur entwickeln, wenn es ein Engagement mit- und füreinander gibt. Ein Bedingungsloses Grundeinkommen von allen für alle nimmt die Moral, nimmt die Angst und gibt stattdessen den notwendigen Vertrauensvorschuss, um eine solidarische Gesellschaft zu schaffen, die nicht auf kollektivem Zwang, sondern auf individueller Freiheit basiert.

Die Grundeinkommens-Erzählung heißt: »Es ist okay, Angst zu haben. Du bist richtig, aber alle anderen auch!« Oder in der Kurzversion: »Du bist nicht allein!«

»DU BIST NICHT ALLEIN!« DER KREISLAUF DES GRUNDEINKOMMENSGEFÜHLS

Auf unserer Reise haben wir Menschen getroffen, denen es plötzlich anders geht. Sie spüren diese Fülle. Sie sprechen (in unserer doch eigentlich anonymen Mein-Grundeinkommens-Crowd) von Gemeinschaft. Sie spüren nicht Angst und Hass, sondern Lust auf Aufbruch und Fähigkeit zur Verbesserung.

Dabei hat sich die Realität auch für die Gewinnerinnen und Gewinner nicht wirklich verändert. Die Bedrohung durch die erodierenden Systeme besteht auch für sie. Die Nationalstaaten haben immer weniger Einfluss. Die Volkswirtschaften sind global geworden. Die Lebensumstände werden immer komplexer. Angesichts solcher Unsicherheiten ist menschlich nachvollziehbar, dass man sich in alte Muster zurückzieht. Der neu erstarkende Nationalismus wird aus solcher Angst genährt. Woran soll ich mich festhalten, wenn alles ins Wanken gerät? Solange wir noch keine Weltidentität, keine Weltgesellschaft haben, klammern sich die Menschen ans Nächstliegende und Vertraute, an ihre Peer Group, ihre Regionen, ihre Nationen.

Warum sind die Menschen denn alle unzufrieden, obwohl unsere Gesellschaft so reich ist? Angesichts des wachsenden Rechtspopulismus in Deutschland, in Europa und im Grunde der ganzen westlichen Welt stehen wir doch alle vor dieser eindrücklichen Frage: Was fehlt, wenn alles da ist? Warum merken wir nichts von unserem Wohlstand in unseren Herzen?

Die Frage der Finanzierung lautet nicht: Was kostet die Einführung eines Bedingungslosen Grundeinkommens? Sie lautet: Was kostet es, wenn wir es nicht einführen?

Das Bedingungslose Grundeinkommen schafft Selbstvertrauen, mit dieser ungeordneten komplexen Welt umzugehen, ohne sich an eine spezifische (schützende) Identität klammern zu müssen. Man braucht nicht mehr nur den Schutz der kleinen exklusiven Gruppe, wenn man den Schutz der inklusiven Allgemeinheit hat. Man kann mit verschiedenen wechselnden Gruppenidentitäten spielen, wenn man nicht als Gruppenmitglied, sondern als Wesen an sich identifiziert wird, als der Mensch, der ein Mensch ist.

Deshalb gibt es auf die Idee des Bedingungslosen Grundeinkommens so großen Widerhall aus unterschiedlichsten Klassen und Kulturen. Deswegen bejubelt es der global agierende Silicon-Valley-Millionär genauso wie der idealistische La-Gomera-Hippie, die vegan lebende, achtsame Berlin-Künstlerin genauso wie die dynamische Digital-Unternehmerin aus Oberfranken.

In einer Zeit, in der Industriejobs verschwinden und Herzensjobs langsam entstehen, ist es wenig verwunderlich, dass der klischeehafte »alte weiße Mann« die allergrößten Widerstände gegen diese Veränderung hat. Seine Lebensleistung, die aus Disziplin, Fleiß (lat. *industria*), Gehorsam und Selbstverleugnung besteht, wird gerade mit Füßen getreten. Die Digital Natives, die Generationen Y und Z, die Millennials, sie wachsen nicht nur bereits in dieser »verweichlichten« Welt auf, sie haben in der westlichen Welt bereits eine Art Grundeinkommen erhalten – als Wohlstandserben ihrer Wirtschaftswunder-Eltern. Doch ausgerechnet diejenigen, die den Überfluss geschaffen haben, werden in diesen digital beschleunigten Zeiten gefühlt zu Verlierern und glauben sich um den Lohn ihres verzichtreichen Lebens gebracht.

Mit Bedingungslosem Grundeinkommen können wir diesen Schmerz nicht nur akzeptieren, wir können ihn ins Bewusstsein heben und mildern. Denn wir reißen derzeit nicht nur die Sechzigerjahre-Einfamilienhäuser mit den emissionsstarken Ölheizungen und den schlecht gedämmten Dächern ab, sondern auch die Gedanken- und Wertegebäude vorheriger Generationen. Wir erleben einen gesellschaftlichen Umbruch, der sich nicht über Generationen, sondern schneller vollzieht als der Wechsel einer einzigen Generation. Der Wind der Veränderung ist ein Orkan. Das Bedingungslose Grundeinkommen wirkt darin nicht wie ein simpler Schutzanzug, sondern ist gewissermaßen das Segel, um den Sturm als Rückenwind in Richtung Zukunft zu nutzen.

Wenn zwei Individuen zusammenkommen wollen, steigt die Wahrscheinlichkeit, dass es klappt, wenn sie beide »gut mit sich selbst« sind. Wenn es Menschen gut geht, dann handeln sie gut.

Dann können sie viel besser Teil von etwas Größerem sein. Das lehren uns die Geschichten von Matondo und all den anderen.

Teil von etwas Größerem zu sein heißt nicht, im Kaninchenzüchterverein den Vorsitz zu übernehmen, sondern das, was Olga uns gesagt hat: dass sie Kraft für Konflikte hat, dass sie nicht wegguckt und nicht mehr weggucken kann. Dass die Gewinnerinnen und Gewinner ihre Ehe wieder ins Blickfeld nehmen, ihre Kinder wahrnehmen, wie sie sind, und sich im Alltag und im direkten Umfeld engagieren.

Dieses Gemeinschaftsgefühl haben wir bei unseren Interviews nur in Mikro-Momenten erspürt, aber möglicherweise ist dieser verbindende Geist mächtiger als jede Gewerkschaft oder Partei. Immerhin haben wir bei *Mein Grundeinkommen* inzwischen über eine Million »User«, also Menschen, die sich mit der Idee eines Bedingungslosen Grundeinkommens verbunden fühlen – das sind etwa genauso viele Menschen, wie die im Bundestag vertretenen Parteien zusammen an Mitgliedern haben.

»Es ist die Pflicht eines jeden Lebewesens, mit seinem Leben, seinem Reichtum, seiner Intelligenz und seinen Worten zum Wohl anderer tätig zu sein.« Dieses hinduistische Zitat schickte uns der Chemisch-Technische-Assistent Shijar aus Minden, nachdem er ein Grundeinkommen gewonnen hatte. Für ihn bedeutet das, etwas für seinen spirituellen Fortschritt zu tun. Er glaubt, dass mit Bedingungslosem Grundeinkommen die Kriminalität in Deutschland sinken und die Lebensqualität aller steigen würde. »Durch weniger Sorgen und Stress würden die Menschen friedlicher werden, erst dann kann es eine glückliche Gesellschaft geben.«

Bestes Beispiel dafür ist Petra, die mit Grundeinkommen eben doch nicht AfD wählt. Die Krankenschwester Olga macht jetzt bei politischen Diskussionen den Mund auf und geht wieder wählen. Die Lehrerin Viola schaut sich um, in welcher politischen Organisation sie jetzt eine Heimat finden kann.

Selbst Gabi, die engagierte Oberbayerin mit den drei Jobs, die immer prekär gearbeitet hat, fühlt sich geborgen und erzählt, dass Grundeinkommen ermögliche, im Alltag mehr für Mitmenschen zu tun.

»Kleinigkeiten, weil man entspannter ist: Dass ich der Nachbarin, wenn die mit Tüten und Taschen ins Haus kommt, die Tür aufhalten kann. Oder dass man die alten Damen im Altenheim mal spazieren fährt. Die sind auch allein. Man möchte ja selbst auch, dass sich jemand im Alter um einen kümmert und nicht nur die Familie.«

Das zeigt: Alle haben Lust, Teil von etwas Größerem zu sein. Alle haben Lust auf Gesellschaft. Wir haben von keinem und keiner gehört, dass er oder sie sich zurückzieht. Im Gegenteil: Viele wollten vorher, als es kein Bedingungsloses Grundeinkommen gab, abhauen, ihren Lebensumständen entfliehen. Aber durch das Grundeinkommen können sie Ja sagen zu ihrem Leben hier und jetzt.

Selbst der Obdachlose will eine Firma gründen; selbst der Nationalist, der mit Deutschland schon durch ist, will seine (letzte?) Chance nutzen, um etwas beizutragen, noch etwas Gutes zu tun, am liebsten in Bahrain.

Ja, sagt Micha. Sich gönnen und anderen gönnen. Ein harmonisches Zusammenspiel von wechselseitiger Fürsorge in einer Überflussgesellschaft, in der es individuelle finanzielle Absicherung eigentlich nicht mehr bräuchte.

Was wir für andere tun, hilft unserer eigenen Potenzialentfaltung; was wir für uns selbst tun, hilft der gesellschaftlichen Entwicklung. So wird ein Kreislauf daraus!

V. ABSCHLUSS DER RUNDREISE

14 ERKENNTNISSE

NÜCHTERN BETRACHTET IST NICHTS PASSIERT

Wir sitzen im Zug zurück nach Berlin. Wir sind müde und aufgewühlt von den Erlebnissen und Gesprächen. Im Kopf kreisen die vielen Geschichten und Gedanken. Unsere Safari ist zu Ende. Wir haben eine fantastische Reise voller Hoffnung, Freudentränen, Erkenntnissen, Menschenliebe und Lebensfreude erlebt.

Nein, wir haben nicht die größten Knaller aufgeschrieben, sondern von allem erzählt, was wir erfahren haben. Wir hatten dreißig Menschen, von denen wir außer ihrem Namen, der Adresse und einer vagen Berufsbezeichnung nichts wussten, aufgrund ihrer Postleitzahl angeschrieben. Denn wir wollten möglichst viele in möglichst kurzer Zeit an möglichst vielen verschiedenen Orten treffen. Sechs Menschen sagten ab, zwei ganz kurzfristig, weil ihnen im Job etwas dazwischenkam, die anderen vier, weil sie im Urlaub oder umgezogen waren. 24 Menschen haben wir gesprochen. 24 beliebig ausgewählte Menschen von zufällig ausgelosten 190 Gewinnerinnen und Gewinnern aus einer Gesamtmenge von knapp einer Million Menschen, die sich bis dahin zu den Verlosungen angemeldet hatten.

Wir haben nicht nur Gutes gehört. Es gab Geschichten über Ehekrisen und Existenzangst, über Krankheiten und Tod. Wir sind auf Menschen getroffen, die ein Deutschland in den Grenzen von 1937 proklamieren, die für ihre Kinder keinen Unterhalt bezahlen, die das Sozialamt betrügen, die Steuern hinterziehen, die schwarzarbeiten und Drogen nehmen. Wir haben keineswegs nur Engel getroffen.

Es sind sehr reale Menschen: eine Hotel-Erbin, ein Managersohn, ein Beamter, Studierende und Minijobber, Arbeitslose, Selbstständige und eine Unternehmerin. Sie leben in einer Landesbediensteten-Wohnung, in einem Einfamilienhaus, in einem Bauwagen, auf der Straße. Sie sind zwischen zwei und 67 Jahre alt. Die meisten haben einen Beruf gelernt, eine ist ungelernte Hilfskraft, eine andere promoviert. Sie bewegen sich politisch auf einem breiten Spektrum, gehen bis auf einen alle wählen, machen ihr Kreuz bei CDU, CSU, SPD, FDP, den Grünen, den Linken oder bei Die Partei; eine hat einmal »fast die AfD« gewählt.

Wir sind Menschen begegnet, die eingefleischte Grundeinkommensfans sind, und Menschen, die ahnungslos die Verlosung mitgemacht und gewonnen haben. Wir haben »Abgehängte« getroffen und »Globalists«, Menschen, die einen sozialen Aufstieg hingelegt haben, und Menschen, die einen sozialen Abstieg durchlaufen mussten.

Vor jedem Gespräch hofften wir, dass bei dieser Person endlich mal nichts Aufregendes passiert ist. Und jedes Mal kamen wir aus dem Staunen nicht heraus. Alle behaupten, bei ihnen sei nicht viel passiert und andere bräuchten es dringender. Und fast alle sagten, es habe ganz viel verändert – egal wie arm, egal wie reich.

Wir wissen: Unsere Fragen an die Gewinnerinnen und Gewinner waren nicht akademisch fundiert. Dieses Buch ist wissenschaftlich nicht aussagekräftig. Es präsentiert keine repräsentative Studie, keine ausgeklügelten Finanztheorien, keine historisch hergeleiteten Gesellschaftsformen, keine Arbeitsmarktprognose, kein Sozialstaatsmodell.

Aber es ist auch keine Märchenstunde voller Gutmenschen

mit Happy End, Hänsel und Gretel, die durch den dunklen Deutschland-Wald irren, sich vor dem bösen Kapitalismus-Wolf fürchten und auf eine wunderbare Frau Holle treffen, die alles wiedergutmacht, indem sie bedingungslos Grundeinkommen aus dem Kissen schüttelt.

Nüchtern betrachtet ist in gewisser Weise nichts passiert. Keiner ist zum Mond geflogen, keiner ist Amokgelaufen. Keiner hat eine Revolution angezettelt, es ist keine Panik ausgebrochen. Im Bundesamt für Statistik hat das Experiment nichts bewirkt. Volkswirtschaftlich hat sich in der Gruppe, soweit wir das beurteilen können, nicht viel verändert. Einer hat sich vorübergehend bei Hartz IV abgemeldet, einer ist jetzt nicht mehr versicherungspflichtig beschäftigt, sondern studiert.

Entgegen allen Befürchtungen zeigt das Experiment keine Hinweise auf soziale Katastrophen: weder die Einführung einer neoliberalen Ausbeutungsdystopie, wo ausgebrannte Menschen am Tropf des Sozialstaats hängen, noch eine sozialdarwinistische Anarchie mit einer totalen Verrohung der Gesellschaft. Es ist auch nicht das Künstler-Aussteiger-Schlaraffenland entstanden, wo die Leute bekifft und eigene Gedichte rezitierend am Strand faulenzen. Es gab keine zerrütteten Familien, keinen Hängemattenausverkauf, und selbst der Müll wurde noch weggetragen. Nein, das Abendland ist nicht untergegangen, auch nicht andeutungsweise.

Trotzdem war das Bedingungslose Grundeinkommen für die Gewinnerinnen und Gewinner die größte Veränderung in ihrem Leben, ein radikaler Bruch mit dem Bisherigen, mit Glaubenssätzen, eine Wachstumserfahrung, ein Empowerment, eine den Selbstwert verändernde einschneidende Erfahrung, eine Ermutigung und Ermächtigung, ein Bewusstseinssprung, eine letzte Lebenschance und der ultimative Kick, lang gehegte Träume in Angriff zu nehmen, oder einfach das schönste Jahr ihres Lebens. Das Grundeinkommen erwies sich als wirkungsvolle Medizin gegen eine chronische unheilbare Krankheit, als Stütze für den Stinkefinger gegenüber einem langjährigen Unterdrücker und als Grund, den Ehemann nicht zu verlassen.

Fast jedes Gespräch begann oder endete mit einem großen »Danke«: Das Grundeinkommen hat Leben verändert. War eine neue Chance, ein Neuanfang, ein Geschenk des Himmels. Immer kam es zur rechten Zeit, an einem Tiefpunkt im Leben, an einem Wendepunkt, in einer Situation, wo alles aussichtslos schien oder jemand gerade an einer Wegscheide stand. Und es war egal, ob bei einer jungen Familie, in der Lebensmitte oder zu Beginn der Rente. Das Grundeinkommen kam immer im richtigen Augenblick. Vermutlich gibt es keinen falschen. Genauso wie es auch keine falschen Gewinner gibt. Es gibt allerdings auch keine »normalen«.

Das war eine eindrückliche Erfahrung, aber wirklich überraschend war, dass es gar nicht um Geld geht. Wenn Medien über das Bedingungslose Grundeinkommen schreiben, dann versehen sie ihre Beiträge gern mit dem Foto eines Geldstapels. Münzen und Geldscheine sind greifbar, verständlich, begehrlich. Doch unsere Haupterkenntnis heißt: Nicht das Geld ist wichtig, sondern die Bedingungslosigkeit.

BEDINGUNGSLOSIGKEIT ALS SOZIALE INNOVATION

Es geht nicht darum, was die Menschen mit dem Grundeinkommen machen, sondern was die Bedingungslosigkeit mit den Menschen macht.

Diese fundamentale Erfahrung, die wir uns nicht mal annähernd vorstellen können, haben uns die Gewinnerinnen und Gewinner voraus: Sie wissen, wie es sich anfühlt, von wildfremden Menschen jeden Monat tausend Euro geschenkt zu bekommen – einfach so, vollkommen bedingungslos. Etwas ohne Rückfrage, ohne Misstrauen, ohne Vertrag, ohne Erwartung geschenkt zu bekommen, das ist neu.

Die soziale Innovation besteht nicht im Auszahlen von Geld. Bereits heute leben laut Statistischem Bundesamt mehr als die Hälfte der Deutschen von öffentlichen oder privaten Transferleistungen. Aber dass die Menschen davon genauso wie in unserem Experiment beflügelt würden, wird wohl niemand behaupten. Im Gegenteil.

Der größte Fehler wäre es zu glauben, dass es unseren Gewinnerinnen und Gewinnern besser geht, weil sie tausend Euro mehr hatten.

Alle von ihnen hatten auch vorher schon genug Geld zum (Über-)Leben und auch, als das Grundeinkommen wieder weg war, sind sie nicht verhungert. Das Grundeinkommen hat auf diejenigen, die 3000 Euro verdient haben, genauso gewirkt wie auf die diejenigen, die weniger als tausend Euro im Monat hatten. Ja, manche haben sogar das Geld gar nicht angerührt und berichteten trotzdem, dass sich ihr Leben zutiefst verändert hat.

Deswegen ist es auch so wenig zielführend, über die Finanzierbarkeit eines Bedingungslosen Grundeinkommens zu streiten. Wir leisten uns doch längst eine Art »Grundeinkommen« in Deutschland. Der Hartz-IV-Satz von 416 Euro plus einer durchschnittlichen Miete plus Krankenkasse liegt zusammen bei etwa tausend Euro – also einem Grundeinkommen, auf das bei Bedarf jeder Anrecht hat. Doch wie wir alle wissen, ist dieses Grundeinkommen alles andere als bedingungslos: Es ist bürokratisch, entwürdigend und stigmatisierend. Es rechnet uns vor, dass wir 1,01 Euro im Monat für Bildung ausgeben und 34,60 Euro für Bekleidung und Schuhe. Unser monatliches Budget für Lebensmittel wird mit 137,66 Euro beziffert und unsere Ausgaben in Kneipen oder Restaurants auf 9,82 Euro. Es beschränkt den

Wohnraum für ein Elternpaar mit Kind auf 65 Quadratmeter, deren Miete bruttokalt nicht mehr als 491,40 Euro kosten ndarf. Es zwingt uns, den Bausparvertrag zu kündigen und Ersparnisse aufzubrauchen. Es bevormundet uns in dem, was wir lernen wollen, und hindert uns, den Ort zu verlassen.

Auf der anderen Seite billigt unser System auch allen anderen – »nicht bedürftigen« – Menschen eine Art Grundeinkommen zu: der Zahnärztin, dem Investmentbanker, dem Taxifahrer und der Facharbeiterin. Sie alle haben ein »negatives Grundeinkommen«, also einen Betrag, der ihnen zwar nicht überwiesen wird, den sie aber nicht bezahlen müssen: einen Steuerfreibetrag, dessen Höhe kaum jemand bewusst wahrnimmt. 9000 Euro sind das im Jahr, also 750 Euro jeden Monat. Das alles ist heute schon finanzierbar – keine vermeintlich utopische »Milchmädchenrechnung«, sondern über Jahrzehnte gewachsene Realität.

Deswegen: Wir müssen nicht darüber reden, ob wir uns ein Grundeinkommen leisten können. Wir müssen darüber reden, ob wir uns Bedingungslosigkeit leisten wollen!

Dieser blinde Fleck, den wir bei unseren Diskussionen über politische Konzepte nicht wahrnehmen, wird bei unserem Experiment ins Zentrum der Aufmerksamkeit gerückt. Ohne einen Euro mehr, eventuell sogar mit Einsparungen durch gesenkte Verwaltungskosten, könnten wir in Deutschland eine bedingungslose Grundsicherung einführen. Anstatt über jeden einzelnen Euro verbittert zu streiten, könnten wir einfach ein allgemeines »HartzPlus« ohne Zwang, ohne Bedingungen und mit minimaler Bürokratie auszahlen – und den Menschen das Geld einfach schenken. Keine Kosten, große Wirkung. Es ist wie beim Eisberg-Prinzip der Kommunikation: Sichtbar ist nur die kleine Spitze des Eisbergs, der größte Teil ist unter Wasser. In der Wirkung des Grundeinkommens geht es nur zu zehn Prozent ums Geld, also das *Was*, aber zu neunzig Prozent um die Art und Weise der Vermittlung, also das Wie, nämlich die Bedingungslosigkeit.

GRUNDEINKOMMEN VERÄNDERT ETWAS IM KERN DER MENSCHEN

Sechs Facetten haben wir aus dem diffusen, irgendwie wunderbaren, auf jeden Fall großen Grundeinkommensgefühl herausgeschält:

Zuallererst vermittelt das Bedingungslose Grundeinkommen das Gefühl:»Du bist okay, du darfst sein wie du bist!« Dafür braucht es die Regelmäßigkeit der Auszahlung. Denn fast alle Menschen besitzen den starken Glauben, dass sie sich ihren Wert als Mensch erst verdienen müssten. Anfangs reagieren die Menschen auf die Bedingungslosigkeit ungläubig. Erst im zweiten oder dritten Monat stellt sich die Sicherheit ein:»Die wollen wirklich nichts von mir.« Aufgrund dieser ungewöhnlichen Erfahrung kombiniert mit den gewachsenen finanziellen Möglichkeiten entsteht bei den Menschen eine neue Frage:»Die anonyme Gesellschaft traut mir etwas zu: Auch ich kann etwas. Aber was?« Die erste Facette ist also das Zutrauen.

Zugleich spüren die Menschen die bisherige finanzielle (und emotionale) Abhängigkeit von anderen Menschen, auch von solchen, die ihnen nicht guttun. Das Bedingungslose Grundeinkommen ermöglicht eine Befreiung von diesen unangenehmen Fesseln. Bei manchen ist es ein goldener Käfig, dessen Türen sich überraschend öffnen. Die Gewinnerinnen und Gewinner lösen sich aus verletzenden Abhängigkeiten, aber setzen gute und nährende Verbindungen fort, manchmal umso entschlossener, und gehen vereinzelt auch neue, nunmehr faire

Abhängigkeitsverhältnisse ein. Sie erleben die zweite Facette als »Freiheit von«.

Im selben Atemzug stellen die Menschen fest: Es liegt weder Freiheit noch Freude darin, sich von den anderen Menschen loszulösen. Freiheit bedeutet nicht, höhere Zäune zu bauen, auf einer einsamen Insel zu leben oder dem bisherigen Leben davonzulaufen. Freiheit bedeutet, nicht mehr Opfer seiner Lebensumstände zu sein, sondern sie aktiv gestalten zu können. Aus der Freiheit von Einschränkungen und Abhängigkeiten, wird die Freiheit, etwas zu tun, Ideen zu entwickeln und Aufgaben zu übernehmen. »Freiheit zu« ist der dritte Aspekt.

Die Deutschen hetzen durch das Leben. In unserem Land ist jeder Dritte Burn-out-gefährdet. Die innere Getriebenheit macht uns krank und unproduktiv. Der dauerhafte Alarmzustand unserer Gesellschaft ist offenbar aus unbewusster Existenzangst gespeist. Denn schon ein Jahr Grundeinkommen hilft, sich selbst besser wahrzunehmen. Die Gewinner lernen zuallererst, für sich selbst zu sorgen. Um aktiv werden zu können, braucht man Ruhe und Kraft. Mit Grundeinkommen entdecken die Menschen den Unterschied zwischen Egoismus und Eigenliebe. Sie gönnen sich Materielles, aber sie stopfen sich und ihr Dasein nicht mit Produkten voll. Der in unserer überdimensionierten Warenwelt gefeierte Konsumrausch betäubt und benebelt. Selbstfürsorge belebt. Entspannt zu sein, heißt nicht, auf der faulen Haut zu liegen. Im Gegenteil: Unsere Gewinnerinnen und Gewinner berichten, dass sie ohne Stress ihren Job neu lieben gelernt haben und produktiver geworden sind. Wenn man nicht mehr muss, dann kann sich die intrinsische Motivation entfalten, und die vierte Facette, die Selbstfürsorge, entsteht.

Wenn Menschen wissen, was sie wollen und was sie können, wenn sie sich willkommen fühlen und unbeschränkt, dann entsteht Lust, das Leben in die Hand zu nehmen. Menschen mit Grundeinkommen bilden sich fort, ziehen um, machen Reisen, gründen Firmen und erfüllen sich Träume. Sie kommen nicht mehr irgendwie zurecht, sondern spüren Unternehmenslust und Wirkungsdrang. Sie entwickeln eine langfristige, unternehmerische Haltung zum Leben. Sie kalkulieren ihr Leben nicht ökonomisch durch wie eine Firma, sondern sie entdecken einen Sinn und tun aktiv alles dafür, diesem Sinn zu dienen. Die besondere Wirkmacht des Grundeinkommens in diesem Kontext liegt darin, dass es keine einmalige Zahlung ist, sondern eine langfristige Perspektive ermöglicht. Sie entsteht, weil es statt einmal 12 000 Euro zwölfmal 1000 Euro gibt. Das genau unterscheidet unser Experiment vom Lottospiel oder Roulette. Statt »alles auf die 17« zu setzen, um aus dem kleinen Vermögen ein großes zu machen, ermöglicht das dauerhafte monatliche Einkommen den Menschen, in ihrem Tun über die Zeit reifen zu können. Wer diesen Monat scheitert, kriegt im nächsten Monat eine neue Chance. Fehler zu machen, stellt somit keine Existenzen aufs Spiel. Auf dem sicheren Boden des Grundeinkommens wächst so bei Einzelnen auch der Mut, einen Kredit aufzunehmen, um größere Risiken einzugehen. Tatendrang als fünfte Komponente entsteht.

Wer in dieser Weise »empowert« ist, schaut offen auf seine Umwelt – und zwar interessanterweise nicht auf die konkreten Geldgeber, sondern auf die ganze Gesellschaft. Die Dankbarkeit gegenüber den anonymen Crowdhörnchen von Mein Grundeinkommen führt nicht zu einem »Deal«, bei dem man irgendwann zurückzahlt, was man bekommen hat. Nein, interessanterweise verwandelt sich das »blinde Vertrauen« der Allgemeinheit zu einem Engagement für die unmittelbare Umgebung. Die Gewinnerinnen und Gewinner ordnen ihre Freundschaften bewusst, kehren zurück zu ihren Ehepartnern, nehmen sich Zeit für ihre Kinder. Sie entwickeln im Alltag einen umsichtigeren Blick für ihre Mitmenschen, halten die Tür auf, drängeln nicht an der U-Bahn. Sie helfen anderen und haben plötzlich

Kraft, sich über die politischen Auswirkungen ihres Handelns Gedanken zu machen. Mit den Existenzängsten sind auch die Berührungsängste verschwunden. Beim Reisen stellen sie fest: Es geht nicht um die Flucht aus einem tristen Alltag in ein fernes Paradies, sondern darum, sich auf die unbekannte Umgebung einzulassen, die eigenen Grenzen zu überschreiten und neue Kulturen kennenzulernen. Manche stellen sich Aufgaben, vor denen sie sich früher gedrückt haben, übernehmen Verantwortung für andere, schaffen Arbeitsplätze. Sie kümmern sich um andere, weil die Welt sich um sie kümmert. Der scheinbare Widerspruch zwischen Individuum und Gesellschaft löst sich auf. Individualität ist nicht mehr Abgrenzung von anderen um den Preis der Selbstausbeutung. Zugleich verliert Kollektivität den bedrohlichen Charakter der Selbstverleugnung. Aus staatlich normierter »Gefangenschaft« wird individuell gestaltete »Geborgenheit«. Wem gegönnt wird, der kann auch gönnen. Ein Gemeinschaftsgefühl entsteht als sechste Facette.

Den Menschen das zu geben, was sie brauchen, ist so radikal simpel, dass wir uns fragen, wie es so weit kommen konnte, dass diese Idee als radikal gilt. Wir behaupten: Ohne ein Bedingungsloses Grundeinkommen, das den Menschen die Angst vor dem Abstieg nimmt, sind wir als Gesellschaft gar nicht in der Lage, die existenziellen Fragen unserer Zeit zu diskutieren.

Das Bedingungslose Grundeinkommen ist ein Beschleuniger für die Verbesserung unserer Gesellschaft, weil es den Hebel nicht im Außen ansetzt, sondern im Kern der Menschen etwas verändert. Sobald ich erkenne, welche Bedürfnisse und Gefühle das Bedingungslose Grundeinkommen in mir erschließt, bin ich in der Lage, mich für die Bedürfnisse der Mitmenschen zu öffnen. Erst so kann überhaupt ein neuer Gesellschaftsvertrag entstehen, der den Herausforderungen unserer Zeit gerecht wird.

NACHBEMERKUNG

Wir danken unseren Gesprächspartnern für ihr Vertrauen und ihre Offenheit. Es ist wahrlich nicht leicht, sich so offen und verletzlich zu zeigen. Wir haben über sehr persönliche Dinge gesprochen; wir haben zusammen gelacht und geweint. Im Vorfeld hatten wir allen Gewinnerinnen und Gewinnern absolute Vertraulichkeit zugesichert und versprochen, im Buch nichts zu veröffentlichen, womit sie nicht einverstanden sind. Deswegen haben wir vor Drucklegung allen Beteiligten die Passagen, in denen sie erwähnt werden, zugeschickt und um Autorisierung gebeten. Das war für viele ein zusätzlicher Moment der Reflexion. Manchen wurde dabei bewusst, dass sie mit uns nicht nur über sich selbst gesprochen haben, sondern auch über Dritte, ob Familienangehörige, Freunde, Kollegen oder Angestellte im Jobcenter. Um diese Menschen zu schützen, haben sich einige im Nachhinein entschieden, ihre Geschichte im Buch zu anonymisieren: Eva, Janek, René, Marion, Bastian, Petra, Gabi, Freddie, Traudel und Matondo heißen in Wahrheit anders. Sie wohnen in anderen (vergleichbaren) Städten und arbeiten in anderen (vergleichbaren) Jobs. Ihre Lebensgeschichten und Erfahrungen sind real.

DANKE,

liebe Gewinnerinnen und Gewinner, für eure Zeit, euer Vertrauen und die persönlichen Einblicke in euer Denken, Fühlen und Leben mit dem einjährigen Bedingungslosen Grundeinkommen.

... liebe Heike Wilhelmi, für deine Ermutigung, die Geschichte und Geschichten von *Mein Grundeinkommen* zu sammeln und aufzuschreiben.

... lieber Jürgen Diessl, für dein verlegerisches Zutrauen in unser Buchprojekt.

... liebe Silvie Horch, für dein Lektorat und deine Geduld mit uns.

... liebe Greta Taubert, für deine klugen »Weniger-ist-mehr«-Kürzungsvorschläge und deine konstruktive Kritik, an der wir uns reiben und wachsen konnten.

... liebe Beatrice und lieber Götz Werner, für eure jahrelange Inspiration und Rückenstärkung, die uns die Kraft gaben, uns der emotionalen Wirkung der Grundeinkommens-Idee zuzuwenden.

... liebes Team von *Mein Grundeinkommen*, dass ihr in diesen Zeiten an eine bessere Zukunft glaubt und unermüdlich daran mitarbeitet, immer mehr Menschen für ein Bedingungsloses Grundeinkommen zu begeistern.

... liebe Userinnen und User auf der Webseite Mein-Grundeinkommen.de, dass ihr uns so zahlreich signalisiert, dass wir der richtigen Frage nachgehen, und ihr daran mitwirkt, eines Tages selbst herausfinden zu können, was ihr tun werdet, wenn für euer Einkommen gesorgt ist,

... liebe Crowdhörnchen, dass ihr uns durch eure monatlichen Spenden die Kraft, den Raum und finanzielle Basis gebt, das Grundeinkommen Realität werden zu lassen. Wir sind beeindruckt von eurem Vertrauen, eurem Mut und eurer Selbstlosigkeit.

Voller Demut und Dankbarkeit, dass wir Teil einer Bewegung und Idee sind, deren Zeit gekommen scheint.